国际时尚设计丛书·营销

[英] 哈丽特·波斯纳　著

张书勤　译

时尚市场营销

中国纺织出版社

内 容 提 要

《时尚市场营销》是有关市场营销与品牌建设基本原则的实用指南。书中介绍了时尚市场营销的重要理论概念，阐述了在全球时尚与零售业中这些理论在实际中应该如何运用。通过解读来自时尚、纺织与零售企业的广泛案例使学生了解市场营销的全过程，从初期的研究到市场营销与品牌建设项目活动的创造。本书面向时尚专业学生与打算在时尚行业中从业的人员而制作。

原文书名：Marketing Fashion
原作者名：Harriet Posner
Text © 2011 Harriet Posner
Translation © 2014 China Textile & Apparel Press
This book was designed, produced and published in 2011 by Laurence King Publishing Ltd., London.
本书中文简体版经Laurence King授权，由中国纺织出版社独家出版发行。本书内容未经出版者书面许可，不得以任何方式或任何手段复制、转载或刊登。
著作权合同登记号：图字：01–2010–4517

图书在版编目(CIP)数据

时尚市场营销/（英）波斯纳著；张书勤译. --北京：中国纺织出版社，2014.5
（2021.1重印）
（国际时尚设计丛书. 营销）
书名原文：Marketing Fashion
ISBN 978-7-5180-0347-1

Ⅰ. ①时… Ⅱ. ①波… ②张… Ⅲ. ①市场营销 Ⅳ. ①F713.50

中国版本图书馆CIP数据核字（2014）第002916号

策划编辑：张 程　　责任编辑：张思思　　责任校对：陈 红
责任设计：何 建　　责任印制：何 艳

中国纺织出版社出版发行
地址：北京市朝阳区百子湾东里A407号楼　邮政编码：100124
销售电话：010—87155894　传真：010—87155801
http://www.c-textilep.com
E-mail: faxing@c-textilep.com
官方微博 http://weibo.com/2119887771
北京千鹤印刷有限公司印刷　各地新华书店经销
2014年5月第1版　2021年1月第2次印刷
开本：635×965　1/12　印张：18.5
字数：209千字　定价：78.00元

序言

第一章　时装市场结构

第二章　市场营销工具

第三章　营销调研与计划制订

第四章　消费者分析

第五章　品牌建设介绍

第六章　时尚推广

第七章　时尚营销的职业类型

附录

序言

市场营销和品牌建设在当今时尚业中的地位举足轻重。这两门学科都是激发创意与引人奋进的、包含在设计与产品开发中的许多战略性与创新性的决策。市场营销架起了时尚与具体经营之间的桥梁。它被看作是商业目标、企业机构价值体系与个人理想、愿望、消费者实际需求之间的整体串联体系。

时尚本质是一个营销工具。市场营销是时尚的一部分"DNA"，体现在它的外在与内在中。想想，时尚如果不被称为时尚，仅仅是普遍的服装，时尚本质与本身的强烈光彩就会通通不见了。时尚让我们怀有梦想，它把我们从凡俗带到T台与各种绚丽事物的流光溢彩之中。在时尚的魔幻王国中，普遍的衣服变成了每季的必备品，服装的款形与比例变成了剪影轮廓；色彩从单一的棕色演变出迷人的摩卡色，而简单的黑色面料竟能制成一件小黑裙。时尚就是如此地令人迷醉，它能够聚集如此多的媒体关注行业中这个魅惑丛生的领域也就丝毫不足为奇了。每年两次的设计师时装表演引得媒体纷纷大篇幅竞相报道，漂亮时髦的时尚广告大片中新一季服装系列摇曳生姿，报纸杂志中大量的广告夺人眼球，只为宣传一套服装、服饰与香水。时尚是一种复杂的文化现象，也是一个全球性的生产与零售行业，它涵盖的范围非常大。时尚行业上至生产与供应纺织生产原料的农业、化学与纤维工业，下达光鲜亮丽的造型、艺术指导、摄影、广告与媒体业。市场营销在时尚体系的每个环节都发挥着作用，影响从产品开发到零售的整个产业链；它在定制、奢侈品牌和设计师品牌中的作用，和在独立小品牌或大众市场和在批发服装企业中起的作用同样重要的。

本书内容

《时尚市场营销》将从当代视角出发，讲述市场营销理论与品牌建设实践的基本原则。本书介绍了重要的理论概念，阐述了在不断发展前进的全球时尚与零售业中应该如何实际运用这些理论。读者将全览市场营销过程，从初期的研究到市场营销与品牌建设项目活动的创造。书中广泛的时尚企业案例有助于说明重要的概念，本书结尾处还有行业资源与建议的综合列表，可供读者进行延伸阅读。

Matthew Williamson 2010春/夏系列作品

当衣服完成制作出厂时，它们还仅仅是"衣服"或"服装"。只有到了营销人员的手中，它们才神奇地变成了"时尚"。

——马克·唐盖特

《*时尚市场营销*》包括了多种有益建议和创意灵感，帮助读者：

- 学习与了解市场营销的理论与实践
- 认识如何将时尚市场与品牌建设的原理付诸以实际
- 设计能够推出市场的时尚产品
- 认识研究与市场分析的重要性
- 分析时尚消费群体和了解他们的需求
- 设计有效的营销和推广活动

从T台到商店，时尚的梦想得以推广与延续

本书结构

第一章：概述时尚产业的基本结构，说明了时装市场的不同层级，并介绍了主要时尚之都和重要行业展会。

第二章：市场营销工具一章介绍了市场营销的主要理论与概念，阐述了它们在全球时尚与零售行业的实际应用。

第三章：营销调研与计划制订一章说明了主要的市场营销工具在计划过程中的应用。本章重点是深入研究与分析，分析与核查原始与二手资料的目的与价值，并指出在收集市场与趋势信息时应注意的重点环节。

第四章：消费者分析一章着重研究与分析消费者。它探讨的是企业经由哪种方式能够最好地分析顾客群体，从而了解消费者需求，为产品与营销战略进行定位。同时，本章还解释了消费者细分：如何把消费者分成具有明显类似的特性、需求以及时尚特质的不同群体。读者将了解消费者购买行为的心理影响，并学习制作客户档案的技巧。

第五章：品牌建设介绍一章向读者介绍了品牌建设的基础，并说明了品牌资产如此宝贵的原因。本章叙述了品牌创建的过程，说明了品牌识别作为一项战略工具在构建品牌与客户关系时的重要性。

第六章：时尚推广一章介绍了时尚与零售产业中推广活动的主要类型，并涉及当前时尚推广的趋势，比如网络、病毒营销和设计师/商业街品牌的合作。

第七章：时尚营销的职业类型一章介绍了各类职业类型，为寻求时装设计、营销、公关或时装管理等类型职位的人提供了主要的职位参考信息和需要的具体技能与能力。

本书面向的读者

　　随着时代的发展，现在，时尚市场营销已经成为当今时尚行业的一门基本学科，为有志于加入行业的人们所学习。不管你修读的是时装设计、面料设计、服饰设计、时尚管理还是采购跟单，都应将市场营销纳入所修课程。但是，时尚不是静止不动的，时尚市场营销也不是一成不变，不能照搬理论公式标准。想要在时尚世界中取得成功，你必须打好基础，随着新市场与新形势做出不同的应对，提出新的想法。本书的目的不仅是教书育人，还要予人启示，让读者能够以此为平台，进行更深入的研究与调研。

> 今天，设计师的创造力更多地体现在市场营销上，而不是实际的服装上。
>
> ——泰瑞·艾金斯

主题为"60 Years of Soles and Stripes"的阿迪达斯60周年活动发布会在意大利米兰召开。这场活动没有采用T台表演的形式，而是以特殊的室内派对庆典形式宣传了阿迪达斯经典60周年庆祝系列

第一章　时装市场结构

时尚产业代表的是全球性的综合结构市场，层次多样，面向的人群从潮流追逐客到认为服装只是日常所需的人们。时尚包含的范畴非常广泛，不管是在巴黎工坊手工缝制的高级时装，还是在中国大规模生产的T恤，皆属于时尚。在开篇章节中，我们将为你描绘时尚产业的基础结构，阐述市场的不同层次。本章还将介绍行业最负盛名的时尚中心。

时装市场细分

时装市场可分为若干部门，方便公司更好地分析市场数据，有效开展商业活动。市场统计数据常按下述某一个或多个标准进行汇总分析。

- **市场或产品类别**

  服装、配饰、香水及化妆品、家居产品等。其中服装市场可进一步分为女装、男装和童装部门。

- **产品类型、产品最终用途或潮流风格**

  牛仔服、内衣、运动服、正装或当季潮流服装。

下图说明了女装、男装、童装及配饰门类的部分重点市场和产品部门。随着新市场的开发，该图能扩充许多新兴行业，例如舞台服、都市服装、冲浪服等

时装市场部门

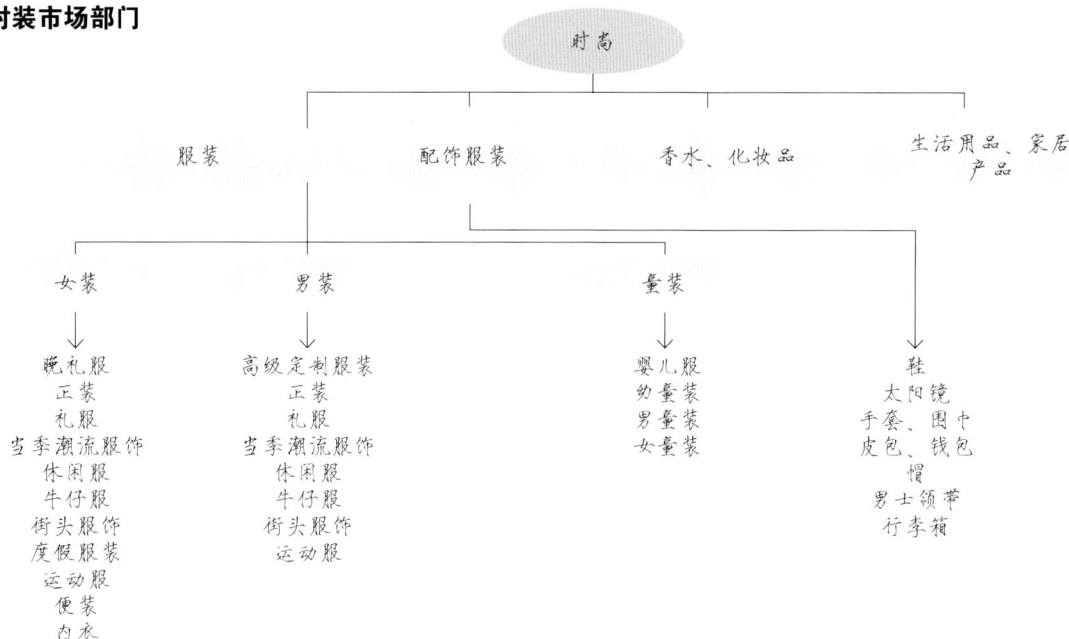

时尚

服装　　　　配饰服装　　　　香水、化妆品　　　　生活用品、家居产品

女装　　　　　男装　　　　　　童装　　　　　　鞋

女装	男装	童装	鞋
晚礼服	高级定制服装	婴儿服	太阳镜
正装	正装	幼童装	手套、围巾
礼服	礼服	男童装	皮包、钱包
当季潮流服饰	当季潮流服饰	女童装	帽
休闲服	休闲服		男士领带
牛仔服	牛仔服		行李箱
街头服饰	街头服饰		
度假服装	运动服		
运动服			
便装			
内衣			

- **市场层级**

  高级定制、奢侈品、一般品牌、平价品牌。

- **市场分布**

  全球、国际、国内、地区。

市场信息

时装分析者发布的重点国际时装市场的市场报告及数据分析。这些信息有助于评估特定市场的相对规模，或预测市场未来的潜力。

女装、男装、童装

来自Datamonitor集团下属公司Verdict Retail的数据显示，2009年消费者在女装上共花费191亿美元，男装消费达90亿美元，童装消费46亿美元。其中美国市场份额更大，2009年女装市场总额高达1040亿美元，男装510亿美元，童装335亿美元。童装市场通常指14岁以下的儿童服装，主要包括婴幼装（2岁以下的婴儿或幼童）、女童装（2~14岁）及男童装（2~14岁）。

配饰

鞋类、配饰也是重要部门，许多著名品牌的这类产品都在总销售额中占了很高的比重。2008年，LVMH集团集下品牌，包括路易·威登（Louis Vuitton）、芬迪（Fendi）、克里斯汀·迪奥（Christian Dior）、马克·雅克布（Marc Jacobs）等的全球营业额中，服装和皮革制品占比达34%，2009年仅上半年，销售额就近30亿欧元（数据来自：www.lvmh.com,2009）。2007年，英国市场上女性饰品市场份额达7亿英镑，其中女士包袋达4.68亿英镑。来自英国敏特（Mintel）调查公司的数据显示，2002年到2007年间，英国手袋销售增长了139%，年增长率则高达30%。当然，受到经济衰退的影响，2008年涨幅放缓，但仍保持了18%的增长。2008年，美国的服饰市场份额约为160亿美元，预计2012年将达200亿美元（2009年*Packaged Facts*杂志数据）。2007年，英国鞋业销售额超过了60亿英镑，同时，根据美国服装与鞋类协会的数据报告，美国鞋业销售额也超过了590亿美元。

左下图

路易·威登店中展示的鞋、包及配饰

下图

橱窗宣传展示的是香奈儿2009春/夏季眼镜类产品系列

香水

香水市场是高级时装品牌的一个重要分类。以LVMH集团的香水、化妆产品为例，2007~2008年，这类产品占到集团总收入的16%。投放一款新香水，并成长为新的增长点，这种战略早已屡见不鲜。时装设计师保罗·波烈（Paul Poiret）可以说是这个战略的创始人，1911年，他率先开创了香水、化妆品的产品线。1925年，高级定制品牌沃斯之家（House of Worth）成立了独立的香水品牌，1921年，加布里埃·可可·香奈儿（Gabrielle Coco Chanel）创立了世界著名的香奈儿No.5香水。2008年，欧洲销售占全球总销量的46%，预计到2012年，全球香水市场销售将达330亿美元（全球产业分析公司，2008年）。

生活与家居产品

这个细分市场可以帮助时尚品牌或零售商发展多样化经营。拉尔夫·劳伦（Ralph Lauren）品牌便是以生活与家居产品而闻名。另外，美国时尚零售品牌Anthropologie有丰富的家居产品，包括床上用品、窗帘、靠垫、桌面和床单等，另外也有各式创意生活产品，如卫浴产品、蜡烛和文具等。西班牙零售品牌Zara开设了独立的易家专卖店，提供相应产品系列。

其他市场

牛仔服和运动装

牛仔服市场全球年平均销售额约在500亿美元上下，同时，根据NPD调研集团公司提供的数据，牛仔服占服装购买总值的17%，其中，牛仔裤占这一数值的73%。世界牛仔裤的年销量超过800亿条。敏特调查公司在对时尚产业的分析中预测，2012年，英国牛仔裤市场份额将超过20亿英镑，其中，男士牛仔裤预计达10亿英镑，女士牛仔裤达8.46亿英镑，儿童牛仔裤则为1.36亿英镑。

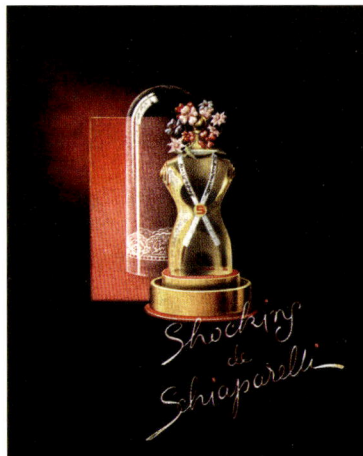

上图

1937年，设计师埃尔莎·夏帕瑞丽（Elsa Schiaparelli）推出的香水产品"夺情"（Shocking）的广告图。瓶身曲线柔美，状如女性身形，是超现实主义画家（Léonor Fini）以女星麦·韦斯特（Mae West）的身材为原型设计而成的

中图

让·保罗·高提耶（Jean Paul Gaultier）香氛系列的瓶身设计灵感取自夏帕瑞丽

左图

2008年约翰·加利亚诺（John Galliano）推出首款香水产品的宣传海报

时装市场级别

时装可以分为两大级别：

• 高级定制时装

• 成衣

高级定制时装

　　高级定制时装指高级手工缝制或手工精制服装，它是时尚的最高等级。高级定制时装与高级成衣设计师的产品相比，质量与标准要求更高。高级时装价格十分昂贵（一条高级定制连衣裙的价格售价可高达六位数），因此业界有一条不成文的规定，只要是价格高于10万英镑的单件服装，在各大洲应只出售一件，以确保顾客要求的独一性。而其他价格较低的服装，各大洲销售一般也不应超过三件。高级定制时装的顾客们，往往是以艺术投资的心态进行购买，把服装视为一种艺术收藏与投资。"高级定制时装"（Haute Couture）一词受法律保护，位于巴黎的法国高级时装公会对此有严格的规定。必须是制作私人定做服装的时装工作室，才能被认定为是真正的高级定制时装。

高级定制时装是时装的塔尖，虽然它占整个市场份额不大，但对设计师和商业街时尚潮流的影响不可谓不重大。设计师从其个人订制服装中提炼创意，应用于商业化的成衣产品。接着，设计师品牌和高档成衣品牌决定了潮流趋势，而面向大众市场的时装零售品牌则跟随潮流。潮流以这样的方式，从市场最顶层向底层扩散，这就是所谓的向下渗透

时尚基础层次

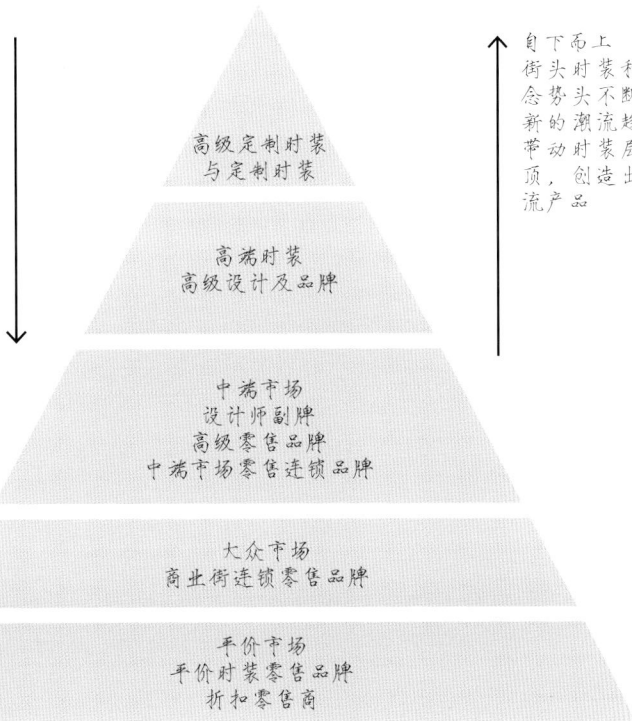

逐级往下
定制时装和时装设计师时装秀概念对时装市场逐级而下地渗透，也成为商业街零售店的借鉴

自下而上
街头时装和次文化群体的理念势头不断扩张，形成一股新的潮流趋势，自下而上地带动时装层级，最终到达塔顶，创造出高档设计师的潮流产品

高级定制时装
与定制时装

高档时装
高级设计及品牌

中档市场
设计师副牌
高级零售品牌
中档市场零售连锁品牌

大众市场
商业街连锁零售品牌

平价市场
平价时装零售品牌
折扣零售商

每年它们同样推出两季服装，它们的全职员工一般不少于15人，负责管理位于巴黎的工作室以及为服装秀准备足够数量的成品设计，包括日常服装、晚礼服等。20世纪80~90年代，意大利设计师华伦天奴（Valentino）在其每场高级时装秀上，都会展示超过180件成品服装，但现在他一般只制作40件。能够通过认证成为高级定制时装制作室，并在巴黎开服装展的设计工作室数量十分稀少，如今由法国高级时装公会认证，拥有这个称号的有：香奈儿（Chanel）、迪奥（Dior）、让·保罗·高提耶、华伦天奴（Valentino）、乔治·阿玛尼（Giorgio Armani）、让·路易·谢瑞（Jean Louis Scherrer）、艾莉·萨博（Elie Saob）、多米尼克纳·西洛普（Dominique Sirop）、斯蒂芬-罗兰（Stephone Rolland）、弗兰克·索贝尔（Franck Sorbier）。

一件高级定制时装需要许多技艺高超的工艺师的手艺凝结而成，他们多数人默默无闻，却完成了高级定制时装设计师要求的最奢华的绣花、配饰、配件等所有工艺。巴黎历史上曾是许多大小作坊、工房的驻扎地，它们制作帽、鞋、绣品、串珠、纽扣、服饰珠宝饰物，创作装饰花案。1900年，巴黎专门制作装饰羽毛的工坊就超过300家。而今天，只有Lemarié工作室唯一一家仍存于世。香奈儿拥有5个专业工艺工坊：制帽商米歇尔、制鞋商马萨罗、绣花工作室Lesage、纽扣与服饰珠宝作坊Desrues以及金银制品坊Goosens。虽然许多人质疑，像高级定制时装这种阳春白雪的东西是否能够或应该继续存在，但其需求似乎从未减少。香奈儿旗下约有200位定制时装专业设计师，另外，克里斯汀·迪奥高级定制2008年销售价值达7.65亿欧元，同比增长35%。不过，高级定制时装在时尚中所占份额仍然较小。迪奥的定制时装只占LVMH集团总销售的4%。高级定制时装最重要的价值其实是它在营销上发挥的重要作用。香奈儿、阿玛尼、迪奥这些闻名全球的品牌所设计的高级定制服装展出时都会得到最大规模的权威媒体报道，能够提升品牌价值、吸引公众的视线、引发大众对品牌的渴求。

没有得到法国高级时装公会认证的时装设计师，也可以为顾客制作独家定制服装，但这类服装只能被称为定制时装，而不能称高级定制时装。定制时装的价格亦不低廉。英国设计师贾尔斯·迪肯（Giles Deacon）每年生产两三件定制服装，每件衣服价格不低于40000英镑。一套王薇薇（Vera Wang）的婚纱价格在25000美元左右，不过在经济衰退期，为了仍得到顾客的青睐，王薇薇也推出了标价较低的半定制服装。

成衣

属于非个人客户定制的时尚产品通常称为"成衣"或"标准化服装"。成衣服装有固定的几种尺寸，通常经大规模生产与工业化生产而成。成衣时装市场包括以下四级。

上图
克里斯汀·迪奥2009~2010秋/冬高级定制时装。高级定制市场的礼服制作中采用了手工珠饰与绣花，表现奢华感

- 高端时装
- 中端市场
- 商业街品牌
- 平价时装

中端市场时装产品的设计和定价都是为了迎合高档市场和大众化市场之间层次消费的客户。立足高端市场的设计师或时装品牌也愿意推出副线品牌或辅助品牌，从而把自身品牌扩展到中端市场。See By Chloe可以叫蔻依（Chloe）的副线品牌，Betty Jackson Two也是贝蒂-杰克逊（Betty Jackson）主系列的副线品牌。香蕉共和国（Banana Republic）、Cos、Hoss Intropia、Whistles、Reiss等商业街零售品牌也属于中端市场。中端市场一词并不是特别好听，一般零售品牌并不把它作为市场定位。部分品牌在定位自己市场层级时，往往以"平价奢侈品"或"平价精品"作为突破口，实际上占领的就是中端时装市场。许多人认为应该让更广泛的人群享有高档消费，而消费者本身往往预算有限，平价奢侈品和平价精品现在也成为具有潜力的重要市场。

大众市场时装主要代指商业街连锁品牌或时装零售连锁店，例如Gap、Topshop、Zara等在大中城市商业街开设店铺的品牌，有些甚至是国际连锁店，例如Gap和Zara。在这个级别市场上，"商业街"、"快速时尚"和"大众市场"几个词之间的界限模糊，因而也包含了例如Primark、New Look、Kiabi等较低档的品牌。

根据纺织服装杂志*Just-style*报道，2008年欧洲平价市场估值为500亿欧元，呈现增长，而其他欧洲服装市场同比下跌了5.2%。平价零售品牌，例如Primark、法国零售品牌Kiabi以及德国品牌Takko等在欧洲范围内实现了自身连锁品牌的扩张。Primark已在西班牙、德国、荷兰等国开设店铺，Takko则把零售店覆盖到了奥地利、捷克斯洛伐克、匈牙利、荷兰、立陶宛和爱沙尼亚等国。由于担心平价零售品牌越来越多地挤入市场，西班牙时装连锁品牌Mango于2009年8月推出了一条新的低端产品线，名为"Think Up"，用以维护其市场竞争力。这一崭新系列推出了超过90件单品，秉承"特别价格，创意生活"的口号。

时装市场的层次划分不断深化，层次越来越精细，很难完全理清。越来越多的时装公司实施扩张性的企业或品牌策略，以吸引更多层级的消费者。就像Mango推出Think Up的例子所表明的，零售品牌或时装品牌推出价格实惠的产品，可以提高需求量。相应地，推出高档奢侈产品，提升市场定位，则是为了吸引时尚敏感型消费者，他们可以接受较高的价格。

上图

香蕉共和国品牌的橱窗。中端市场零售品牌能够以实惠的价格提供具有奢侈风格的时装

下图

商业街时装连锁零售品牌Gap在纽约梅赛德斯-奔驰时装周上展示2009年春季服装系列

品牌金字塔

时尚品牌是商家利用专为不同层次市场设计的产品赚取利润的操作手段。在市场顶层是最为昂贵、奢侈的产品，限量发售或为特定顾客独家专享。这类服装的盈利性不一定最好，但却是维护品牌地位的宣传工具。品牌企业需要扩张产品层次，迎合更广泛的消费者，以获取最大盈利。下列阿玛尼的品牌结构就是一个例子。

Armani Privé：尊贵定制系列，是品牌的顶级系列，价格昂贵。目标消费群体年龄层在35~60岁。Armani Collezioni：比主品牌价格低近20%，这一系列面向的消费群体具有敏锐时尚触觉，但承受不了过于昂贵的价格。Emporio Armani：针对25~35岁之间的职业青年。Armani Jeans和A/X（Armani Exchange）：针对18~30岁的年轻人群。这两条系列更偏重休闲风格，让阿玛尼品牌贴近更广泛的消费者。

下图从左至右
Armani Privé
Armani Collezioni
Emporio Armani
Armani Exchange

品牌金字塔模型

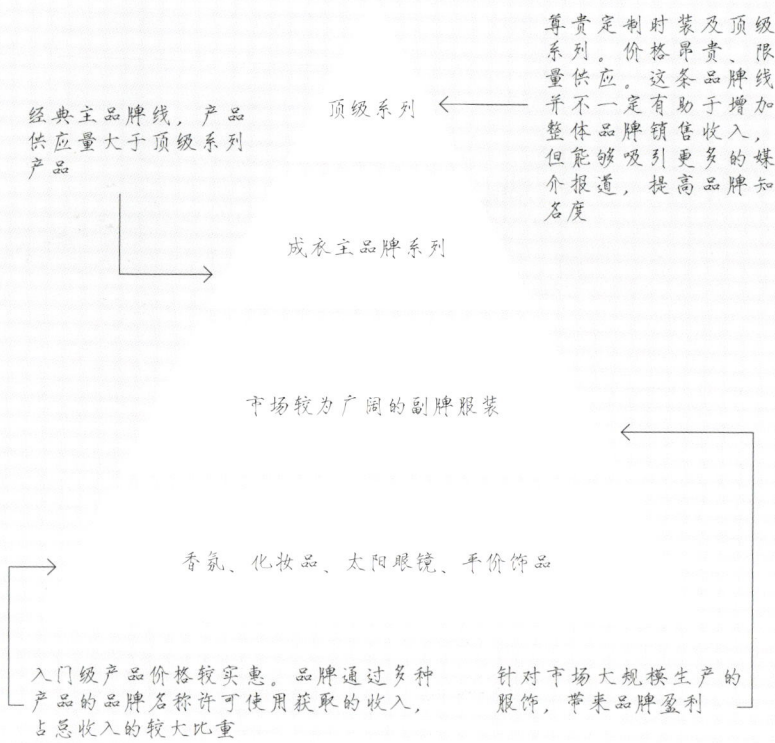

顶级系列

经典主品牌线，产品供应量大于顶级系列产品

尊贵定制时装及顶级系列。价格昂贵、限量供应。这条品牌线并不一定有助于增加整体品牌销售收入，但能够吸引更多的媒介报道，提高品牌知名度

成衣主品牌系列

市场较为广阔的副牌服装

香氛、化妆品、太阳眼镜、平价饰品

入门级产品价格较实惠。品牌通过多种产品的品牌名称许可使用获取的收入，占总收入的较大比重

针对市场大规模生产的服饰，带来品牌盈利

其他时装市场

除了目前为止所涵盖的基本市场，时尚产业还包含一些其他市场，例如21世纪衍生来的古董衣时装（Vintage）和可持续时装。古董衣时装或者说节俭式时装是指在专门的古董衣商店或慈善商店，或是易趣等网站售卖的可供收藏的老旧二手衣、鞋及饰品。古董衣市场发展很快，消费者越来越多地选择古董衣或节俭服装来表达自己与众不同的时尚理念，同时也能节约金钱或是减少消费。

通过各类创意方式倡导未来社会责任的非盈利机构，同衣计划基金会（Uniform Project Foundation）利用古董衣商店和慈善二手商店时尚的兴起，

左图

来自同衣计划基金会的希娜·玛歇根在一年的时间里，每天从七条同样的裙子中选一件穿。一年中的每天她都运用各种古董衣和低价的饰品进行穿搭，让自己每天看起来似乎都穿着一新。这组照片的左图，她以连衣裙内搭高领衫进行穿着，而右图则是反穿连衣裙，并在腰部以宽腰带作为装饰

发起了一项极富创新性的活动。该基金会通过设计、时尚、社交媒体与慈善事业等，创造可持续性的文化。2009年纽约广告公司创意总监希娜·玛歇根（Sheena Matheiken）和设计顾问伊莉莎·史达巴克（Eliza Starbuck）开始了该项目，实践可持续的时尚方式。

伊莉莎为了这个同衣计划设计了一条基本款的裙子，它可以前后穿，也可以作为开襟外衣。这条裙子使用了透气耐用的棉纤维，面料冬夏适宜，这款裙子一共制作了七条，希娜一周中每天穿一条。每天，希娜都改变裙子的搭配，将不同的古董衣、二手衣、手工服装及配饰加以叠穿和造型，穿出全新的样式。搭配物品主要来自易趣网站、古董衣商店、慈善商店以及跳蚤市场，还有友人或网友的捐赠。她这个独具匠心的计划展示了服装的可持续性，有力地宣扬了古董衣，但实际上，同衣计划还有一个很严肃的目的，也是活动的主要目的——帮助Akanksha基金会筹集善款，以草根运动的形式改变印度底层儿童的教育状况。

可持续时尚，也称为道德时尚或生态时尚，是市场的另一个增长点。越来越多的时尚企业致力于保证产品系列的原料来源符合道德标准，或是产品的部分元素是可持续生产的。根据敏特公司2009年的道德时装调研报告，截至2008年，英国可持续时装销售在五年内翻了两番，从4000万英镑增长到1.75亿英镑。

可持续性和道德问题与时尚产业链的各个环节都紧密相关，对生产原料、服装制造、流通、销售到最后零售等环节都发生影响。确定某个细节是否具可持续性的过程极其复杂，可持续时尚产业可以以伞形结构描述，包括以下内容。

- 使用经认证的有机纤维，如棉或麻
- 使用可再生纤维，如竹纤维和玉米纤维
- 纤维和服装再生性
- 使用天然染料或低强度染料
- 创造新的耐用产品，打破消费循环
- 公平贸易获取原材料及纤维
- 正当使用员工及开展种植、畜牧活动
- 降低能源消耗
- 最少或简化包装

据称，时尚产业在大众认知度上，大概比食品产业落后10~15年，许多消费者对可持续性议题感到困惑，有很多亟待解决的问题。其中最大的问题便是如何制订生态、可持续和道德时装的界定标准。越来越多的设计师、时尚零售品牌以及工业企业加入进来，制订规章及标准规定，提升可持续时装的影响力。大宗产品的销售及推广潜力上升。伦敦时装周和巴黎时尚成衣展(Prêt à Porter Paris)两展已将可持续时装纳入羽下，伦敦时装周推出Estethica展，巴黎则推出So Ethic展。

时尚之都与行业展会

巴黎、伦敦、米兰和纽约一向都是最具影响力的时尚中心，这些时尚之都以其独特的历史传承，不断发展自身的特色。

巴黎

巴黎是时装的灵魂家园，也是高级定制时装的中心。巴黎每年举办两次高级定制时装秀，春/夏时装展在每年一月召开，秋/冬时装展则在七月举行。男士成衣时装作品时间则不同，一月份展示是当年秋/冬作品，六月份展示的是下一年春/夏时装作品。与巴黎时装周的近百场女装秀相比，男装秀大约只有30场，规模缩小了很多。巴黎时装周作为时尚业地位卓越的盛事，每年三月举办秋/冬时装秀，九月底或十月初则为春/夏时装秀。

下图
巴黎时尚成衣展（Prêt à Porter Paris）是重要的国际时装展，与巴黎、纽约、东京等地的时装交易会齐名

所有时尚媒体、顶级精品店和超级百货买手都将涌入巴黎，观赏各场时装伸展台展示。因此，世界各地的设计师都会首选巴黎展示其当季成衣系列。来自美国的瑞克·欧文斯（Rick Owens），比利时的安·迪穆拉米斯特（Ann Demeulemeester）、德赖斯·范诺顿（Dries Van Noten），荷兰阿姆斯特丹的维果罗夫（Viktor & Rolf），英国的维维安·韦斯特伍德（Vivienne Westwood）、约翰·加利亚诺（John Galliano）、斯特拉·麦卡特尼 (Stella McCartney)，意大利的Costume National、日本的祖卡（Zucca）、川久保玲（Comme des Garçons）、岛田顺子（Junko Shimada）以及其他一些外国设计师都在巴黎举办时装秀。

除了巴黎时装周，在凡尔赛门举办的巴黎时尚成衣展也吸引了一千多家海外展商参展。巴黎时尚成衣展是一个综合性的展会品牌，旗下还有多个子展会：巴黎Atmosphère's展，分别在巴黎、纽约举办的饰品展The Box，在纽约切尔西区Terminal Warehouse大楼举办的服装服饰展The train以及东京男女装、服饰及时尚生活用品展Living Room。巴黎面料展（Première Vision或PV展）每年举办两次，二月举办春/夏面料展，九月举办秋/冬面料展，它是欧洲最大的纺织展，也是国际设计师及买家倾巢出动之机。该展会是来自全球的面料供应商的重要商机，对于时装设计师及买家而言，同样也可以借机了解色彩和流行趋势预测。

伦敦

经历了摇摆的20世纪60年代和玛丽·匡特（Mary Quant），伦敦的街头风及前卫时装日益昭著，至今仍是该地最富盛名的时尚标签。现在，设计师已经成为伦敦最大的时尚输出。约翰·加利亚诺（John Galliano）、亚历山大·麦昆（Alexander McQueen）、斯特拉·麦卡特尼 (Stella McCartney)等英籍设计师都在巴黎时装工作室工作，其他来自英国或是在伦敦求学的设计师纷纷在纽约、米兰、中国香港等地倾洒才华。伦敦吸引着来自世界各地的时装学子。一些人在毕业后选择留在伦敦，以伦敦作为本部，开创自己的品牌。

伦敦时装周在时装界的地位同样举足轻重，维维安·韦斯特伍德、保罗·史密斯（Paul Smith）、贝蒂·杰克逊（Betty Jackson）、尼科尔·法伊（Nicole Farhi）、艾尔丹姆（Erdem）、卢埃拉·巴特列（Luella Bartley）、爱丽丝·坦波丽（Alice Temperley）、马修·威廉姆森（Matthew Williamson）等设计师都参与其中。不过，伦敦时装周声誉的大幅提高，主要源于博柏利（Burberry）在2009年伦敦时装期间以2010秋/冬时装展的回归。伦敦的大众品牌展则有伦敦国际女装展（Pure London），参展品牌数超过800个，贝蒂·杰克逊本身在伦敦时装周期间展示其主品牌系列，也在伦敦国际女装展上展出其副线品牌Betty Jackson Two。在伯明翰国家展览中心（NEC）举办的春、秋展会和伦敦showcase companies举办的Top Drawer展、Pulse展虽然不属于传统的时装展，但在这些展会上则会销售各类礼品和时装配饰，包括包袋、围巾、帽子、珠宝等。

对页图
艾尔丹姆（Erdem）2009~2010秋/冬系列中的一件红黑蕾丝连衣裙。加拿大设计师艾尔丹姆·莫拉里奥格鲁（Erdem Moralioglu）在伦敦时装周伸展台上展示其同名时装品牌

上图
以海力斯粗花呢制作的人字斜纹灰套装，由英国公司Old Town推出。该公司所生产的所有男女装都采用英国传统面料制作。历史上，英国曾是纺织中心。海力斯粗花呢是一款商标注册面料，维维安·韦斯特伍德把这款著名的机织面料应用于1987~1988年的作品系列，2004年耐克又使用它特制了一款运动跑鞋，海力斯粗花呢因而名声大噪。苏格兰的其他羊毛面料和毛针织服装也颇负盛名，这些产品一般由羔羊毛或细支羊绒制成

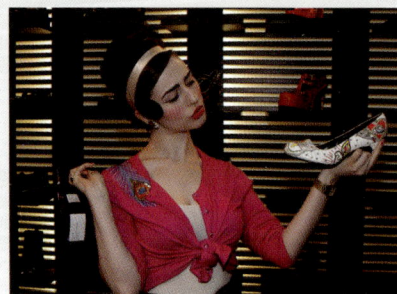

先锋伦敦（London Edge）时装展

先锋伦敦时装展面向的是前卫另类的时装市场，其中包括许多分类，例如：哥特、朋克、电子、科技、迷惑摇滚、重金属、乡村摇滚、工业化、地下艺术、民族节庆、重机车穿着等。先锋伦敦展主要展出的是城市街头休闲装品牌，包括滑冰、嘻哈、冲浪、嬉皮等面向年轻群体的品牌。

米兰

意大利时装或高级时装发布会起源于1951年，意大利时装商人乔瓦尼·乔吉尼·巴蒂斯塔（Gian Giorgini Battista）在佛罗伦萨举办了意大利第一场高级定制时装秀，邀请了几位设计师及顾客参加。随后的20世纪60年代，罗马取代了意大利高级时装中心的地位，而接着在20世纪70~80年代，又将这个地位拱手交予米兰，后者现已成为意大利成衣交易之都。今天，意大利已是中高档时装重要的设计与制造国，特别是皮革制品、鞋、针织服装和优质男、女成衣。米兰是重要的贸易中心，大多设计室都把总部设在米兰，同时米兰也是意大利时装表演的主要举办地及意大利时尚杂志的主要出版地，其他相关工业，例如造型、摄影、模型制作也重点集中在米兰。意大利纺织世界闻名，佛罗伦萨、普拉托是纱线和针织服装制造中心，科莫生产真丝面料，皮尔蒙特地区则出产毛纺织品。行业主要展会及时装表演主要在米兰、佛罗伦萨、罗马举行。在米兰举办的米兰Donna时装周主要展示女装成衣，Uomo时装周主要展示男装。

左上图

纽约梅赛德斯-奔驰时装周会幕

上图

梅赛德斯-奔驰时装周上迈克·科尔斯
（Michael Kors）2010春/夏T台秀

罗马高级时装发布会展出的是意大利定制时装及高级成衣，意大利国际针织和纱线展（Pitti Filati）、男装展（Pitti Uomo）、童装展（Pitti Bimbo）都在佛罗伦萨举办。

纽约

纽约是美国时尚产业的中心，世界上赫赫有名的品牌，例如拉尔夫·劳伦、汤米·希尔费格（Tommy Hilfiger）、凯尼斯·柯尔(Kenneth Cole)、丽资·克莱本（Liz Claiborne）等，都在纽约开设办公室及设计工作室。世人熟知的美国时装休闲自在、清新别致，这在劳伦、迈克·科尔斯（Michael Kors）、唐纳·卡伦（Donna Karan）、卡尔文·克莱因（Calvin Klein）等著名设计师的作品中都得到了体现。而耐克、Gap、香蕉共和国、Esprit等零售品牌产品亲民，也具有较强的全球影响力。

纺织服装工业素来是美国最大的工业部门之一。由于中国等加工国的激烈竞争，它已经呈现较大的下滑，但2007年，该行业目前仍有超过50万名员工。

根据纽约城市经济发展公司数据，梅塞德斯-奔驰时装周（原奥林巴斯时装周）吸引了10万余名商贸人士和媒体参加，每年游客收入达4.66亿美元。卡尔文·克莱因、菲利林列（3.1 Phillip Lim）、安娜苏（Anna Sui）、BCBG（BCBG Max Azria）、卡罗琳娜·海莱拉（Carolina Herrera）、Davidelfin、黛安·冯·芙斯滕伯格（Diane von Furstenburg）、唐纳·卡伦、艾萨克·麦兹拉西（Isaac Mizrahi）、迈克·科尔斯、扎克·珀森（Zac Posen）、纳西索·罗德里格斯（Narciso Rodriguez）等只是时装周的部分展出品牌。

其他时尚城市和展会

印度、斯里兰卡、澳大利亚、中国、日本都举办时装周活动，展示设计师作品，推广当地时装产业。在美国境内，洛杉矶对促进美国西岸时尚产业发挥着重要作用。洛杉矶之所以在时装设计界拥有一席之地，主要是由于罗达特（Rodarte）、旁观者（Band of Outsiders）两家受追捧的品牌把总部设立于此。2009年，由设计师凯特·穆里维（Kate Mulleavy）和劳拉·穆里维（Laura Mulleavy）两姐妹创建的品牌罗达特赢得了美国时装设计师协会（CFDA）的年度女装设计师大奖，斯科特·斯特伯格（Scott Sternberg）创立的品牌旁观者则摘取CFDA的年度男装设计师大奖。洛杉矶主要举办两个国际纺织与原料展，美国洛杉矶国际纺织面料展GlobalTex和L.A. Textile展。位于美国俄勒冈州的波特兰市则是时装与运动服品牌公司的聚集中心。生产运动服的耐克（Nike）、阿迪达斯（Adidas）、哥伦比亚（Columbia），生产泳装的简特森（Jantzen）和生产运动鞋的奎恩（Keen）都将总部设在波特兰，此外，一些生态时装品牌，例如Nau、Entermodal以及A Fortes Design也选择将总部设在了波特兰。

柏林国际时装展Bread & Butter是欧洲专业性极强的国际街头、牛仔、运动服品牌展会。杜塞尔多夫市举办的是CPD女装服装服饰和HMD男装展。西班牙也是鞋类和皮革制品的制造地，它主要有两个国际鞋类和皮革制品展，分别是在马德里举办的鞋类和皮革展Modacalzado + Iberpiel和在阿利坎特举办的Futurmoda皮革展。

上图
瑞典的前卫牛仔品牌享有声誉。其中一个为大众所知的牛仔品牌Dr Denim，由哥德堡的Graah家族于2003年创建。哥本哈根Terminal 2时装发布会、柏林国际时装展及阿姆斯特丹Modefabriek时装展上都展出了该品牌的2010秋/冬系列

第二章　市场营销工具

本章将介绍营销的基本知识以及营销策略所需的基本概念及手段。营销组合是营销规划的框架，营销工具理论由来已久，不断改进，形成了更新的营销理论。市场分割、目标市场、市场定位、差异化及竞争优势等主要原理在本章都将得到介绍，时装设计师如何创造鲜明的个人风格，并为品牌设计个性卖点，也是本章要探讨的话题。

市场营销并不是一门巧妙处理产品的艺术，而是创造消费价值的艺术。

——菲利普·科特勒

什么是市场营销

市场营销是门多样的学科，它可以是一个经营职能部门、一种经营整体理念，也可以作为一个管理或社会性过程。营销应该是将企业与客户连接起来的全方位体系。被誉为现代营销之父的菲利普·科特勒（Philip Kotler）博士认为，正是营销造就了一个公司的兴衰成败。科特勒博士把营销视为学问与艺术的结合，它是谋划，也是创意，既需要系统性的分析研究，也需要人本身的创新、本能及直觉。

市场营销包含的范围和潜在环节非常庞大。在任何一件产品的设计之初，营销活动即已开启，而顾客购买之后，营销还要维持很长一段过程。营销整体跨越之大、涉及范围之广，作为其特有的属性，给予了明确的定义。为了更好地阐述营销的根本要素，剖析复杂多变的营销问题，在下一节中将提出营销的四条定义，每个定义侧重不同，将在后面深入讨论。

市场营销的定义

下述各条定义反映了营销策略的不同侧重点，同时它们也反映了市场营销包含范围之广。

"市场营销是利益性的识别、预测并迎合消费者需求的管理过程。"
——英国市场营销管理特许协会（CIM）

"市场营销是通过交换过程满足个人需求和需要的人类活动过程。"
——科特勒（1980）

"市场营销是团体及个人通过与他人创造或交换产品及价值获取所需的社会性与管理性过程。"
——科特勒（1991）

市场营销是能够获得目标市场盈利的一种创造能力、沟通能力和传递价值。

——科特勒（2008）

综合以上定义，可以看出，市场营销的基本要素有如下几点。

- 了解消费者需求
- 创造、传递与实现价值的能力
- 一种社会过程
- 一种交换过程
- 一个管理和商业流程

对于所有行业，市场营销的基本概念是一致的。不过在具体应用中，各行业间有所不同。接下来，我们将探讨如何把市场营销的基本概念应用于时尚产业，特别是如何连接起消费者与服装。

市场营销应该是一种时代精神(而不是一个部门)，它所考虑到的是经营中的每个方面。

——马丁·巴特勒

了解消费者需求

英国市场营销管理特许协会对市场营销的定义强调了认识和预测消费者需要的重要性。它自然是关键的第一步，然后商品的设计、生产和配送才能满足甚至超越消费者的欲望、需求和期望。

市场营销的基本概念是生产人们愿意购买的服装，而并非是根据时装设计师设计意愿或喜好制作的服装。因而，细心研究消费者，搞清他们属于什么样的人群以及他们要求的事物是最重要的。的确，时装业中有很多专家深谙消费者心理，但是大量研究仍是必要的。对于时装业及服装制造业而言，时装市场的趋势预测、消费者需求评估是一项大工程。通过市场研究、零售分析、趋势预测，大量信息得以汇集到一起，它们决定了下一季中最能吸引消费者的趋势、款式、色彩或技术。

虽然某些商业街零售品牌已经做到在数周时间内完成从设计到交货的周期，但在实际生产中，多数服装与制造业者通常要比服装最终上市或到季提前数月开始最初的研发设计。以阿迪达斯为例，它新产品的开发工作需要花费12~18个月。开发周期长，使趋势预测更加关键。第3章和第4章里将深入阐述市场研究、市场预测以及消费者研究。

沟通价值
博登入会手册

　　博登（Boden）是一家英国的邮购与在线服装销售品牌，在英国、欧洲与美国等拥有超过百万顾客。博登产品线包括男、女装，色彩绚丽、设计奇特，风格独树一帜。而Mini Boden则是以婴儿为目标群体的产品线。受到高水准的美国邮购企业影响，1991年约翰尼·博登（Johnnie Boden）在英国首先开创了先锋性的高档市场销售目录。博登的网站则于1999年上线，目前约占英国销售的62%，美国的销售则达72%。博登品牌的建设如此成功，正是在于它的服装不仅价格公道、做工考究，同时富有色彩斑斓的奇趣风格，并能够直接送到顾客手中。一开始约翰尼·博登创建销售目录的时候，这个创想在当时是非常前卫的。博登的销售目录及网站不单单只售卖产品，它传达的是博登式的生活方式与品牌价值。2009博登春/夏销售目录中以插页方式，细细介绍了博登品牌的产品价值、服装设计细节与质量，题为：博登入会手册。

右图
博登品牌旗下的设计师坚信，细节的设计发挥了重要的作用。因而博登入会手册得以凸显它不为人知的特别之处，使这件博登的双排扣外套更加与众不同

下图
约翰尼·博登本着"单次着装成本"这个原则，计算每条裤子的实际价值。根据一条裤子可穿着的年数，用成本除以裤子穿着的次数，便能确定其每次穿着的价值磨损，它传达的信息是：虽然这条裤子可能不具备市场价格优势，但它的质量经得起时间的考验

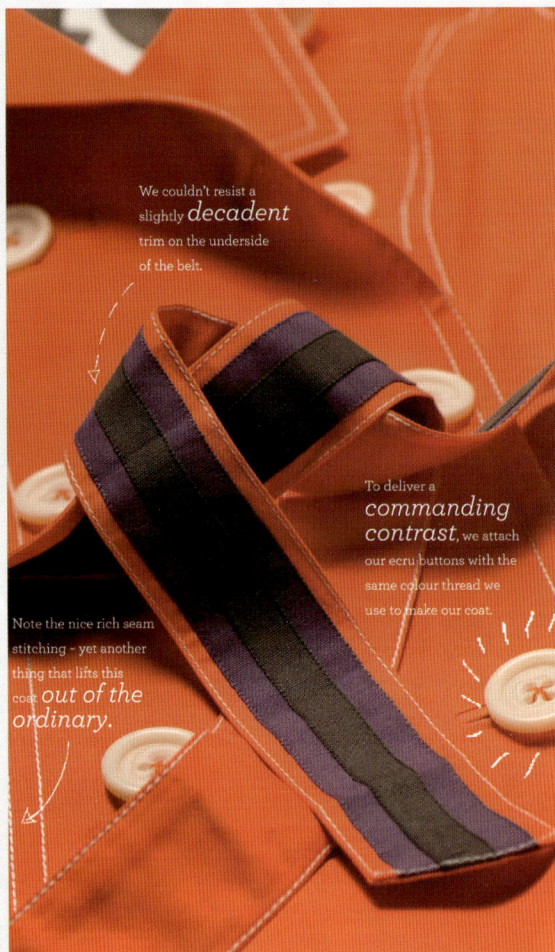

We couldn't resist a slightly *decadent* trim on the underside of the belt.

To deliver a *commanding contrast*, we attach our ecru buttons with the same colour thread we use to make our coat.

Note the nice rich seam stitching - yet another thing that lifts this coat *out of the ordinary.*

Step 4:
Appreciate the hidden extras

We believe that when it comes to clothing, no detail is small enough to be overlooked.

We're never happier than when we're agonising over an unexpected feature others might find trifling – such as the contrast trim on the reverse of our Trench Coat belt. Some of the detail we've created in a whole host of our products is purely for an 'audience of one'. But *you'll know it's there* and that's reason enough for us.

The Boden Owner's Club Manual

10 ½ EASY STEPS to *ultimate* Boden enjoyment

$$\frac{price \text{ £}}{times \ worn} = value$$

* VALUE FROM THE BOTTOM UP
My chinos from the end of the last millennium cost £42. I've washed them about 500 times – that's less than 9p an outing so far. They still look and feel fantastic and they've got plenty more mileage left in them.

创造、传递并实现价值

成功的商业运作必须依托有效的创造、沟通与传递，并有力地将这几方面联结起来。只要其中一点无法实现，就将影响总成效。如果产品价值没有实现，也就无谓好的产品的创造或推广。同样，如果产品不符合顾客期望的质量水平，或服务未达标准，其价值也无法实现。

究竟价值是什么？价值并不代指低价，或"货真价实"的东西。在此，价值的概念更广泛，它属于为消费者所看重、在乎或情感联结的潜在价值这个范畴。价值可以包含于产品中，提供真头的服装系列，也可以联系到产品的内在价值或品牌象征上。同时，价值也与公司的整体服务有关，与消费者的体验与满足感有关。在供应链上下两头，价值的概念都有意义；任何产品，不仅是消费者的价值实现，也是经营方利润与价值的创造。

出色的营销

出色的营销运作是一门针对自身产品及服务制造闪光点的艺术。优质的营销绝不是仓促上马的决策，而是认识到，不好的营销将根本无人问津。

——赛斯·高汀（Seth Godin）

美国LittleMissMatched公司由三名创业伙伴联合创建，他们发现了巨大的市场潜力，以解决人们容易丢袜子这个长久的困扰。

为什么要穿成双的袜子呢？创业者这样思考。可不可以开一家售卖不成双袜子的公司，卖的是奇数只的袜子，所以即使烘干器真的吞掉了一只袜子也不必担心。

LittleMissMatched公司的袜子均以奇数只包装出售，三只一套！这种方式成果显著。如果你拿到三只不同的袜子，可以有趣地进行搭配，每一组就有三种组合方式，而不是只有一种搭配方式。高明的创举！不只是改变无聊的袜子，更是用疯狂的方式来表达自己的创意。LittleMissMatched公司古怪的创始人提出一条中心思想，"即使不成双，也能走遍天下"，他们认为自己为小女孩创造了袜子天堂。他们把自己的市场定位在4~10岁的小女孩，不过出乎意料的是，他们的创意吸引了更多人的眼球。目前，LittleMissMatched已经是完整的生活品牌，拥有儿童及成人的系列产品，色彩缤纷却不成对的各式手套、帽子、睡衣、夹脚拖鞋、发饰等纷纷上市。

上图

LittleMissmatched公司采取了一种独特的营销方式。他们以三只袜子为一套进行销售，每只袜子都可以与其他两只任意搭配，没有任何两只是完全成双的。这样新颖的方式解决了丢袜子的问题

营销是一种社会过程

市场营销是个人或组织创造并交换产品或信息的一种社会过程。时尚特有的属性，使其可以作为社会联系与沟通的载体。个体的人以某种确定的风格选择自己的穿着，发出视觉信号，表达自己的想法。把风格相似的人归入一个整体，成为一类流行群体。流行群体指的是具有同种穿衣风格的一群人的组合。他们彼此可能互不相识，但拥有相似的价值与文化理念；通过选择某种着装风格，群体成员可以塑造自身，获得归属感。

流行群体的准确倾向

准确倾向，是来自鹿特丹的摄影师阿里·沃斯勒斯（Ari Versluis）和造型师埃莉·尤特博克（Ellie Uyttenbroek）开展的一个项目。1994年二人开始合作，在全球范围内系统地记录众多时装流行群体突出的着装风格。选好人后，以单人拍照的方式，在工作室内以相同的姿势进行拍照。将获得的照片放入网格框架，以突出流行群体中每人的一致性。

准确倾向项目清楚地描述了一个流行群体中推动作用和潜意识的影响。沃斯勒斯和尤特博克的模特均来自当街随机寻找，他们对其所属群体的其他人并不知晓。尽管每个流行群体仅收录12个人的照片，但通过博客的回应表明，很多人在看过照片之后，能够识别出自己所属的那个群体。

我们在购买服装时，往往有意无意地参考同辈、朋友、同事或名人的穿着。消费者向彼此推销产品或传递时尚观念，可称之为**同辈营销**。在很多情况下，它是比广告或企业直接进行的推广活动更强有力的营销工具。营销信息在人群中快速传播，则称为**病毒性营销**。网络传播的兴起以及博客、Youtube等社交网络的扩张，为推动新营销媒介的发展起了重要的作用。病毒性营销利用人与人的连接性，吸引注意，创造关注。有远见的时装公司，例如Levi's、路易·威登已将病毒性营销纳入了其营销战略。

与他人交换产品与价值

营销是一种交换过程。待交换的商品是产品或服装，而货币自然是金钱。但是，还要了解其他价值商品，例如想法、信息、连接性与情感。

话题营销是吸引消费者与媒体，使关于你的品牌或公司的话题更加生动有趣，从而具有新闻价值。

——马克·休斯

发展地看，营销的交换过程可视为一个交易体系，它具有为消费者和经营者创造出多样资产的潜力。融合这种广泛性观点的一种商业模式便是共同创造理念，指代的是企业与消费者合作，创造产品或服务。众包(Crowdsourcing)即是共同创造的一种类型，将设计这类原本由公司员工内部开发的项目外包给大众，让更多的人参与进来。在共同创造项目的过程里，网络成了极为关键的工具。网络的潜在力量连结了人与人的关系，在全球范围内使开发与利用成千上万的消费者的集体经验、技能、才智成为可能（www.Trendwatching.com）。时尚产业里，越来越多的休闲服装企业以创造理念进行创新。他们会与特定的群体交流，了解群体的想法，所选群体应具有创新性、技术性，并且愿意在线分享自己观点的消费者。

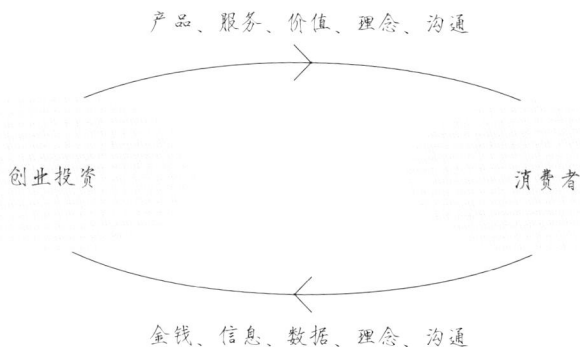

产品、服务、价值、理念、沟通

创业投资   消费者

金钱、信息、数据、理念、沟通

在Trendwatching.com上，分析家将这一消费群体称为C代人（Generation C，C代表内容），这一群体并非根据年龄划分，而是针对其经由网络共享创意内容的态度划分。众包的好处是设计过程公开公平，设计的重头由制造者向消费者或用户倾斜。以用户为核心的创新，优于以制造者为核心的创新。用户能够创造他们想要的东西，而不用再依赖制造商来摸索自己的需求。众包的出现，使企业与产品用户能够共同创造一份价值。它为企业带来了多样性和新理念的交流沟通。用户可能是免费提供自己的创意，但如果他们的创意被采纳，作为回报，企业往往会给予嘉奖、小额奖金，有时甚至是销售提成。众包让企业与消费群体建立交流，不仅能了解他们的需求和偏好，还能降低产品生产和设计的风险。

消费者参与
无线（Threadless）公司

无线公司是最先将众包作为商业动作核心的服装企业之一。这家成立于2000年的芝加哥T恤企业将设计过程全部开放，任何个人都可以提交自己的T恤印制图案设计。无线公司将这个构想运作成为一项在线竞赛。每周提交的设计都在网站上展示，而在网络社区里投票数最多的6件T恤将投入生产，并在网上商店销售。获胜的设计者还可以获得价值1000美元的奖金。该众包制度成效显著，由于每个人不仅可能获胜，还能将自己的作品付诸销售，因而激发了用户的积极性。无线公司则只需将消费者选择的设计生产出来，最大限度地降低了经营风险。由于无线产品造成的流行以及众包模式的成功，新的休闲服装企业，例如Yerzies、nvohk等，也都纷纷加入到这种共同创造的商业模式中来。

Run Rhino T-shirt from Threadless. 无线的运动犀牛T恤

管理和业务的流程

营销必须成为商业经营功能的整合，它的最终目的不仅是满足顾客，还要确保盈利的结果。就像英国市场营销管理特许协会对其的定义：

营销管理环节要识别、预测并满足顾客的需求，同时是收益的。

下面我们来仔细介绍营销中重要的战略工具。
首先是营销组合。

营销组合

　　营销组合是一个运作营销工作的体系，可以把它融入相应的商业环境。营销组合的概念是几个不同战略要素，需要精心策划，并有效整合，以达到企业的营销及战略目标。20世纪40~50年代，美国率先提出了营销组织的概念。当时有观点认为，营销经理应是各种因素的组合人，营销组合这个词最初的提出便是对该理念的响应。哈佛商学院广告专业教授尼尔·博登（Neil H. Borden）首先提出营销的12个变量，到了20世纪60年代，E. 尤金尼·麦卡锡（E. Jerome McCarthy）进一步将其简化为4个变量：产品、价格、渠道与沟通，即营销的4P组合。

　　我们可以这样形容营销组合这个概念，它就像一个配方，将产品、价格、渠道与沟通这4个要素以不同的配比调和起来，分别强调最适合所在企业、品牌或产品的重心。

　　不同企业或商业环境，所采用的营销组合也不同，因此营销组合并没有放之四海而皆准的公式。从根本上来说它的出现，是为了保证产品为特定市场所接纳，即产品定价是恰当的，商品平衡是合宜的，产品在正确的时间进入正确的市场并且通过恰当的有针对性的推广工作，确保消费者认识产品或服务。不管市场级别如何，一个有效的营销组合需要权衡企业的所有目标，并且考量在市场中任何时点上的各种变化和挑战。

"市场营销是一门艺术，营销经理作为领导人，必须以提高企业长短期所有利益为目的，创造性地融会所有营销活动。"

——尼尔·博登

产品

　　对服装而言，"产品"包括产品的设计、风格、合身、尺寸大小、质量、时装层级以及功能性。纺织服装业中的产品绝不仅是一个单独的项目。它通常是综合性的产品系列。设计师通常需要根据特定细分市场最合适的定价，创建不同的服装系列。在进行产品的营销战略运作时，主要需考虑以下问题。

- 产品是否适合目标市场？
- 产品是否迎合了消费者的有形需求？
- 产品如何满足消费者的无形期待和愿望？
- 完整的产品供给或产品系列是否满足了目标消费群体的多样化需求？
- 产品系列的均衡是否恰当？是否有足够的选择性和多样性？

产品属性与产品惠益

产品属性是指一件产品的特点、功能和用途。产品惠益是指一件产品的属性或特点能够给消费者带来的惠益。根本上看,服装的核心属性是使人类不再暴露或裸露在外界,为人体提供保护及抵御外界危险。接下来是服装的外在属性——服装设计、制作与功能的整合。这是产品的本质属性,满足消费者具体和物质的要求。所以,以防水面料制作的雨衣的本质属性是防水,它保护穿着者不被淋湿。在商店销售这类服装时,会赠阅相关营销材料,使消费者了解这种防水材料设计的特殊属性与益处。一件服装当然也具有所谓的无形属性,它是自然需求的抽象化,与消费者理想、感知、欲望等相关联。服装的无形属性极其重要,因为消费者在购买一件产品时,实际上是购买了对产品的一系列预期与诠释。每个人都会根据自身要求与观点,理解产品的所有属性和惠益。

总产品概念

雨衣的例子佐证了西奥多·莱维特(Theodore Levitt)关于延伸产品或总产品概念的理论。莱维特的模型演示了产品的四层次。

- 一般性或核心产品
- 实际或预期产品
- 总产品或延伸产品
- 潜在产品

下图

英国Regatt A品牌的女式风衣(左)和男士风衣(右)采用Isotex 1000 XPT制作,具有优越的功能性面料,防水、透气且挡风。这款风衣同时加入了技术与功能化的设计,例如贴带缝、可拆除的帽子、带防风雨前襟的前拉式拉链以及前胸口袋

实用性与情感诉求的统一
防雨外衣

　　防雨外衣或风衣作为很好的事例,说明了服装的设计可以包含很多实用特性与外在属性。用完全防水材料制作的外衣的显著好处就是穿着者不怕被雨淋湿。一些消费者希望有一件在进行户外活动或郊外游玩时穿着的外衣,这件剪裁宽松、上蜡整理的实用风衣便满足了他们的要求。如果此外它还能有一层可拆卸的内衬,它的优点便可加上灵活和保暖这两点。在情感层面,消费者可能会选择巴伯尔(Barbour)品牌的出游型上蜡风衣,不仅因为它的耐用性、保暖性与防护能力,从情感上来说,穿着者更认同巴伯尔品牌的文化与价值。在穿着时,他们感受到朴实的"泥土气息",如同"与土地同在"。他们注重质量、品牌传统与实用性。而其他消费者,也可能因为想感受"活着并运动着"或"勇敢冒险"的情感而购买高性能的轻质防水衣,即使他们只是穿着它在城市里游走或去商店购物。而对于防水服的外观有较高要求的人群而言,高性能或实用型出行风衣的优点就难以打动他们。这部分消费者最看重风衣的剪裁与身型以及品牌的流行地位。他们可能会喜好设计师品牌的防雨外衣,它的腰带设计可以让穿着者最好地展露腰身曲线。

　　上述的每种服装都提供了防水这个特定用途或所需的功能优点,但服装提供的不仅仅是功能。要理解这点,可以从消费者的角度来看待产品的特性,并试着了解消费者在购买服装时的感受、需求和决策。每一种特性都会形成一系列情感意图,进而成为有形或实际的益处。正因此,一般的时装搭配特殊的品牌,可以有巨大的效果。它们的特殊性,能够满足人的无形需求,同时找到直达人心的捷径。

上图
美国女星玛吉·吉伦哈尔(Maggie Gyllenhaal)穿上这件配腰带的双排扣风衣,都市女性的干练气质尽显无疑

下图
法国女星芬妮·亚当(Fanny Ardent)仅用一件经典款的风雨衣,便散发出无限的动人风情

　　如果我们想买一件防雨外套，例如经典双排扣风衣，从最基本的层次上看，产品就是一件外套。再往上一个层面来讲，这个产品是一件以某一品质和价格供向市场的具备某类设计特色和款式细节的防雨外套。第二层级是总产品或延伸产品，它是消费者在购买一件雨衣时所接收到的所有内容，即所有带来价值增值、无形益处、品牌认同和情感收益的元素。延伸总产品包含所有现有内容，但是，产品还需有另外一级非常重要的层面，就是潜在产品。它是一切可能提供或可能在未来提供的产品内容。时装的未来来得极快，因而设计师用大把的时间来创造潜在产品。他们必须不断创新，每一季都有全新的设计理念、全新的面料和全新的技术，产品设计必须不断发展。所以，潜在产品的概念至关重要。

　　莱维特的模型还表现了另一个重要观点。"消费者并不是购买产品或产品的属性，他们购买的是能获得的收益及情感意义。"也就是说，潜在产品就是找到新的方式，向消费者传递附加价值与收益。

总产品概念

潜在产品
它是尚未被挖掘出来的潜在特性，也是挖掘产品未来的创新和思考过程

一般性产品
它是核心产品，例如一件外套、一件套头衫、一条裙子

无形关联

设计特色

质量

款式

价格

附加价值

感知价值

包装

总产品
总产品也是莱维特所说的延伸产品。它代表消费者获得的所有产品内容。一般性产品＋外在属性＋无形属性。总产品是附加价值，即所有提升产品的附加内容和使它区别于其他竞争对手产品的内容

品牌效应

质量保证

实际或预期产品
实际产品是一般性产品与外在属性的集合。它代表的是消费者最基本、最低的期望或需求

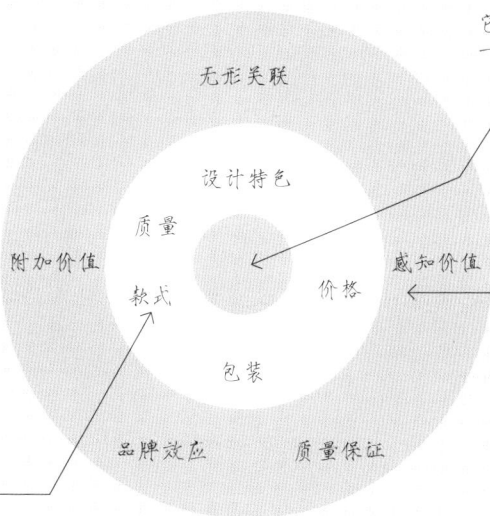

价格

    价格指的是制造成本、批发零售价格、折扣价格，当然还涉及盈利和利润。在营销中，可以从两个角度来看待定价问题，一个是从成本的角度看一件东西的实际生产成本或购买成本。它衡量的是有形的支出，计算出成本价格。另外一个则是从销售价格角度看消费者或最终消费者的想法。它决定产品的销售价格，考虑例如消费者接受能力、感知价值等因素。感知价值体现产品直接价值，但不一定直接与生产或批发零售的实际成本有关。因此，只有了解消费者对价值的感受，才能在市场上制订出有竞争力的价格。

约翰·瓦维托斯·马利布（John Varvatos Malibu）专营商店一角展示了包括牛仔裤、鞋帽配饰等产品。这一产品组合向消费者介绍了该品牌各类价格水平的产品系列

通过研究，才能分别从消费者和最终消费的角度来理解定价，并且知道竞争力的来源。并且，价格是上下波动的，相关研究能够帮助了解以下内容。

- 消费者怎么感知价格？
- 顾客对良好价值的看法是什么？
- 愿意购买某种产品的消费者会有多少？
- 哪些消费者会愿意支付更多价格？
- 竞争者有多少？

几乎很少有只为一件产品定价的情况。合理选择产品需要建立一个体系，整体性价格策略的设计，不仅是为每个单件商品，更是为了整条供应链。

价格体系

定价体系的构建和设计，涉及成本最低的商品到最昂贵的商品。这就是一个价格体系。在这个价格体系里，必须包括以下产品。

- 试销价和低价产品。
- 中间价格产品。
- 高价产品。

通常我们会为每一层级产品创建一个价格幅度。例如，商业街零售品牌可能会把低价产品价格幅度定为15~49英镑，中间价格幅度是50~99英镑，高价产品价格幅度在100~200英镑之间。

价格体系的构建由市场类型、市场层级和关注产品所决定。每类产品的款式和供货数量的比重相应调整，以迎合最大量的消费者，获取最大的潜在销售利润

价格体系

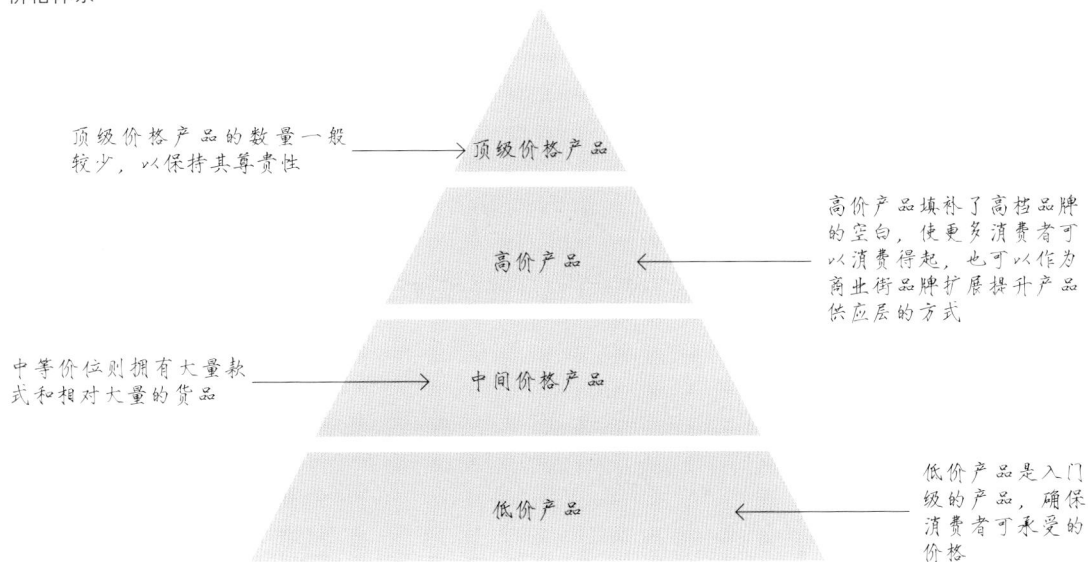

顶级价格产品的数量一般较少，以保持其尊贵性 ———→ 顶级价格产品

高价产品 ←——— 高价产品填补了高档品牌的空白，使更多消费者可以消费得起，也可以作为商业街品牌扩展提升产品供应层的方式

中等价位则拥有大量款式和相对大量的货品 ———→ 中间价格产品

低价产品 ←——— 低价产品是入门级的产品，确保消费者可承受的价格

价格幅度可以进一步细分到价格点。以顶级价格幅度为例，仅仅有4个价格点：115英镑、125英镑、150英镑和200英镑。低价区则必须有8~12个不同的价格点。灵活地设计价格点，衡量每个价格点各款式供货数量，是完成合理的系列设计的基本要素。不是每个款式都必然能获得理想的收益，但是合理灵活的价格水平，在产品数量充足的情况下，可以有效增加收益，从整体上获得足够的效益。

定价计算

下面的例子简要介绍了快速定价计算方式，读者可以大概了解一些定价指标。以统一的标准管理市场价格，并注意市场中真实价格的走向，才能实现最有效的定价。

成本加成定价计算

成本加成定价公式可以作为在确定每件产品的生产成本后，计算补偿原始投资的最低限价的准则。生产总成本可以分为固定成本和可变成本。固定成本如租金、工资和保险等，与产品生产和销售的数量无关，是保持固定不变的那部分成本。可变成本是与服装制造数量成比例变化的费用，包括原料、包装、劳动力和运费等成本。产品应收取的最低限价由总成本除以产品总量获得。

最低限价=（固定成本+可变成本）/产品总量

如果生产商生产了2000件该产品，其中固定成本为10000英镑，可变成本是5000英镑，则每件产品的成本为7.50英镑。

（10000 + 5000）/ 2000 = 7.50

这表示，如果卖出每件商品时生产商收回7.50英镑，他们就能够收回成本，但没有得到一分利润。如果要获取利润，则需要提高标价。如果标价提高40%，单位售价就是10.50英镑。

最低限价=（固定成本+可变成本）x（1+提价百分比）/产品总量
(10000 + 5000) = 15000
(1 + 40%) = 1.4
15000 x 1.4 = 21000
21000 / 2000 = 10.50

成本加成定价公式计算的是产品的实际销量，因此，假设生产商没法以10.50元的价格卖出全部2000件产品，预期利润就无法实现。如果只能卖出1000件产品，则单位价格需提高至21.00元，才能收回投资。

提高标价和毛利计算

假设零售商希望从制造商处购买2000件商品。制造商开出每件服装12.00元的价格。零售商用批发价乘以提价系数获得零售价。买家如果以成本价翻倍算零售价，这里提价系数就是2，提价百分比为100%，毛利是50%。提价计算是在成本加成基础上进行的，还是以成本价格角度来定价，并往上加价。毛利计算则从售价的角度来看待价格。

提价百分比=（成本价X提价系数）−成本价/成本X100

(12 x 2) = 24

24 − 12 = 12

12 / 12 = 1

1 x 100 = 100

毛利=（售价−成本价）/售价X100

(24 − 12) = 12

12 / 24 = 0.5

0.5 x 100 = 50

时尚买家定期跟踪市场价格，因而当开始进行生产厂家的价格谈判时，他们很清楚每一件服装在市场上实际能卖多少。例如，当买家运用3.5的提价系数时，他可以获得约70%的毛利（税后）。

通过查看服装以及了解目前市场定价，买家可以清楚这样一件服装在市场上能卖到的最高价格是39.99英镑，如果他们以12.00英镑进货的话，要卖到42.00英镑才能得到理想的收益。此时卖家就会与厂家谈价，最后以11.50英镑成交。

最终利润计算如下：

(39.99 − 11.50) = 28.49

28.49 / 39.99 = 0.71

0.71 x 100 = 71 %利润

*此计算不包括营业税。

渠道

　　从根本上说，渠道就是在恰当的时间和恰当的地点以恰当的数量提供恰当的产品。它被称为"市场路径"，涉及物流和各种产品运输储存、分销方式以及公司产品到达目标市场的方式。渠道包括了市场分布和销售渠道的内容。服饰产品到达最终消费者的主要销售渠道包括以下方式。

- 直销，包括网购和电话销售
- 服务业渠道，即零售店，也就是实体店
- 销售目录——一些公司先制作销售目录，接着扩展店面或者进行特许经营。销售目录目前更多用于开发网购模式
- 公共活动，包括举办体育项目、服饰活动，手工制作活动或国内交易会
- 仅邀请部分消费者的非公开新品展示会（详见说明）

时装的市场路径可经由以下销售渠道。

- 展会
- 代理商展室
- 公司位于总部或重要市场的展室
- 网络
- 经由销售团队
- 直接来自厂商
- 经由代理
- 内部展示会

不同国家或地区的零售店产品会有差异。消费者会有不同的需求或购买方式，因此，德国商店和西班牙商店的产品可能在款式和颜色等方面都有差别。同样，在不同文化地区，服装的尺码和型号区间应考虑到地区人种身材的差别而进行调整。产品的选择还受到了零售店大小和布局的限制。不可能所有零售店都展卖同样数量的产品，因此选择销售的产品应随商店实际情况进行调整。

交易会与展会
Timberland的展位

企业可以利用行业交易会这个重要时机，展示其最新产品，向来自全球的零售买家销售产品。买家可以在同一时间查看对比各种品牌产品，是交易会或展会的优点。展会是具有专业性的。例如，巴黎的Premiére Vision展为面料专业展，佛罗伦萨的Pitti Filati展则是专业的纱线展，杜塞尔多夫的CPD展为女装服装服饰展，柏林的Bread & Butter展是街装与城市服装展。许许多多的买家会参加以上的不同展会，2008年2月举办的lgedo展吸引了来自59个国家的33500位参观者。展商愿意花重金布置展会，让自己的品牌及产品占得先机。

Timberland的展位主要展示其户外产品线，是用重新改造的工业用品及天然再生材料建成的。将运输集装箱循环利用搭建成为售卖展台，客户可以在这里参观Timberland产品之余下好订单。

这个由密歇根设计公司JGA设计的创新式展台，表现了Timberland关于环保可持续发展的企业责任。高达98%原材料采用"地球意识"材料（其中53%为重新利用材料，18%为再生材料，另外27%则是循环材料）设计可谓独树一帜。更值得一提的是，这个展位88%的材料在展示结束后可以继续循环使用。

Timberland的展位主要展示其户外产品线。接见区的正中央悬挂图片表达欢迎，Timberland的销售代表在此接待买家参观此展位，浏览产品系列最终下单。

JGA公司同样为Timberland职业系列设计展台，它设计了非常灵活的搭建方式，以适应不同展会的不同观众。销售区展示职业产品系列，工作台可供8~10人同时就坐。

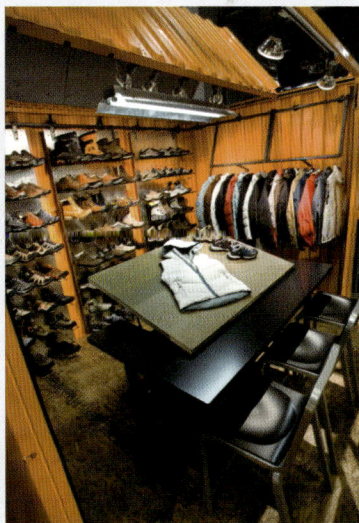

沟通

沟通涉及面向消费者的交流，它包含了一个公司本身或公司产品及服务所有可能的营销、传递、推广活动的工具。广告、促销、公关、人员推销或赞助等沟通活动的集合称为沟通组合。沟通组合的概念与营销组合类似，它是一系列用于实现企业沟通目标的工具的组合。时装产品普遍的沟通方式是在高端时尚杂志*Vogue*、*Harper's Bazaar*、*Grazia*、*Marie Claire*等上刊登广告；举办能够吸引媒体和公众密集性关注的服装T台秀；围绕名人开展公关活动，赢取其对独立设计品牌的支持。其实创新的时装沟通方式还有很多。零售商或服装批发商可以制作内部杂志或每季销售手册，实现经营推广，提供增值服务。精致成册的印刷制品也是一种方式，但由于耗资巨大，且需花费较大精力，因此有意于此的企业一般会将其制成双季度版，以春季和秋季版本分别发行。这类印刷制品从形式到内容，不仅要传递品牌自身的价值，还必须反映潜在消费者的诉求和利益。杂志和手册这类工具也很有用处，它可用于传播一些基本信息，如总公司或顾客服务部联系方式、店面分布等。第六章中我们将就沟通理念做进一步的深入探讨。

下图

Massey & Rogers印制一系列精美的小物品，如购物袋、胸针、茶巾和贺卡等。他们非常注重展示的方式——棉质系带捆系上一组（共三张）带有小鸟图案的茶巾，再用简洁的卡片加以标识

现代营销组合

营销组合的缺点是容易使企业过多关注内在要求，而忽略了消费者不断变化的需求。传统的4P营销组合理论最初是在大众消费主义的兴起之初提出的，是针对产品实际的实惠利益进行营销——主要集中在产品、价格和促销上。随着理论演进，消费者成为营销的中心。根据新的理论扩展，营销组合改进为7P理论，它添加了三个全新的要素：有形展示、过程和人员。人们常常误把时装行业认为是以产品为根本的行业，其实，它应该是以服务或人员为根本的行业。购物体验关系到服装的销售，因此，包含了三个新增营销要素的服务才是最重要的营销手段。

有形展示

越来越多的消费者提升了对价值、购物体验、附加服务等的需求，同时随着服装零售店之间产品供应竞争能力的增强，有形展示这一要素成为了零售实现差异化的重要因素。

有形展示包括这些内容：外包装、宣传册、名片、网站设计与浏览、购物袋、员工制服、店内装潢、氛围、设施、销售基础装配、商店橱窗与标识等。

　　服装的购物体验是远远超过服装服饰本身的，它涵盖了所有附加的小事物，从而令产品与众不同，可以是以针线绣上设计师字迹的标签，可以是精心设计或制作的吊牌，可以是精美得足以被珍惜保存的购物袋，也可以是激发想象使购物之旅更加精彩的橱窗或商店陈设。以上种种，都是营销组合的重要组成部分。它们在无形之中打动别人，提升产品价值，加深消费者对商店或品牌的感知，从消费者的心理认知方面使企业相较于其他企业更胜一筹。

创造美与艺术之林
Prey精品店

　　精品店Prey位于英国古城巴斯市，是一家独具一格的商店。人们称它为阿拉丁的洞穴，这里堆满了各种漂亮的物品，它就像个微型百货商店，售卖各类时装、珠宝、饰品、香水、礼物和家居产品。在这里，它的精神是为消费者提供美与艺术相融的氛围，让他们身心愉悦。这一理念体现于店内各处，不过，其中一项最赏心悦目的设计是它漂亮的包装——精美绘制的购物袋。Prey的购物袋本身就是一份珍品，美丽到令人不舍丢弃，也引诱着别人走进Prey购买产品。

英国Prey精品店的购物袋经过精心设计和制作，它的插画是一个有趣的小故事。画中的女子似乎是在遛狗，但当你把袋子翻转到背面时会发现，原来那是一只掠食（Prey）鸟。

创造属于看步（Camper）的世界

看步与亚米·海因〔Jaime Hayon〕的合作

购物体验在服装中的重要性不断提高，所以，零售商店的设计和体验十分关键。很多时尚品牌聘请经验丰富的建筑设计师或创新的设计师，帮助它们创造既时尚有型又丰富生动的销售场所。看步是一家充满乐趣、想象力和创造力的现代鞋类品牌。看步制作的是实际中穿着与走路的鞋子，但他们同时相信，他们制作的鞋子是充满"想象"的。这家位于西班牙马略卡的公司有自己的一套理念和做事方法，能够将对立矛盾的不同想法整合在一起，他们的商店橱窗展示的不仅是自家的鞋子，也是他们看待世界独一无二的视角。这一方面，他们与亚米·海因合作提出了"聚合"的概念。这位年轻的西班牙艺术家设想了这个特别的购物场所，他抓住了创想的核心，把看步这个构想世界幻化成现实。位于巴塞罗那、伦敦、巴黎、帕尔马和马德里等地的艺廊式商店以设计师的现代特质取代了传统的展出形式。亚米·海因运用趣味巴洛克的格调，反光的陈设或地面，金色的缀饰，结合看步的理念，营造出现代的店内摆配，不仅使鞋子的展示更吸引人，也为购物者创造了更愉悦的购物体验。

下图

亚米·海因为巴黎谢尔什-米迪区一家看步商店所做的店内设计

过程

过程是指消费者从接触某个品牌或服务开始的所有体验。过程要素涉及消费者为完成一笔购买需要进行的所有体验和步骤，它包括的环节有信息流、下单、付款、交货、产品售后和退货等。现代营销中，随着网络营销与消费依赖性不断提高，过程要素成为了一项有力的工具，尤其有利于建立消费者忠诚度和进行客户维护。不管一家企业的性质是什么，都应该花些精力时时关注消费者进行购买或使用网页的过程，从消费者的角度来看待各个步骤，而不仅是为企业节约效率。

消费者购买一件婚纱的过程，从最初考虑到最终在婚礼时穿着之间会经历一连串的步骤。首先他们会阅读婚礼杂志、上网研究，形成可行的方案，找出合适的设计师或商店。接着，他们可能会通过电话或邮件交流获得进一步的信息，或进行约见，看一个婚纱系列，挑选面料，讨论个性化的设计，经过多次试穿，然后选定婚纱、递送婚纱，最后是婚礼进行时。这一过程中的每个环节都是消费者与企业提供服务发生交集的时刻。每一次交集都是企业相较其他竞争者实现差异化、创造价值并给予消费者良好体验的机会。

过程要素扩展了营销的观点，超越了原本的产品本身，发现了合意的交流与良好的服务价值。优秀的产品加之过程要素，可以建立信任与忠诚度，养成再次消费习惯。婚纱一般是一次性的服务，人们一生通常只购买一次婚纱，所以顾客不大可能因为好的婚纱购买体验而重复购买，但是好的购买体验，能够提高信誉度，增加顾客推荐度。相反地，消费者对任一过程环节的不满都可能导致销售损失，影响信任度，破坏消费信誉和消费者忠诚度。在婚纱一例中，还要使新娘的母亲、好友或伴娘也获得愉悦的过程体验。表面看来过程是个系统或组织性的内容，但实际上，它发掘的完全是人的购买潜力。

人员

营销所说的"人员"并不仅指消费者，它指代的范围更广，包含从开发到运输环节过程中令一件产品或服务增值的所有人员。因此，员工、合伙人、利益人、合作人、生产商和供应商等都属于"人员"。你可能会误把时装业看作产品导向的产业，但从销售角度和从服务体验角度看待时装业一样重要。在整条供应链上是人员提供增值服务，这是任何公司提供完整服务不可分的一部分。因此，人员要素也是营销组合中一个重要的组成部分。

从外到里看

即从顾客角度来思考。他们需要什么样的服务？如何改进其购买自家产品的过程？如何提供更合适的点，令过程更加流畅、有趣，更有效率而令人难忘？

现在从里面看到外面。内部流程是否通畅、高效？内部流程是否能保证消费者获得好的体验，即使员工并不直接面对顾客，内部或部门之间的流程一有失误，都会影响到最终结果。

人员价值
Earnest Sewn牛仔裤品牌

Earnest Sewn品牌是位于洛杉矶的美国本土牛仔品牌，由斯科特·莫里森担任设计。品牌名称正是它的理念，从字面上可解释为：以真诚的心缝制的产品。该牛仔品牌的核心价值以质量、完整性、真实性及日式的"残缺"美学著称。日本的残缺美学系统推崇不圆满之美。传统的残缺美产品为手工制作，经时间蚀化而成。其中具有较大价值和现实意义并为Earnest Sewn所用的元素，需融入公司的设计和加工过程，与营销战略整合起来。为此，Earnest Sewn摒弃了传统的流水线生产作业方式，而是几乎由一个人完成一件服装的缝制工作，公司以此来体现自己引以为荣的理念。每件牛仔裤都由一个制作工负责，彼此间存在手工制作产品的微小差异或缺陷。一件牛仔裤从设计到配送的过程一般安排三人监督管理。牛仔裤制成后，参与生产的这些人员会在自己作品的口袋里衬上署名，通过这点可验明牛仔裤的真假，也反映了制造过程的完备。口袋里衬的署名也表示该牛仔裤是真正的"以真诚的心缝制的产品"。

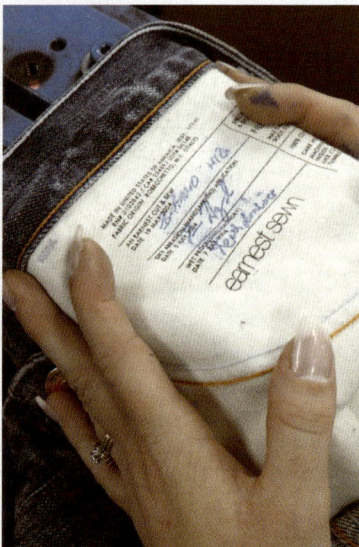

Earnest Sewn牛仔裤由三位从设计到运输间的负责人员在衣服上署名，要求一个人负责一条牛仔裤的大部分缝制工作。这种创新性的方式改变了"生产线"的制作方式，更类似于"手工制作"。

从P理论到C理论

最先进的营销理论，例如关系营销，认为建立企业与消费者间长期的联系有重要作用，目的在于培养忠实的消费群体，不断进行消费。罗伯特·劳特博恩教授设计了一个模型，重新构建了营销组合。劳特博恩教授将P理论改为C理论，将针对产品、价格、渠道和促销的营销重心转移到消费者身上。

营销组合——P理论	劳特博恩模型——C理论
产品（Product）	顾客需求（Customer Needs & Wants）
价格（Price）	顾客成本（Cost to the Consumer）
渠道（Place）	便利性（Convenience）
沟通（Promotion）	传播（Communication）

劳特博恩模型虽不是为服装业专门设计的，但其含意也有参考价值。例如，消费者满足个人需求或时尚冲动的实际支出是多少？时间、便利性等要素都需计入定价公式。有的消费者有足够的金钱但缺少时间，他们占有可支配收入但没有时间去购买服装。另一些人把购物视为一种社交或休闲活动，经常与朋友们交流共聚的时光。他们可以因逛零售店或购物中心而花一整个上午，即使压根没买什么。多数女性以及一些男性买衣服完全是随意的，逛街当天的计划中可能根本没要买任何东西。还有一些消费者则被称为置装狂，他们毫不在意购物的便利性，相反地，为了完成自己的置装梦想或需求，他们乐于专程出行，甚至远行。当然，也有消费者对服装缺少兴致，不喜欢为逛街购物一事花费时间，但他们仍需要为自己或家人购置服装。

新模型标准将消费者心理与消费者传递也加设为其中一条原则。企业需要了解消费者作出购装决策背后的内在动机，洞悉时间、成本、价值、便利性的影响程度。从消费者的角度来看待市场营销，我们所需要做的绝不仅仅是以恰当的价格提供恰当的产品。消费者对时装、款式、个人风格与身份的认定，也自然应该被视为营销的一部分。

市场营销的流程

到此为止，我们已经阐明了市场营销的定义，介绍了营销的要素，证实营销必须融入服装企业的整体经营中。即使由于企业规模与经营目标不同，企业的战略与战略目的也不同——例如，全球化大型企业和独立小型公司、个体时装设计室在结构和经营方式上必然有很大的差异——但是，企业市场营销的整体流程都大同小异，并可以概括为以下几点。

- 识别商机
- 开发产品和服务
- 吸引顾客
- 维护顾客
- 传递价值
- 完成订单或签订商业协议

"销售是一项人员经济。的确，消费者为你，即卖方卖给他们的任何东西支付钱款，但是，这个过程不仅是交易，更是一种关系的建立。"

——马丁·巴特勒

每个环节之间紧紧相扣，任何一个失误都可能危及整体，使消费者对企业或品牌留下负面的印象。一个成功的经营企业必须在所有环节上有效开展工作。这也就是营销组合存在的意义，它能支持经营或营销的整体化活动。

供应链的关系

人员—产品—价格—渠道—有形展示—促销

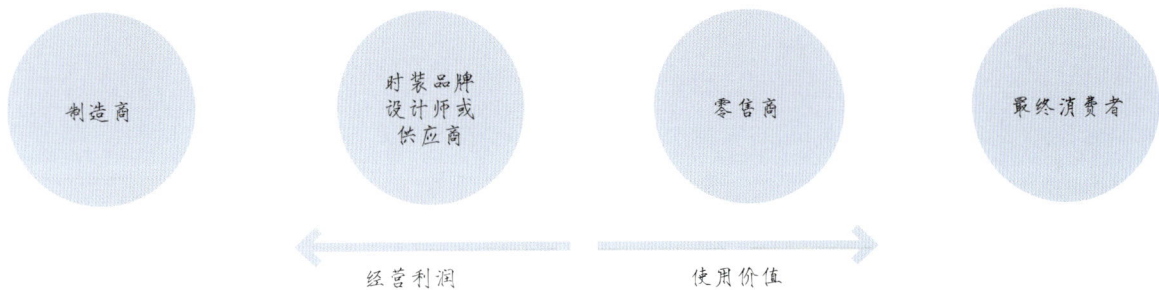

制造商　　　时装品牌设计师或供应商　　　零售商　　　最终消费者

经营利润　　　　　　使用价值

营销战略

作为单一的时装制造商、供应商、设计师品牌或零售商，很难同时面对所有顾客或消费者。因此，企业最好集中自身资源和经营活动，专注某一市场领域，找准品牌的渠道或定位，做精产品和服务。以上即是STP（市场细分、目标市场和市场定位）的基本原则。

营销组合这一体系以及其营运整体流程可以适用于服装和纺织品产业的任一环节。产业每次与外界发生交流都可视为一种经济关系，因此营销组合中"人员"这一标准显得尤为重要。以上图表简要概况了一条供应链情况，可以视经营环节加入其他运作项目，例如代理商和分销商等

市场细分与目标市场

市场细分是市场营销的一项重要职能，它主要在于将市场分为几个集中度较高的分领域。时装业市场细分方式有很多种，如以产品类型或市场层级划分，可分为定制装市场、奢侈设计服装市场、配饰市场和品牌运动服市场。市场细分过程也能将具有类似特征的消费者分到同一组。消费者细分是分割各种类群的研究和分析手段，可根据消费者的年纪、观念、行为或所需产品和服务等对消费者进行分类（详见第四章）。市场细分是到达终端的方式，也为下一环节，即目标市场提供帮助。

这个过程开发有针对性的产品，吸引特定的细分消费者。例如生产超小号服装的公司就是以娇小尺寸的顾客为目标客户。而以年长女性为目标客户的服装品牌会采用能够修饰她们身材的方法，进行设计、剪裁并确定尺寸。

市场定位

完成市场分割，并选择目标市场和消费者后，企业需在所选目标市场范围内完成自身定位，直接面向目标市场。英国规模最大的私营服装零售品牌Arcadia Group就是一个例子。该集团同时运作了7家著名的零售品牌，每个品牌都有不同的消费群体定位。Topshop是Arcadia集团最出名的品牌之一，目标群体为13~25岁的年轻女孩，它的市场定位是迎合时尚潮流的中档价格产品。

左图

凯特·摩丝首次为Topshop零售品牌设计的服装系列进行发布，特地在Topshop橱窗前扮演人体模型模特。Topshop品牌的市场定位是迎合时尚潮流的中档价格产品，签下凯特·摩丝正是出于吸引年轻时尚顾客的战略

Dorothy Perkins（DP）品牌面对的群体较广，主要是25~45岁的女性消费者。DP的顾客平均年龄在30多岁，多为生活忙碌的家庭妇女或职业妇女。DP的核心宗旨是"价有所值"。

不过，市场定位这个问题有点复杂，因为它只是一种感知。它是消费者或潜在消费者心目中对某一品牌的定位，并且这种定位是相对的。市场定位是相对于同一细分市场的其他品牌或产品，某一品牌或产品处于何种地位的市场认知。因此，消费者会想当然认为普拉达的手包比其他奢侈品牌的包更有吸引力，觉得其他奢侈品牌相对传统或古板，也可能在面对同一工厂加工的服装时，相对另一品牌更青睐某种运动品牌的服装。

为了明确企业自身、品牌或产品的定位，企业需制订相应的市场定位策略。策略制订受竞争者定位影响，取决于企业自身的品牌或产品竞争需求。因此，以奢侈配饰品牌为例，假设消费者认为其与普拉达相比经典有余而潮流感不足，则该品牌可制订比邻普拉达的战略定位，正面与普拉达交锋，在竞争游戏中战胜其他对手。一旦确定了这个策略，该品牌就可以以相当的价格提供相似的产品和服务。不过，与市场老大正面交锋不但有高昂的风险，而且成本极高，同时，一个市场中有两个完全相同的品牌，对消费者来说并不是一件好事。此外，选择同一市场，而提供截然不同的产品，或额外的利益，也是一种品牌市场定位选择。

制作市场定位图有助于制订定位策略。**定位图**可以找出品牌的可选定位，图示这一定位与市场中所有竞争性品牌的相应关系。我们知道，市场定位实际上是消费者对你品牌的感受认知，所以企业还需要知道在这个市场中，消费者是如何看待自家品牌的。研究消费者心理时，可以制作一张**感知图**。感知图与定位图的制作十分类似，但感知图完全取决于消费者对品牌的感受认识，而非企业对品牌的定位需求。这张图表可显示消费者对品牌现有定位的看法，确定改变的方向，达到消费者感知与公司意图定位的一致。这一改变称为重新定位，是已有品牌或产品重新界定自身的过程，从而相对于其他竞争品牌改变在消费者心目中的定位。

市场定位并非产品活动，而是心理预期活动。

——Ries & Trout

上图
2008年是超模回归的先锋年。为了令挑剔的顾客满意自己的产品，多家奢侈品服装品牌与著名的老牌模特签约，例如琳达·伊万格丽斯塔成为了普拉达2008秋/冬系列的代言人

定位图/感知图

高等级
时尚度——体现时尚潮流

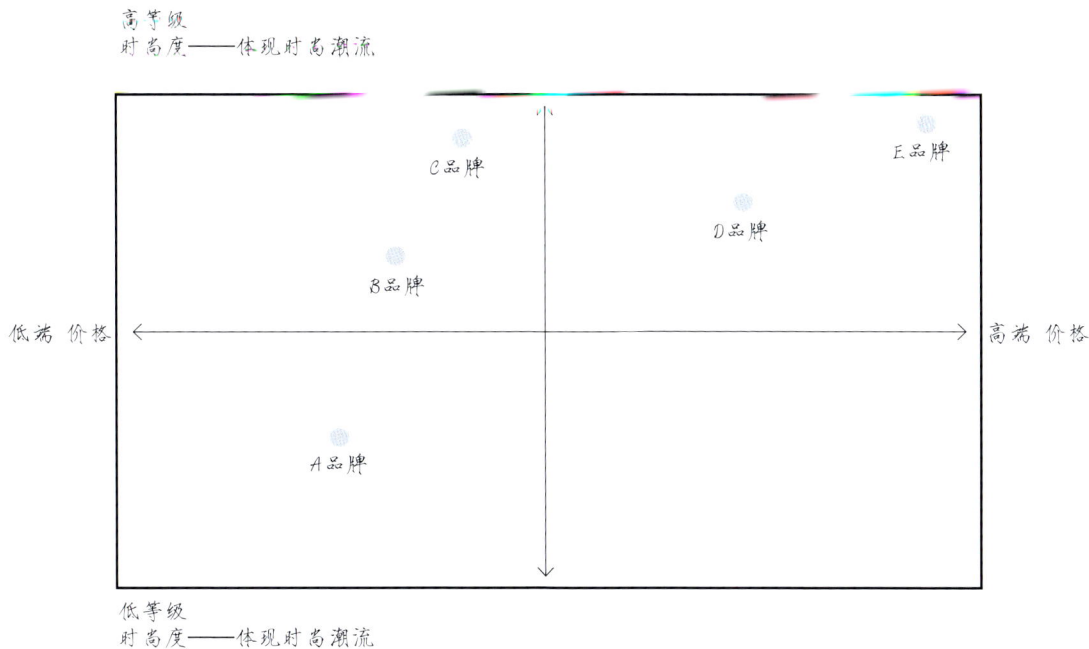

高等级
时尚度——体现时尚潮流

C品牌

E品牌

D品牌

B品牌

低端 价格 ←————————————————————→ 高端 价格

A品牌

低等级
时尚度——体现时尚潮流

市场定位流程概况如下。
- 确定一品牌或产品将处于的市场
- 决定品牌或产品在该市场中的定位
- 决定是否直接与竞争者交锋，或者如何实现差异化，从而进行差异化竞争
- 了解消费者对现有定位的态度
- 确定是否需要进行重新定位

定位图与感知图可用于显示品牌或产品的相对地位。选取两个重要指标，分别作为横轴和纵轴。通常选取价格作为横轴，纵轴则为反映质量、时尚度或市场反应度的因素。这里我们采用时尚度

　　明确品牌或产品的定位后，这个定位应该传递给消费者。一个品牌的各个方面，包括形象、产品、包装、购物环境、促销活动和广告都应该体现出这个定位，因此，务必确保所有信息的一致服务于所要实现的定位。市场定位与重新定位都是代价昂贵的实践活动；只有长期持续的市场定位活动才能达到最好的效果。品牌定位的转向不能是重复性的策略，而是旨在令强势突出的品牌定位不断发挥作用，产品和品牌与其他竞争者产品特征应泾渭分明，即差异化原则，在市场定位概念之后将介绍这一营销工具。

差异化

差异化的概念是使产品或服务区别甚至是优于同一市场竞争者产品的开发和营销手段。差异化是使产品和服务从群体中突出的根本性战略方式。

差异化的最终目标是实现所谓的竞争优势。当企业相对于其他竞争者能够提供对消费者更具价值意义的产品或服务时，它就具有了竞争优势。本章前面也提过，价值并不等同于价格因素。消费者认可了过硬的服务和质量，甚至是某一时装品牌的地位，他们就确实愿为此付出更多的金钱。或者，品牌的街头信誉也能形成竞争优势。有了辅助元素，基础产品得到扩充，提高了价值，有助于形成竞争优势。

市场营销过程中的每一个环节都可能创造差异化。差异化与竞争优势可以通过设计与技术革新、产品供应的战略性管理实现，也可以通过品牌或产品的零售形式、分销网络和促销方式来实现。下一页中"差异化可能"一表以7P营销组合为主体，研究了可能产生差异化和竞争优势的领域。确定形成差异化的环节后，可制订每个步骤如何进行实际操作，实行战略行动，达到预定目标。企业的战略选择不仅是为自己创造竞争优势，也应使消费者获得切实的价值和好处。

竞争优势

"差异化可能"表里的企业差异化方式和竞争优势赢取方式，首先通常是在市场中以最低廉的价格竞争获得成本优势。这种情况下竞争者的产品设计或质量一般相差无几，所以价格最低的竞争者就会获得优势。但这种优势往往只是短期利润。该差异化方式的弊端是会很快丧失作用。竞争者之间的低价竞争恶性循环，最终导致所有人的利益都受到损失。单一的成本因素不能形成有力的竞争优势，而需要与其他因素相结合，例如速度，或所谓的**时尚度**。换句话说，如果能够比竞争者更快推出最新服装系列，或是恰如其分地迎合潮流，而且产品价格合理，企业便不仅具有成本优势，更具有速度优势，这便是快速时尚的操作准则。

差异化可能

营销组合	差异化环节	差异化战略	竞争优势	消费者价值
产品	· 产品设计与产品结构 · 产品/面料质量与产品成分 · 产品范围 · 时装商业层级			
价格	· 竞争价格 · 价格结构与价格范围			
渠道	· 市场路径 · 门店地段			
促销	· 设计师合作 · 广告 · 名人推荐 · 促销 · 限量发售			
有形展示	· 店内环境：标牌、坐椅、更衣室等 · 网站 · 其他营销工具：吊牌、标识、购物袋、宣传手册、店内杂志			
过程	· 门店与研究服务 · 网站便捷设计 · 产品售后服务与退货规定			
人员	· 公司结构 · 员工机会 · 服装生产社会责任			

西班牙Inditex集团旗下品牌Zara已成为时尚产业中一个著名现象。这一国际零售品牌总能以迅雷般的速度，紧跟T台风向推出平价的潮流服装。Zara的生产体系经过严格控制，在2~3周内就能快速完成从设计画图到最终产品上架的完整周期。Inditex集团建立起垂直供应链，自主生产与分销，从这点上Zara创造出了速度优势。30多年来，该公司不断完善生产与分销体系，提高它的统一性和整合度。Zara在时间间隔（下单时间与库存到店时间之间的间隔）方面创造了传奇事例，也获得了竞争优势。

英国网购品牌Asos则体现了服装销售竞争平台在新阶段的变革发展。Asos一词是"与屏幕上分毫不差"（As Seen on Screen）的缩写，它以网站作为基础，成立于2000年6月。同年12月，《星期日泰晤士报》将其选为"最佳潮流引领先锋"。2008年，该公司公布销售利润达730万英镑，它的快速扩张和对经济衰退初期信号的反应，激起了对手的意识。Asos创造了一个新的经营范围，即"便利性"大大革新了购物成本、速度到潮流更新等方面，从而赢取了竞争优势。很大一部分人群，或住在郊区，或周边没有大型商场，或根本没有时间去逛街购物。随着消费者在网上进行社交或商业活动越来越便利，Asos作为时装网购排头兵，在竞争中处于有利地位，发挥出网络购物的便利性和互动作用。

Zara和Asos的例子指出了在快速时尚市场中的竞争力标准。

- 成本
- 速度
- 潮流性
- 便利性

市场中一个零售品牌达到一个或更多竞争力标准，即树立了全新的标杆，让其他竞争者迎头追赶或超越，最终形成了一个新的差异化和竞争优势平台。企业或品牌如果能找到超出标准的差异化因素，就能拿到优势。Asos在营销组合中加入的便利性，无疑是竞争优势的来源。当然它还有更多元素：在线购物还提供订单服务，能够进行互动，获取资讯，了解流程。Asos公司更将竞争提升到情感层面，树立了更高的标准。

2006年凯拉·奈特利出席奥斯卡颁奖典礼时，穿着一身Vera Wang紫红色塔夫亮绸单肩晚礼服到达宴场。网络时装销售品牌Asos抓住了单肩礼服这一名人风潮，以最快的速度推出了相类似的款式，供顾客选择

作为引领时尚的电子零售品牌，Asos能够迎合那些关注名人穿着顾客的需求，满足了他们像上层人士或名人那样穿着的愿望。Asos最重要的秘密武器是在线社交群体和杂志风格博客，用户可由此了解最新的时尚资讯，浏览名人图片。如果想参考名人的着装，用户只需轻按鼠标，就能转到Asos互联网站的相关网页，毫不费力地发现如何像明星一样穿衣。

独特的销售主张

Asos之所以能够超越众多品牌，绝不仅仅因为它是第一个将网络变为时装销售目的地的英国企业，更因为它独特的理念："与屏幕上分毫不差"（As Seen on Screen）。

"服装不是塑料模特身上的摆件，用Asos的话来说，它们应该由真人模特穿着，跟随着流畅的音乐展示、拍照。"

——丽莎·阿姆斯壮

永不过时的经典风格
可可·香奈儿

  可可·香奈儿因其强烈的个人风格而闻名，不惧于挑战当时的传统服饰风俗。比方说，她会穿着传统观点认为带有丧葬意味的黑色服装。典型的香奈儿穿着加上夸张的珠宝配饰，香奈儿极具张力的服装首饰风格在当时戴假珠宝还是一件新奇事的年代造成了相当大的震动。依照当时的风俗，人们佩戴珍贵或祖辈传承下来的珠宝首饰及穿着象征着财富与地位。香奈儿经典风格的重要元素包括小黑裙、香奈儿经典镀金扣西服、服饰珠宝和纳缝手袋。这些象征性产品已经成为品牌标记，具有极大的号召力，因此每一季都被重新诠释在衣服与其他产品上。2008~2009香奈儿成衣秋/冬系列在巴黎大皇宫展出时，这些品牌象征被突出展示。场地中央巨大的旋转木马是用巨大的珍珠链、纳缝手袋、蝴蝶结以及服饰珠宝装饰而成的。

上图
图片由鲍里斯·利普尼茨基于1936年拍摄，图中香奈儿女士戴着她最经典的珍珠项链

左图
巨大的香奈儿手袋装饰了旋转木马式的T型台

下图
2008~2009香奈儿成衣秋/冬系列在巴黎展出时，模特儿们站在巨大的旋转木马前，旋转木马以放大的香奈儿象征产品装饰

因此，Asos这一国际品牌获得了情感张力，形成了独特的销售主张（USP）或卖点。每个USP代表着一个面向消费者的差异化基础命题，是品牌定位和品牌差异化的合成，应概括地反映整体竞争优势。独特的销售主张是一项用于强调并表现差别化环节、创造出独特的产品、服务或品牌，从而屹立在市场中的营销工具。

经典风格

多数设计师或时装品牌是通过创造独特的品牌经典风格，从而形成自身的USP。经典风格是一种非常突出明确的式样，能够让他人一眼就区分出某一产品属于哪个设计师或品牌的作品。同样，个人也可以由此获得自己的独特风格。就像卡尔·拉格斐（Karl Lagerfeld），他的个人风格一眼就能被认出来，维维安·韦斯特伍德（Vivienne Westwood）同样如此。

能够创造出个人经典风格，或能诠释时装企业的风格，是时装设计师的优势，也是重要技能。通常，设计师在职业生涯中，会先后在不同时装企业工作，而每次到一家新的品牌工作时，也要求设计师能够快速适应新环境，并设计出适宜该设计品牌或品牌风格的作品。马可·扎尼尼（Marco Zanini）曾先后任职于杜嘉·班纳（Dolce & Gabbana）、范思哲（Versace），2007年起在候司顿（Halston）担任创意总监，2009年转投罗莎（Rochas），重新开创罗莎服饰。设计师们多利用为其他品牌工作的这段时期，磨炼技能、积累经验、尝试各种风格，最后找到自我风格，建立独立品牌。

上、下图

英国设计师奥兰·凯利（Orla Kiely）成立了一个现代品牌，产品包含服装、配饰及家居家纺产品等。该品牌风格清新怡趣，尤其体现在名为"叶柄"的经典叶子图案设计上。简约又灵动的图案表现了奥兰·凯利品牌的价值，每一季都会运用在多种产品上。即使图案的大小、颜色、运用形式不断翻新，人们还是能够一眼认出发源于奥兰·凯利的"叶柄"，它也很快成为这一现代品牌的标志

营销策略流程

S → T → P

市场分割和目标市场是相互联系的，市场分割的目的是为了确定目标细分市场

品牌、产品和服务必须有定位，才能吸引目标市场。市场定位必须考虑到竞争者

+

D

一个品牌、产品或服务必须具有区别性，产品必须与竞争对手有所不同，即所谓的差异化

=

CA

市场定位和差异化带来竞争优势

　　上述图表解说了STP市场战略的具体步骤。第一步是分析市场，并将其分解为下一级更集中的市场，也就是市场分割。企业通过这一步骤了解市场特性，并开发相应的产品，吸引特定的目标消费群体。下一步是分析竞争对手，为品牌或产品找到市场定位，寻求差异化手段，与其他品牌形成明确区别。STP市场战略的最终目标是令品牌赢得市场上的竞争优势。

第三章　营销调研与计划制订

有计划地开展市场营销，战略性管理市场营销，持续研究并反复总结市场营销结果，才是有效的市场营销工作。时尚产业竞争激烈、变化莫测，需要持续地营销演变。本章着重商业活动、市场营销与计划过程所必需的调研工作，指明在进行市场营销调研时的最关键部分。我们将分析基础研究与分析工具，包括PEST模型、SWOT分析、波特五力理论及安索夫矩阵等。初级调研及次级调研都有其重要性，本书将介绍如何在给定的市场中开展便携有力的初级调研，并提出有益的建议。本章最后将总结如何开展市场调研并撰写营销计划。

营销调研

营销调研无论对经营活动还是市场营销来说都是一个重要的部分。服装企业确定未来的经营方向和营销战略后，需要进一步收集、分析与整合信息，信息来自不同经营范围、服装类别和市场领域。你可以看到，7P营销组合"产品、价格、渠道、促销、人员、过程和有形展示"都是营销调研里的重要主题。

科勒对营销调研的定义如下：

"在产品及服务市场上，为了达到改进决策制订与控制的目的而进行的系统问题分析、模型建立和实情调研。"

营销调研的开展致力于分析并解决某一具体问题，也可用以获取最新信息、评估市场状态，甚至在衰退市场中维持稳定发展、预测未来趋势、寻求机会以及扩张业务范围等。

营销调研有助于消除错误的假设，发现潜在风险并根据现有相关资料制订策略，因此它是一项基础性的工作。营销调研的设计必须系统化、有序化，但同时也可以创新化、深刻化。深入发掘某一项目，广泛调研某类现象，能够激发思维，形成有用的创意。营销调研的目的不仅在于分析市场、制订计划、决定生产供应、发现风险因素和确定战略等找到客观可靠的依据，更要寻求创意、汲取灵感、培育创新能力。

上图

在距离海德拉巴市约150公里的印度小城瓦朗加尔，一名印度工人正在为一家当地棉花厂加工棉花原料

竞争存在于供应链条的各个环节。印度是位于中、美之后的世界第三大棉花生产国。棉花是印度第一大作物，截止2008年9月，印度一个农事年的棉花产量为530万吨。印度在出售原棉上与其他棉花生产国产生竞争。买家通过市场调研，均衡质量、价格和运输等得出最佳的棉花供应地

营销调研的范围

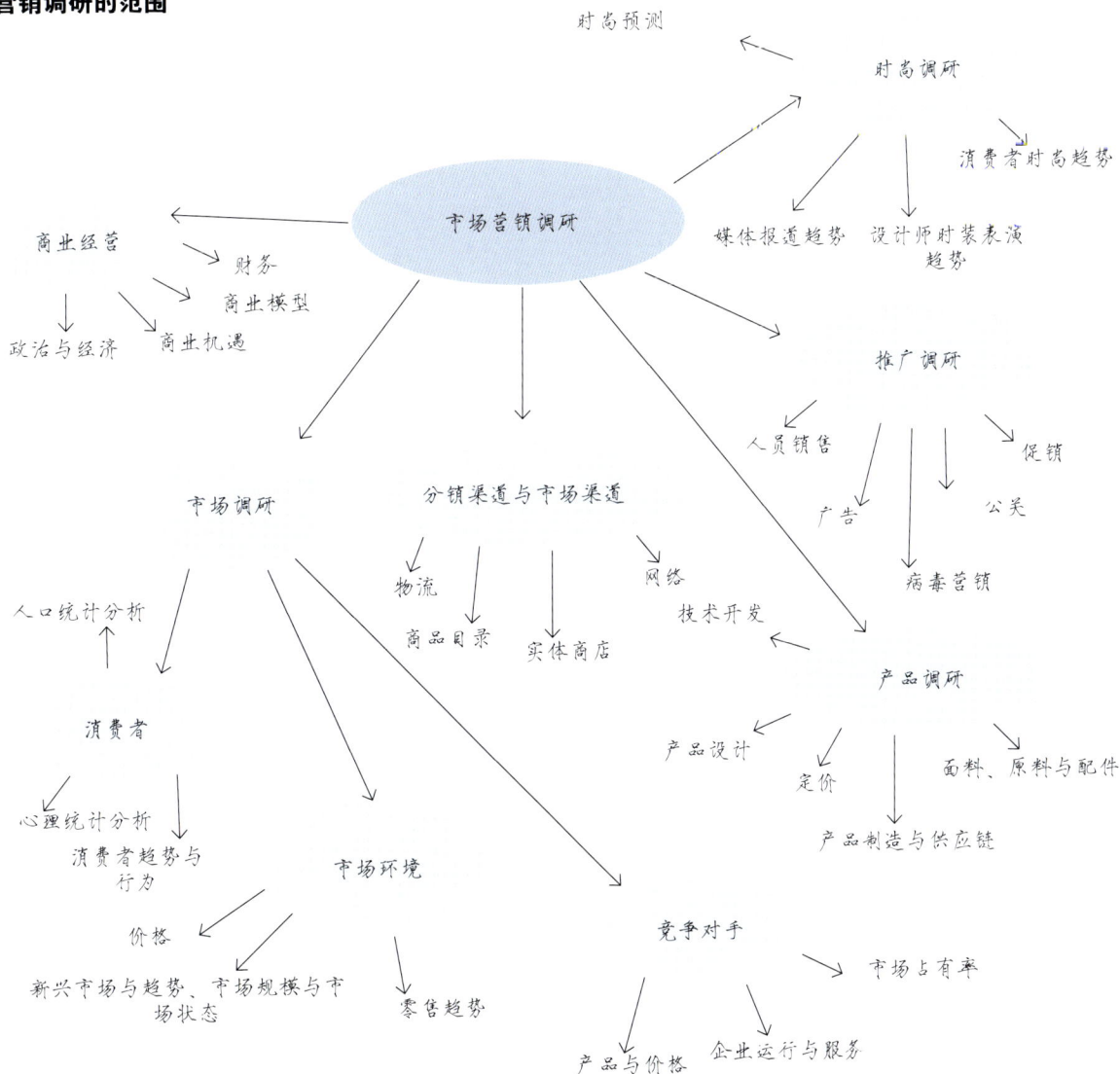

时尚预测

时尚调研

市场营销调研

消费者时尚趋势

商业经营

财务

商业模型

政治与经济

商业机遇

媒体报道趋势 设计师时装表演趋势

推广调研

人员销售

促销

广告

公关

病毒营销

市场调研

分销渠道与市场渠道

物流

网络

商品目录

实体商店

技术开发

人口统计分析

产品调研

消费者

产品设计

定价

面料、原料与配件

心理统计分析

产品制造与供应链

消费者趋势与行为

市场环境

价格

竞争对手

新兴市场与趋势、市场规模与市场状态

零售趋势

市场占有率

产品与价格 企业运行与服务

　　应区分营销调研和市场调研之间的重要差别。市场调研是营销调研的组成部分，更侧重于调查市场本身，包括市场成分、竞争对手和消费者。营销调研涉及范围相较之下更广，它包括商业、政治、经济、文化与社会、时尚、科技发展、物流、促销和产品研究等方面。

　　上图概括了营销调研所应包括的方面。营销调研和市场调研须同时进行，图中的内容则相互交织，应以整体来研究

牛仔女裤

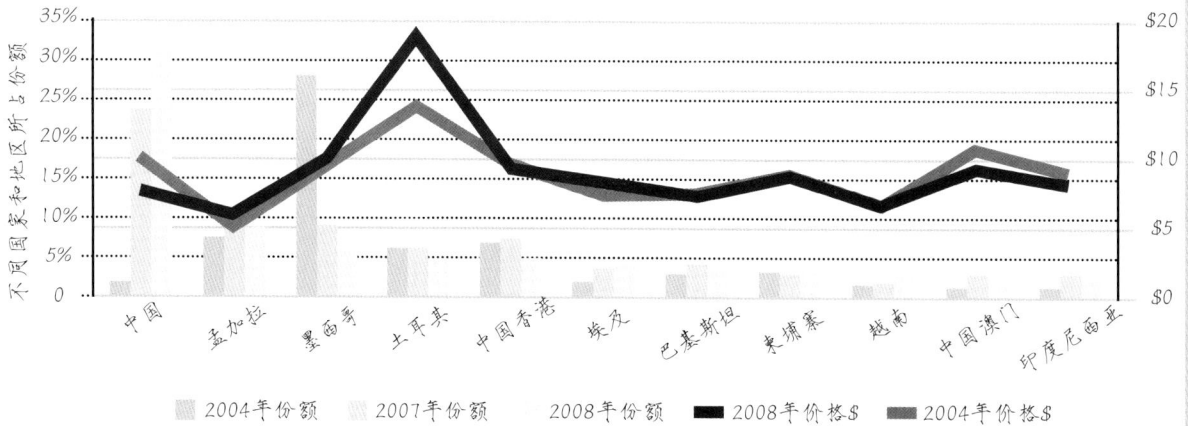

░ 2004年份额	░ 2007年份额	2008年份额	■ 2008年价格$	■ 2004年价格$

营销环境

　　营销调研是在一定的营销环境中进行的。在当前的全球化市场中，现代营销环境受到越来越多的系列性因素的深刻影响。为了有效发挥作用，企业必须了解和认识这些因素的区域性、国家性甚至国际性市场带来的影响。营销环境可分为三个方面：宏观营销环境、微观营销环境和内部营销环境。这三个环境需依次进行探讨。

上图所示的是制造的供应牛仔女裤销往欧盟的国家。这张图同时显示2004年、2007年和2008年三年间成本价格的对比情况。这类信息对有意调研牛仔裤制造与销售市场的人具有很高价值，能够成为有意于生产牛仔自有品牌的零售商的营销调研的背景资料。其他产品也可获得类似的数据资料，例如外套、连衣裙、衬衫、内衣、袜子等，都可以在Clothesource这家服装采购信息与数据机构获得（资料来源：Clothesource）

The Marketing Environment营销环境

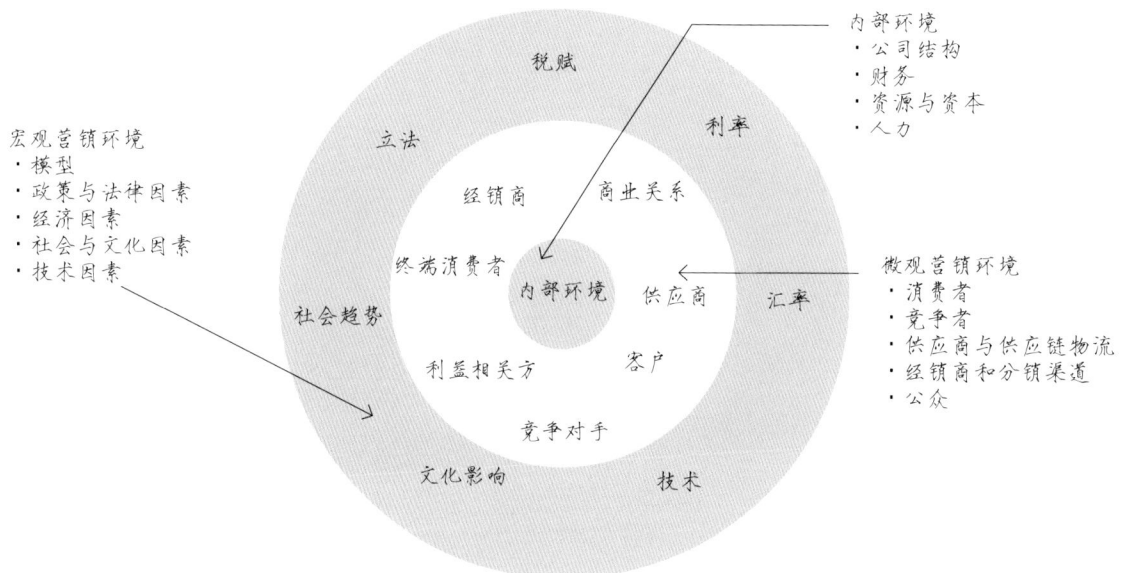

内部环境
· 公司结构
· 财务
· 资源与资本
· 人力

宏观营销环境
· 模型
· 政策与法律因素
· 经济因素
· 社会与文化因素
· 技术因素

微观营销环境
· 消费者
· 竞争者
· 供应商与供应链物流
· 经销商和分销渠道
· 公众

税赋　立法　利率　经销商　商业关系　终端消费者　内部环境　供应商　汇率　社会趋势　利益相关方　客户　竞争对手　文化影响　技术

宏观营销环境

宏观营销环境是对企业经营产生全方位作用的环境因素。宏观环境是指在企业力所能及以外的条件，它由一系列多变的因素组成，可简单分为四个核心内容：政策与法律因素、经济因素、社会与文化因素、技术因素。

针对以上因素的调研与分析，就是所谓的**PEST模型**分析，它是营销调研的基本组成部分之一。PEST模型分析帮助机构在任意时间，针对政策、法律、经济、社会、文化和技术条件做出调适。

政策与法律因素

这两个因素对商业经营规范起到重要作用。企业需要洞察境内及境外（如经营跨国贸易）政治经济环境的变化，关注法律、税收与关税动态。企业要分辨利率、通货膨胀率、失业率、汇率和原材料价格波动、商品服务价格变动的影响。下例虽然距今已有十几年，但仍生动地说明了关税变化对供应链的影响。1999年由于香蕉进口争议而发生报复性关税事件，欧美羊绒业遭遇了前所未有的危机。事情起源于美国不满欧盟对南美生产的香蕉征收高额的关税，宣布将进行反击，对部分欧盟进口商品，包括羊绒征收100%的进口关税。

上图

零售商纷纷削减价格，或开展特别促销活动，以应对经济衰退。芝加哥服装公司 Jos. A. Bank在2009年3月时推出了"零风险西服"促销活动。企业承诺如果顾客失业，可在退回货款的同时继续拥有这件服装

金融危机也影响了伦敦的时装业。随着金融人士羞于继续自诩精英，选择更为低调的装衣风格，条纹西装销量也跟着暴跌

可以想象这个"香蕉战争"的连锁效应带来的损失是惨重的。不仅蒙古山羊牧民的生计岌岌可危，苏格兰和意大利等地的羊绒服装工厂也危在旦夕。好在经过11小时的重新思考，美国政府收回了这项威胁，羊绒从而有幸逃过一劫。

经济因素

经济形势会深刻影响市场、消费者信心以及消费能力。2008年上半年，英国在册服装衣物和化妆品零售商总数增长了21%。但是随着市场衰退恐慌变成事实，消费者削减了可支配支出，他们将更多的钱用于应对燃油和食品价格的上涨。由于原材料和制造业采购价格一般以美元计价，包括诸如英镑兑美元疲软等经济因素，而重挫了许多时装零售商与批发商。经济的低迷则为部分商业街时装品牌带来了积极影响。瑞典零售品牌H&M及其竞争对手Zara都通过平价而时尚的产品供应成功消除了不利因素。在圣诞前销售季，通过网络销售的企业纷纷获得了成功，有力迎击了英国商业街销售的下滑趋势。据英国零售商协会报告，当年圣诞期间网络销售额与上年相比增加了30%。《金融时报》2009年1月发表的一篇文章称，圣诞前英国网络服装零售品牌Asos销售翻了不只一倍，到1月16日为止，前9周时间同比增长达118%。

社会与文化因素

了解社会和文化发展带来的效应，在服装设计、采购和营销中具有极其重要的作用。影视、音乐与艺术都有重大影响力。2001年巴兹·鲁曼（Baz Lurhmann）的电影《红磨坊》上映，带动了胸衣时尚的回归，影片中的穿衣打扮成为当年圣诞期间英国商业街最炙手可热的时尚潮流。另外，HBO电视台剧集加电影《欲望都市》，令新一代的年轻女性爱上了欲望都市的女性时装风格，也带动了她们对高级时装与设计师品牌的关注。

其他社会与文化因素的调研方向包括：人口变化、生活方式变化、休闲活动以及消费态度与消费行为的转变等。这一部分内容将在第四章中讨论。

技术因素

技术在时装与零售行业中有重大作用，涉及范围广泛。EDI（电子数据交换）和准时制生产补货技术，通信技术和网络技术（Web 3.0）发展能够根本性地改变网络销售的发展。最新手机技术使手机就能扫描条形码。Levi's及一些前瞻性的企业已经采用了人体扫描与定制化技术。

激荡于音乐与文化中的HUMÖR品牌

年轻的丹麦男装品牌HUMÖR的背后团队，吸收了丰富的地下文化精粹，包括音乐、街头艺术、滑板士、滑雪板和城市脉动等。HUMÖR的理念是创造富有个人色彩的独特风格，融合并提取最美的传统与现代文化魅力。这一理念在HUMÖR首个服装系列即2009年春/夏服装系列中便得到淋漓尽致的展示。这一服装系列摄取了东京涉谷区穿着灵感，是大都会地下音乐熏陶的产物。它将欢乐、明快色彩与不规则的设计组合缤彩纷呈，无出其右。原材料、细节设计和色彩的创新，使产品风格耳目一新，同时兼具商业性与适穿性。由超大尺码的T恤、衬衫和牛仔裤等构成的活力成衣系列，是专为时尚前沿消费者设计的，帮助他们吸引他人注意。HUMÖR的主要顾客多拥有自己的理念，敢于穿出鲜明的风格。服装通过年轻时尚服装店、大型概念店采购，经网络经销商销售。HUMÖR也通过展会展示产品，例如阿姆斯特丹Modefabrik展、柏林Premium展和哥本哈根CPH Vision展等。品牌的营销推广是通过DJ播放、电视节目和名人效应，即为名人提供HUMÖR的服装，让他们在演出时穿着。

"音乐是我们重要的东西，因为它是一种强势的媒介，带我们走向不同的方向，从商业和新潮角度来看都是新奇的。"

——HUMÖR前创意总监
简·楚·汉森

丹麦男装品牌HUMÖR的标志象征着它与地下音乐文化的关联性

HUMÖR的背后团队对它面向的年轻男消费群体有天然的了解，也了解消费群体拥有的音乐与文化背景。这些反映在2009年春夏季服装系列突出的服装风格、图案和鲜明的色彩组合中

计算机辅助设计（CAD）帮助设计师在屏幕上创作出整个服装产品系列。先进的计算机软件给创作带来了更大的灵活度，前期开发阶段不再需要裁剪布料试验，也不用花钱制作样品。织物与原材料的创新和技术进步也是调研的一部分。创新有显著的运用意义，例如1939年尼龙的发明以及1958年杜邦公司开发的莱卡产品。

Bodymetrics公司的三维测量技术

作为革新性的时装企业，Bodymetrics发现了三维立体身体扫描技术的商业意义。Bodymetrics运用最先进的高科技分舱（设在伦敦著名的Selfridges百货）进行人体光学扫描。它先收集上百个测量结果，从而复制顾客外形尺寸，制作出数字化模型。通过这种方式，Bodymetrics能够精确地制作仿如人身体"第二层肌肤"般的合身衣服，向市场提供这种定制的女性牛仔裤。SizeUK项目最先运用这一先进的扫描技术，它是首家全国性的调研项目，发起于20世纪50年代，主要分析英国人口的人体身材尺寸，美国也有类似的项目，即SizeUSA。

Bodymetrics的最新科技为顾客提供了以下三类服务。
• 量身定制的牛仔裤
• 符合体形的牛仔裤
• 网上虚拟试衣

量体裁衣的定制牛仔裤服务为顾客提供了个性化的牛仔裤。量体服务专为三种主要身材设计特制的款式，包括直筒式、半曲线式和曲线式。只要已扫描身形的顾客即可享受网上虚拟试衣服务，成功将身体扫描和虚拟现实技术结合起来。顾客可以在虚拟的环境中，试穿不同款式和风格的牛仔裤。这项服务极具吸引力，顾客只需在屏幕前就能了解牛仔裤松紧是否合适，从而省去了在试衣间来回试衣的精力。

身形的数字化模型经由Bodymetrics网上虚拟试衣服务体现。顾客用自己的虚拟形象在虚拟的世界中试穿牛仔裤，以找到适宜的款式

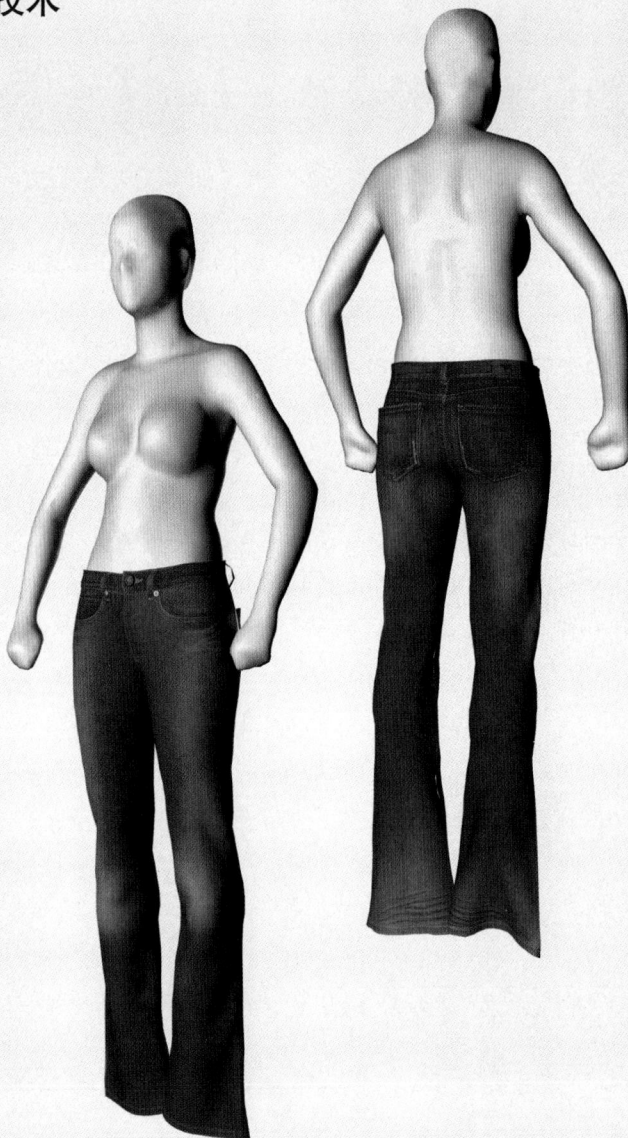

20世纪60年代初，安德烈·库雷热（André Courrèges）和玛丽·匡特（Marry Quant）彻底改变了女装潮流。这两位设计师都被认为是迷你裙的创始人。上图中，一排模特展示了库雷热1968年的迷你裙系列，以白色紧身裤袜搭配穿着。紧身裤是当时的新潮事物，1958年莱卡（Lycra）的发明才使其成为可能

艾伦·甘特·思尼尔应用了这两项创新，首先发明了紧身弹性裤，或俗称的"裤袜"。这一突破性的进步造就了20世纪60年代那场迷你裙革命，那场没有紧身弹性裤就不可能发生的时尚潮流。

微观营销环境

微观营销环境是指对一个机构产生更直接影响，作用于其在特定市场中的运营能力的那些因素。它包括以下因素。

• 消费者
• 竞争者
• 供应商与供应链物流
• 经销商和分销渠道
• 公众与伙伴关系

宏观营销环境广泛影响各种类型企业的大方面，而微观营销环境则不同，它的影响力取决于所处的分割市场，每个企业面临的微观营销环境可以是不同的。营销环境的意义在于影响效应，最根本的是要研究并了解可能对一个企业或机构产生重大影响的因素，尤其是影响到企业与消费者、供应商、分销商、合作伙伴及相关人士等关系的因素。

波特五力分析

波特五力是评估竞争性企业环境下的压力工具。波特的模型分为五种在行业中影响企业竞争力和收益能力的力量。

- 供应商的议价能力
- 买方的议价能力
- 行业现有竞争者的竞争
- 新进入者的威胁
- 替代品的威胁

供应商的议价能力

当供应商或制造商的产品或服务是唯一或不可替代时，则它处于有利的议价地位。如果正好赶上某类风潮时，比如蕾丝或手绣产品正热，则某家精于生产手工产品的中国或印度制造商将拥有较强的议价能力。能够与客户建立起稳固联系的供应商也能处于较强势的地位，因为顾客再找新的供应商或制造商会很耗费精力，尤其是在已经花费大把时间、金钱或精力用于产品开发、样品生产和产品适用与规范后。每季，供应商与制造商都会向客户施加压力，企图抬高价格；如果上一季客户在价格上咬得很死，供应商则会试图把利润拉回来。如果供应商了解哪种款式最受欢迎，最终消费者需求量巨大，则它可以在谈判时加多砝码，尤其是在供应商能够快速供货时。

可持续的开拓者
乐斯菲斯

可持续性设计是服装类技术一个不断增长的领域，许多高性能的户外运动服装品牌对此尤其看重。乐斯菲斯（The North Face）致力于拓展创新的疆界，企业不断探索如何将对环境的影响减到最小。该品牌许多高性能的户外服装设计采用可再生材料，例如PrimaLoft生态绝缘材料，它是以耗用废弃消费品和工业塑料废料等再生而成的。乐斯菲斯在零售商店的设计与建造过程中也运用了创新的可持续性技术。

2008年11月，乐斯菲斯新店在美国爱达荷州博依西市中心开张，占地805平方米，店面采用了可持续性设计。这一高瞻远瞩的项目凝结了购物建筑业巨子明尼苏达设计公司JGA的智慧成果。该店的照明、取暖、空气过滤系统等运用了各种高效能、低能耗技术。再生材料的适用，物耗的控制，物料的优选，都只为达到最佳的能耗。在店内装修与柜台建造中使用了最新的有机与可持续原料，例如Plyboo再生竹制胶合板和SkyBlend，一种在生产过程中由100%可再生木质纤维制成的木塑刨花板。

该项目的最终目标是营造良好的购物环境，创造可持续性与商业性的双重效益。它的确取得了完美的效果。可持续性改建与乐斯菲斯的标志性元素很好地结合，包括巨大的图案、木制外观和红色突出点缀等。

乐斯菲斯位于爱达荷州博依西市中心的商店经由可持续性设计

大幅图像为表现户外性能装备。登山者的照片成为前方人体模特的背景，具有真实活力感

波特五力

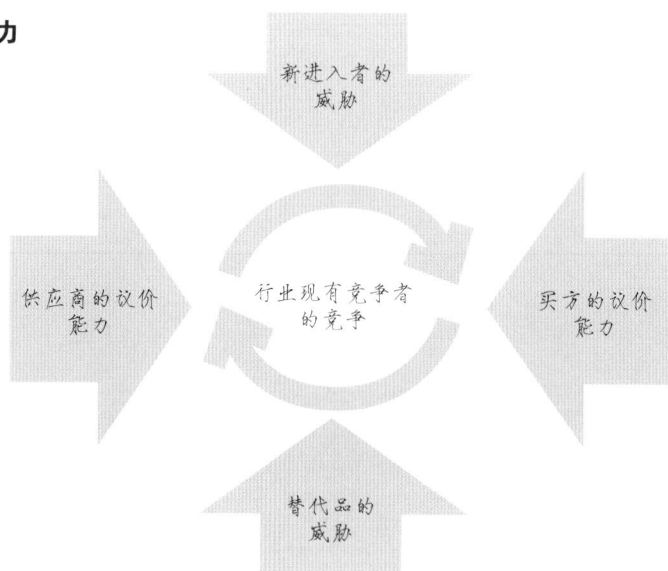

新进入者的威胁

供应商的议价能力

行业现有竞争者的竞争

买方的议价能力

替代品的威胁

在这种情况下,供应商拥有较强的议价能力，因为他们清楚买方对产品有迫切的需求，可以要求更高的价格。

买方的议价能力

在对应的另一端，买方自然也希望以可能的最低价购入产品或服务，以保持自身的优势。供应商需要的是订单充足，因此要与买方需求达成一致，尤其是在经济困难时期，供应商就会面临压力。大型连锁零售企业的买方争取的不仅是低价，还有优惠的折扣，通常要求供应商承担商品降价的利益损失。生产自有商品的时装零售商因为握有大额的订单，将在谈判桌上获得优势。亚洲国家，例如中国、越南、印度、孟加拉、印尼和斯里兰卡等国，2009年上半年的服装出口增长，制造商靠着平价品牌New Look和H&M的订单获利，经济衰退使消费者转向需求低价时装，促使这些平价品牌销售攀升。

行业现有竞争者的竞争

竞争者的竞争在本书前面差异化与竞争优势（参见54页）一节已有涉及。时装零售业中总有数不胜数的时装品牌，它们彼此竞争，争取最终消费者。零售商相互竞争，赢取某个品牌的排他性。一般的精品店通常不会销售当地竞争商店销售的品牌产品，供应商间也存在竞争，它们都争取让自己挤入最具盛名的商店。竞争者的竞争不仅存于零售业，而是存在于整条供应链。纺织面料供应商彼此竞争，以抢到面料订单，本国或本地区的制造商之间发生竞争，争夺外国买家的订单，他们比价格、比质量、比交货期，甚至比附加服务，例如设计能力、仓储及其他物流内容。

新进入者的威胁

市场的新进入者可对市场中已存在的企业发生威胁。在服装行业中，由于服装系列或产品线的设计、开发、生产与销售成本高、时间长，新成立的企业在一开始很难产生巨大的威胁。但是，已有品牌实行多元化发展，进入新市场，就能形成严重的威胁。拥有忠实顾客群体与稳定经营水平的品牌，可以利用现有资源，扩展经营范围，进行新的服装市场细分。例如，一个成功的女装零售品牌决定开发男装产品线。而零售商时刻都面临着来自竞争者或新企业的威胁，竞争者对街建店即可形成竞争，但在形成威胁的同时，也能促使人流量的上升，增加本区内购物人流，形成良性竞争。

替代产品或服务的威胁

替代的产品或服务令顾客已有的购买习惯不再，从而削弱了企业的经营能力。替代品的威胁适用于最终消费者，他们在相近的价格内任意选择不同零售商购买类似的服装款式。这类威胁也适用于企业客户，如果替代产品或服务可以有效替代原有产品，他们将转向购买对方的产品。

内部环境

内部或组织性环境是指影响经营与营销能力的企业内部因素，包括以下几点。

• 企业与部门结构
• 人力
• 财务
• 资源
• 内部体系
• 技术能力

企业的内部结构与文化将会影响其运作形式。正如本书第二章中引用赛斯·高汀所说的"营销绝不是仓促上马的决策"，营销要想得到切实有效的成果，必须与企业经营相整合，然后市场营销工作才能受益于资源的配置，资源配置让整个机构共摊营销，构建内部流程与程序。制订营销计划过程一个重要的环节是内部审计。公司能够经由审计工作理清内部流程、生产能力、现有资源与营销策略。

市场调研

前面我们概述了营销调研的大致轮廓，自此我们将重点介绍市场调研。其中服装市场是重中之重。每季，设计师需要有全新的创意，工厂不断制造出大量商品销往商店。而另一面，零售商对销售放缓忧心忡忡，消费者缩紧腰包，杂志广告单数量下跌。因此，不管企业是大是小，都应首先注重开展市场调研，剖析市场形势，判断趋势变化、了解竞争对手和消费者需求。市场调研过程包括下列信息、数据与统计资料的汇总、分析与运用。

- 市场规模
- 市场趋势
- 竞争对手与其市场份额
- 顾客

调研信息汇总后将进行相关性评估并进行数据分析，目的是发现实际情况，帮助经营与营销决策。

根据汇总信息类型不同，市场调研有两种基本调查方法。调研可分为定性和定量两种。此外，收集的调研素材包括一手资料和二手资料。

定性调研法

定性调查方式研究的是事物的性质，证明市场运行方式如何形成及原因。定性调研是对性质的研究，有助于收集相关的消费者心理。它可作为独立的调查，也可作为定量研究的先行调查。定性调研有助于归结市场的总体情况，评估是否需要进行更深入的定量调查。定性消费者调研一般采用有针对性分组式面谈或单独采访。很多服装商家及设计公司在本季商品上市前，有选择地提前邀请一些消费者鉴赏新系列的服装并试穿。企业经此可预估市场对一组或某件新品的接受度以及对包装、营销素材的反应。消费者的反馈有助于评判最有潜力的销售产品。卖方在提前获得这类定性信息后，能够更好地决定供货量和不同款式、颜色的数量比例。

定量调研

这一研究方式在于获取数字信息。它量化市场信息、计算市场份额并提供数据翔实的消费者统计信息。

市场调研汇总大量受访者信息，获得定量信息。调研形式包括街头当面采访、入户当面采访、网络问卷调查、邮件问卷调查及电话采访。

二手数据调研或查阅调研

二手数据调查法研究的是网络、成书、杂志、商业期刊或学术、政府及行业渠道取得的已有数据。这种研究方法用于确定细分市场的规模与构成，获得背景信息以及更详尽的财务数据。这类信息多在图书馆能够免费查阅，部分来源需要付费。以商业企业形势提供行业信息收费可观，不过这些费用远比不上雇用市场调研公司开展原始数据调研的花费。

原始数据调研或现场调研

原始数据调查法是直接到现场收集原始数据的调研方式。市场调查、调查问卷、中心小组调查、单独采访都是原始数据调研的方法。原始数据调研也可用来收集市场商品数据、调查竞争对手情况。现场调研并不高深——实地考察商业街或购物中心、记录产品、款式、颜色、价格、特惠及降价信息，或是大上时尚道剪报，都可称为原始数据或现场调研。

上图

服装设计师或买家必须实地考察服装商店，进行市场的原始数据调研。去时可随身带上一本小记事本，方便你记录服装要点和价格信息。上图为纽约Topshop商店

商业街调研考察相对较快，可方便地收集最新的第一手信息。定期的考察可以发现市场不同时期微小或剧烈的变化。

市场调研方法

原始数据市场调查的方法取决于项目的实际性质以及开展调研的原因。调研开始前，应首先确定该研究的目的。在以下情况下应进行营销调研。

- 开展新的经营业务
- 进入一个新的市场
- 推出新产品或产品线
- 推出新服务项目
- 面向新的目标市场消费者
- 审查项目成果或重新设定目标
- 研究如何开展市场竞争
- 调查经营不善的原因

有了明确的调研意图和清晰的调研目标，即可确定适合由谁组织调研、分析结果以及完成最终报告。大型市场调研项目一般通过咨询公司或专业机构完成，但是，项目的个别部分可交由几个不同的专业公司完成，或在内部开展。全方位服务的市场调研机构能够帮助确定调查的范围，协助开发独立的调查项目。调研机构可以开展定量调查，指派人员设计和开展市场调研的研究调查、问卷调查和面谈采访，也可以分析与评估数据。

除了市场调研机构之外，也可以选择趋势与市场咨询公司。咨询公司偏向于定性研究，可以提供关于消费者类型、生活方式与市场趋势等信息。例如，2007年，康泰纳仕集团的*Vogue*杂志，受未来实验室（The Future Laboratory）之邀进行消费者调研，以便他们更深入了解现代时装杂志读者的需求。咨询公司有开展小组调研和座谈的经验，一般拥有可查看或记录面谈和讨论内容的录像设施（在此需强调市场调研必须服从有关数据保护的条例与法律）。趋势咨询机构能够结合全球各地重点时尚潮流地区趋势自由观察人的观察，提供趋势预测服务。咨询机构也能委托他人密访市场，或开展所谓的比较购物调查。

这类咨询机构也可提供定量研究服务，他们可将这些工作分包给专门从事数据汇总与调查研究的专业现场和制表机构。

另外，进行内部市场调查或委托公司进行现场调查后，请数据制作与分析机构分析结果也是不错的选择。这类机构拥有的精密软件程序能够进行复杂的数据分析。如果计划聘请外部机构进行调查或分析，应落实任务明细，明确告知咨询公司或专业机构。

任务明细应包括以下要点。

- 公司和当前面向市场的信息
- 市场调研的背景资料
- 市场调研应解决的问题
- 市场调研应取得哪些结果
- 明确的项目时间表
- 报告的最终提交日期
- 预算和资源

即使企业愿意自己开展全部或部分调查工作，在项目启动前都应明确上述要点内容。下一节将带读者了解基本的原始数据调研方法。专业的市场研究人员能够深入开展这些调研，但我们介绍的方法，仅适用于学生、设计师、买家或小型个体企业的调研。

趋势预测公司通常借助世界各地捕捉时尚的自由撰稿人对街头时尚进行拍照和报道并进行分析。博客也是一种了解街头潮流风格及热门穿搭的好方法。较为著名的照片网站有www.thesartorialistblogspot.com，以及www.lookbook.nu，后者是一个关于青年文化与时尚的国际性网站，始建于旧金山，获邀请方可进入

左图
拍摄了东京街头两个女孩

右图
来自瑞典哥德堡年仅17岁的歌手安德列亚斯·W，在lookbook.nu网站的个人博客中发布了自己穿搭的最喜爱的服装照片。图中安德列亚斯穿着5 Preview品牌限量T恤，衣上印有异化的YSL标志，外搭牛仔衬衫

观察

　　利用很低的成本，也能够方便地开展很多实用、简便的调研工作。最有效的市场调研方法便是市场的观察，行业中任何一方都可利用它。很难想象，只需观察街头人群、亲自研究消费者购买行为，或是仔细观察商店情况，就能收集到有价值的信息！经常性观察零售情况、密切跟踪服装零售环境是行业内一项常规工作。设计师、买家和营销人员会经常到重点时尚之都观摩取经，在当地时装商店中发掘事物，这些都是他们工作的一部分。制造企业和供应商也会派人员进入到相关市场，监测市场动态。这种做法称为比较购物。

比较购物

　　去主要竞争对手商店观测对方最新动向并了解对方产品价格，具有重要的意义。比较购物就是观察并记录竞争对手的服装系列、色彩、面料、价位、促销政策以及店内陈列的过程。比较购物是原始调研的一种形式，一般是在店中直接查看产品，同时透过网络汇总大量对比信息。服装零售商网站本身就是一项比较的内容，比较网站使用便利性、技术性、服务性和信息化程度等。

左上图

Louisa Via Roma精品店是每个时尚中人在意大利古城佛罗伦萨的必游之地。店中有丰富的国际奢侈服装品牌供君选购。瑞克·欧文斯（Rick Owens）品牌系列在店内占据了突出位置，并以巨大的照片墙吸人眼球

右上图

柯莱特时尚店是巴黎首选时装目的地。这家时尚前沿概念店囊括了有关服装、艺术与设计的一切

同质竞争性产品对比

同质竞争性（LFL）产品对比是针对具体产品更加细致的调查。当企业决定深入调查竞争对手生产的类似产品时应开展这项工作。LFL对比一般针对核心产品或基础产品。一般是分别从几家零售商中购买该款产品。像Gap这样的零售品牌，就会将自己的男士白色基本款T恤和市场竞争对手产品进行比较。Gap会从优衣库、AA美国服饰、玛莎百货、Calvin Klein购买类似的产品，从价格、面料、制造质量、设计细节和剪裁、洗护性等方面进行比较。一般还会将服装送到实验室，检测其起毛、起球和缩水等性能。购买并将衣服送检必然会有费用的发生，但也可以不购买产品的LFL对比。这种情况下，将主要对比产品价格、款式、面料成分和颜色的可选择性。

上图
巴尼斯（Barneys）纽约精品店摆放着穿着斯特拉·麦卡特尼（Stella McCartney）服装系列的人形模特。设计师或时装买手普遍在纽约、巴黎、伦敦和米兰等地开展服装调研与市场考察，获取行业实况。由于在店内拍照尚不大可行，所以比较购物和服装调研很考验你的记忆力！建议你最好带着小记事本，尽早记下那些易被遗忘的细节

同质竞争对比表

产品 男士牛仔裤	价格	· 纤维构成 · 面料克重 · 面料洗整	样式风格	洗涤和护理	附加值（增加产品价值的设计或特惠供应）
A公司					
B公司					
C公司					
D公司					

腰带
特有的腰带设计，缝有1969式样

口袋
轻盈整洁的口袋

腰带环
三倍经用，稍带有弹性

配件
加盖铜质铆钉

缝纫
大粗线加上细针刺缝纫

面料
高档环锭纺牛仔布

边线缝合
二手衣复古风格，半身边线缝合

镶边
红色镶边

上表

LFL产品比较可用简单的图表作为框架进行。表上方各列的比较内容应包括价格、面料构成、设计细节、洗护理说明与其他标签说明或产品信息，也可增加一列说明这件产品的颜色挑选范围。产品之间附加值内容也可以相互比较——可以是改进产品特殊技术，也可以是优惠推广活动

左图

设计师们在进行某件产品的LFL对比时，会仔细筛查对手产品的每个细节。Gap在推广其1969优质牛仔裤系列时，将重点放在表现真实的设计特色上，突出了该款式的经典所在

秘密购物

众多市场调研公司雇用研究人员以潜在顾客的角色进入店铺。这些人员作为秘密调查员，能够调查并反馈其扮演的消费者角色，或进行其他零售活动的检验。零售商家可委派人员进行秘密购物，将其结果作为市场总调研的部分之一，从而分析比较对手商家的服务。由于营销组合中"过程"这　要素（见第47页）相关性不断提高，另外零售商越来越需要吸引顾客的购物体验，秘密购物被视为一个值得开发的手段。

焦点小组

由经验丰富的市场研究人员组成的焦点小组或小组座谈会能够获取消费者观念、态度以及购买行为等方面的信息。服装企业常常利用这类小组，在新的营销活动或新的产品系列投入市场前判断市场应有的反应。选择并邀请相关消费者，观赏并提出意见。这类信息是设计师、买家以及制造商非常有利的数据，可以判断哪些款式及色彩将为市场接受。这类性质研究的不利方面是样本较少，可能无法反映消费者的整体情况。而且，如果组中的某个人过于强势，使其他参与者观点受其支配，就会导致研究结果的扭曲。但是，只要能够由可靠的咨询人选择消费者小组，并有专业的主持人引导讨论的进行，焦点小组研究就能得到深入的消费者观念信息，帮助零售企业排除针对消费者或产品的错误的设想。

上图
丽塔·纳扎雷诺所设计的Zacarias Bilbao手袋，独特的外形设计灵感来自法兰克盖瑞设计的毕尔巴鄂古根海姆博物馆

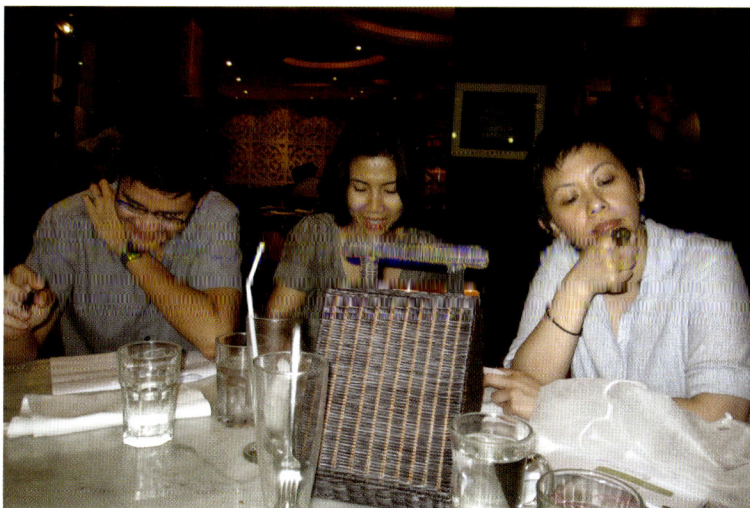

左图
一个焦点小组在菲律宾马尼拉成立，小组将提前常常由丽塔·纳扎雷诺设计、ββΩ、Vizcarra制作的全新品牌Zacarias的多款潮流手袋　纳扎需诺通过焦点小组收集个消费者对这款原始设计重要的信息反馈

访谈

当面访谈可用于深入收集更多的消费者信息。这类信息将进一步细化问卷调查获取的数据，并形成定性的数据。访谈可以预先做一些安排设计，引导被访者发表他们的意见和看法。这样的访谈能够收集针对某个被调查品牌和竞争产品及服务的消费者反馈信息。通常访谈时间在10~30分钟，可以在目标市场中选择任意数量的个人进行采访。电话采访也是一种方式，但相比起来，当面访谈才能使受访者看到产品，也更利于进行较长的讨论。它最大的缺点是耗费时间，尤其是在进行街头访问时。匆忙的行人不一定愿意停下来，或者接受较长的提问。

问卷调查

问卷调查方法能够有效地从大批人群中收集定量的数据。它的重点是设计问题必须不带有指向性或偏向性，从而获得正确、有效的信息。调查问卷的设计还必须使问卷收集后的数据能够被系统地分析。

调查问卷务必要有专业的设计，同时还应简洁易懂，以获得最大的回复率。通过试填，确保完成一份问卷不用花费太长时间。首先要简短地说明该调查的目的——你想要与调查者建立的联系，请他们加入这个项目。有时进行调研的公司会向完成问卷的人群提供奖励。在设计问题时，要考虑清楚你需要了解的情况和原因。保证做到以下几点。

- 提问简短
- 提问精准
- 问题不模棱两可
- 消除负面因素

开放性的问题需要受访者给出自己的答案。客观性的问题则要求受访者在几个事先给出的选项中进行选择。设计时可结合这两种提问形式，但开放性问题数应尽可能少，因为它们比客观性问题难答。可以使用利开特式量表给出各种评价，获得消费者不同的态度。举例而言，"可持续服装应该和人道服装一样受潮流喜爱"一题可以分为以下五种态度。

1. 非常反对
2. 反对
3. 不一定
4. 同意
5. 非常同意

使用利开特式量表可以简单地将各种答案量化，即非常同意＝5，同意＝4，等等。5分制问题体系能够调整，例如对"在购买服装时你对价格的看重程度"。

1. 完全不在意

2. 不很在意

3. 不一定

4. 比较在意

5. 非常在意

不过，只采用这种方法是无法设计好一张调查问卷的。受访者也许会倾向于一直选择五个选项中的某一两个。另一种方式是提问后列出一份列表，让受访者从中选择。

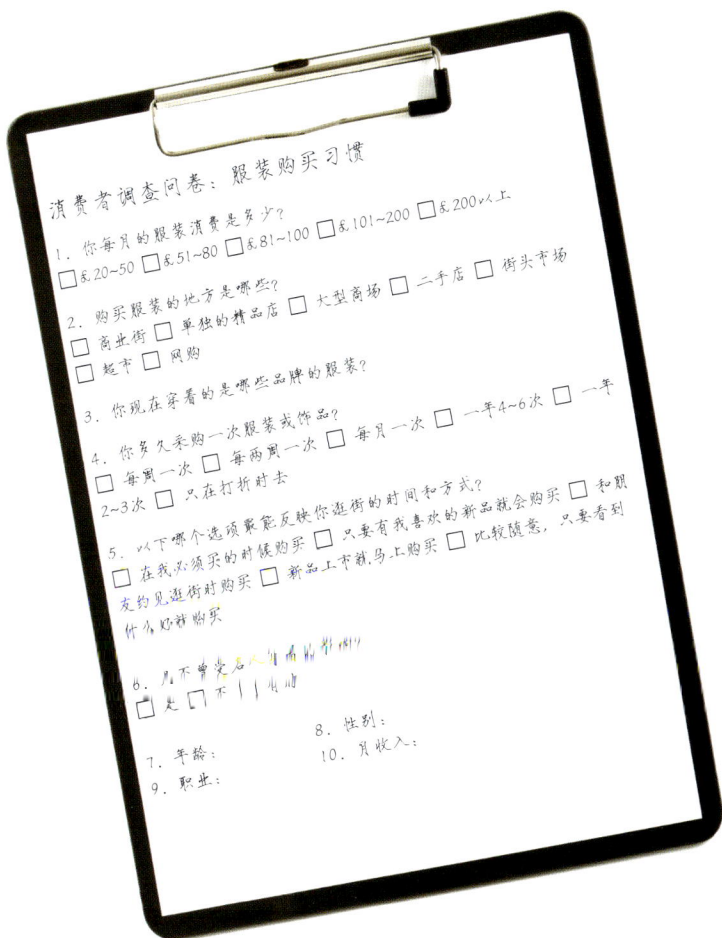

消费者调查问卷：服装购买习惯

1. 你每月的服装消费是多少？
□ £20~50 □ £51~80 □ £81~100 □ £101~200 □ £200以上

2. 购买服装的地方是哪些？
□ 商业街 □ 单独的精品店 □ 大型商场 □ 二手店 □ 街头市场
□ 超市 □ 网购

3. 你现在穿着的是哪些品牌的服装？

4. 你多久采购一次服装或饰品？
□ 每周一次 □ 每两周一次 □ 每月一次 □ 一年4~6次 □ 一年2~3次 □ 只在打折时去

5. 以下哪个选项最能反映你逛街的时间和方式？
□ 在我必须买的时候购买 □ 只要有我喜欢的新品就会购买 □ 和朋友约见逛街时购买 □ 新品上市就马上购买 □ 比较随意，只要看到什么心仪就购买

6. 几不会受店铺品牌影响吗？
□ 是 □ 不一定

7. 年龄：   8. 性别：
9. 职业：   10. 月收入：

因此，一份调查受访者是否拥有可持续面料服装的调查问卷可以列出如下选项，可要求受访者勾选符合的选项。

- 麻纺服装
- 有机棉服装
- 竹纤维面料服装
- 其他可持续面料制成的服装
- 不清楚

排序也是一种方式，要求受访者根据重要性或相关度为列表中的指标排序。

请根据你对以下因素和人道服装相关性的看法，为它们排序（1 = 非常紧密，5 = 最不相关）。

- 公平贸易
- 不剥削劳工
- 降低碳排放
- 人道化生产
- 可持续性设计
- 可再生和可再利用

在设计问题的顺序时，最好由调研主题中最一般的问题开始。从最普通、简单的问题逐步到特殊、复杂的问题。如果问卷中设计有客观性和开放式的问题，客观题应放在前面。调查问卷最后还要收集调查群体的相关信息，包括受访者的年龄、性别、职业和身份等信息。一定要遵守相关数据保护法，保密数据。此外，还要明确进行调研的机构和目的。

在面向较大样本群体调查前，先进行小规模的预调查或试行调查，可以令调查更可靠。预调查可以改进问题的设计，确保问题没有出现偏向性，排除表述上的歧义和其他小问题。好的调查问卷设计，应该能够使受访者轻松地通过网络、电子邮件独立完成问卷调查。问卷调查结果出具的报告应说明调查的目的、数据收集的方法，总结调查结果，在分析基础上得出调查结论，给出建议。报告应主要分析数据，利用详细的图表说明结果。

"你的E动机是什么？" 2007年4月伦敦时装学院进行了一场人道时装展，借此机会，这次展览收集了消费者对人道时装的态度

人道时装展览和问卷调查
你的E动机是什么？

2007年伦敦时装学院迎来了可持续周。业内专家、学者以及学生们参加了一系列研讨会和辩论会，围绕可持续服装和人道服装展开讨论。一场名为"你的E动机是什么"的展览和互动信息收集活动也在此期间展开，成为长达一周活动中的一部分。展览旨在提高大众对可持续服装和人道服装的认知和了解，邀请他们加入辩论，鼓励他们说出自己的看法。总的目的在于收集消费者的观点，了解消费者在面对可持续服装时的购买决策和行为。展览会展示了丰富的服装设计师和服装公司的产品，包括Adili、Amazon Life、Blackspot Shoes、Del Forte的牛仔裤，同时howies、Simple Shoes和Terra Plana等公司也都展示了独具特色的产品。调研融入了整个展览中，学院摆放了装有"什布布棺测试"的门卷，并在展品内摆放电脑，观众可以通过这种方式完成问卷。伦敦服装学院通过展览期间互动问答和网上生态衣柜的测试共收集了400多个回复，其中约200人填写了调查问卷。调查显示97%的受访者有意愿购买与穿着认为是人道及可持续生产的服装，但是只有三分之一的人声称自己拥有公平贸易或可持续材料制成的服装。调查也让受访者选择了以下因素对其购买决策的影响程度。

- 时尚与款式
- 价格
- 面料材质
- 服装生产过程的人道性

63%的被调查者认为在挑选服装时时尚与款式非常重要，服装生产过程的人道性对55.6%的人而言仅是比较重要。而在比较受访者对以下因素重要性的看法时，56.3%的人则认为，"反对血汗工厂"非常重要。

- 反对血汗工厂
- 公平贸易
- 可持续面料，例如有机棉
- 服装可再生和可再利用

这一结果反映了语言和文字应用的重要性。带有强烈情绪和实在感的"反对血汗工厂"一词，更益于让人了解人道观念。

市场监测

在探讨了以上基本市场调研方法之后，下面我们将重审市场调研的目的，找出市场监测的主要方面。市场调研与分析的主要作用有以下六点。

- 确定某一细分市场的结构与规模
- 确定市场所处的阶段
- 评估市场趋势
- 找出市场竞争者
- 分析竞争对手的优劣环节
- 研究消费者，了解消费需求

下节中将说明市场规模、市场趋势、竞争对手及市场份额研究与分析等关键环节。第四章则将具体介绍消费者的研究。

市场规模

一个特定市场的规模可用市场中购买者的数量来表述，或以代表市场价值的金额数字表示，后者更为常见。以2008年Just-style牛仔品牌发布的《美国牛仔裤市场》报告为例，其中预测全球范围内高档牛仔裤市场（指零售价在100美元以上的牛仔裤）的规模数值在40亿美元左右。而2007美国服饰业报告则发布其市场规模在300亿美元左右。前一个数值表示的是高档牛仔裤的全世界总规模，而后一个数值则表示服饰业在某个市场，即美国市场中的规模。服装市场有以下多种分类方式。

- 市场分布：全球市场、国际市场、国内市场
- 产品类别：服饰、服装、内衣、香水、家居
- 产品消费人群：女性市场、男性市场、两性市场、儿童或婴儿市场
- 产品类型：专业运动服市场、运动服装市场、休闲服市场、牛仔市场、正装市场、礼服市场
- 市场层级：定制市场、高档市场、中端市场、平价商品市场

在确定一个市场规模后，下一步就要研究调查市场的趋势。

市场趋势

尽管在特定时点上的**市场规模**信息非常重要，但市场持续跟踪的数据信息发挥的作用则有过之而无不及，它有助于揭示当前的市场趋势，反映出市场是处于扩张、停滞还是萎缩阶段。如果市场处于成长期，则有利于市场上已有的企业扩大经营，但同时也将吸引潜在的进入者。所以，时机再好，市场上现有企业也绝不能故步自封，如果不能保持竞争优势，就会把机会拱手让给新进入者。如果市场处于停滞或衰退期（包括文化、社会或人口变化带来的变化，也可能是经济衰退的影响），市场上的企业为了不失去市场将发生激烈的竞争，也可能完全退出市场。然而，有的企业依然能在衰退或竞争激烈的市场形势下实现增长。以日本为例，TBS年度一般消费者偏好调研活动发现，在20岁年龄段的女性中，优衣库成为2008年消费者最喜爱的品牌，其中41%的受访者表示了对该品牌的好感，相比上一年度的23.1%，这一比例呈现较大幅度提升。更值得一提的是，在这之前，路易·威登品牌长期占据着榜首的位置。但是，到了2008年，在对同一组人群调查时，这一比例刚过27%。低迷的经济形势一定程度上造成了消费者忠诚度的转变，消费者更愿意购买像优衣库这类更加实惠的服装品牌。不过，优衣库受到如此喜爱绝不仅仅是因为人们消费支出的缩减。这个日本零售品牌努力提升自身形象，一改原本的大众产品服装店形象，脱胎换骨成为时尚潮流的引领者。优衣库实现的是由基本款服装到流行服饰的精明转型，同时带来了经营收益。2008年年底，相比其他服装产业链相关品牌店销售的下跌，优衣库则实现了10.3%的年增长。

左图

图为东京优衣库专卖店内陈列的UT T恤，消费者正从衣架上挑选一件T恤。这些T恤均以罐或包装，在后面的货架上摆放，可取出购买。优衣库是日本家喻户晓的品牌，拥有超过700家专卖店，并已在伦敦、纽约和巴黎等地开办商店。作为国际零售品牌，优衣库重新塑造了自己的品牌形象，成为潮流与时尚的引领者，迎合了时尚消费者

2009年，该公司宣布吉尔·桑达（Jil Sander）将重回时装界担任优衣库的设计顾问，领衔品牌女装和男装的设计。这一意外之举正是优衣库当前战略的一环，它一举攻下了北欧时尚消费人群，也迎合了品位日益改变的日本市场。

优衣库的成功以及日本年轻女性对设计师品牌消费忠诚度的转变，体现出几个非常重要的问题。首先，它表明，在经济衰退期间，消费者趋于选择较廉价的替代产品，而不再偏好昂贵品牌。其次，它是宏观市场营销环境中提及的经济形势将影响市场的佐证。最后，虽然从表面看来，优衣库与路易·威登不属于同一市场层级，分别占据不同的市场，但是，TBS调研结果突出地反映了这两个品牌可能吸引同样的年轻时尚女性群体。这一点非常重要：竞争不仅仅发生在同类事物之间。事实上，竞争与消费者购买力有关。消费者自主地选择消费，他们可以从一个品牌转而钟爱另一直接竞争对手品牌，例如从路易·威登到古驰，甚至是爱马仕，然而，他们也可以提高或降低所在的消费市场层级。因此，仅仅关注占据同一市场层级中相似的竞争企业，而不了解更为错综复杂的实际情况，很可能作茧自缚。

时装潮流预测与市场信息

市场监测的基本要求就是保持与时俱进，不断发掘最新的流行趋势。一定要从全局角度密切关注全球时尚文化、秀场趋势、街头风格与市场的发展变化。不过，仅掌握当前市场情况、分析近期市场趋势是绝对不够的，对未来的预测才能把握时装业。在服装上架前，设计师有长至一年的时间准备自己的系列。面料生产厂则至少要提前两年开发系列，纱线制造厂和色彩预测机构的工作还要进一步提前。正因如此，服装业才成为具有高风险的事业，需要开展众多的事前研究。时装潮流预测、市场信息与趋势报告都是服装服饰业必不可少的要素。包括零售商、设计工作室和制造商等都需借助市场信息及预测信息，制订重要的产品与战略决策。企业获取重要信息有几种主要方式，它可以自行展开市场调查与趋势分析，但是由于需从他处收集资料，往往造成调查量的增加。大多数设计师的主要工作之一就是参观重点面料展及交易会，通常也会被要求完成下一季趋势预测报告。除此之外，还有各类预测与市场信息服务的国际及国内公司。专业机构可以提供各式各样的服务供时装业人士购买，包括专家咨询、根据委托公司特殊需求专门制订服务，甚至是独立预测与市场信息报告等。

上图

Mudpie是国际时装趋势分析和预测公司Mpdclick.com网站是该公司的在线服务平台，以图片形式发布全球时装与色彩趋势的深度报道。Mudpie公司的时装潮流预测人士通过创造一组概念板，说明下一季的主要趋势及色彩预测。上图中的"Sobriety"就是经开发出的2011春/夏趋势。这个实用主义的理念灵感来自阿米希人（居住美国及加拿大安大略省的群体）的生活方式，反对经济危机前社会的物资过分消耗，崇尚简朴与健康的生存形态。这一趋势重新找回了暗蓝灰色和牛仔蓝色的主色调，加上明亮的美国红，再点缀以土粉色、油黄色、深酒红色、焦橙色等等

很多咨询机构都开展在线注册服务，易于企业获取便携的信息，并能够轻松实现每日、每周及每月更新。

时装潮流预测和信息机构大都可以提供以下信息。

- 市场信息
- 消费者剖析
- 新兴市场趋势信息
- 街头风格报告
- 秀场报告
- 主要款式与设计理念
- 色彩预测
- 面料趋势信息

时装设计师、制造商、零售买家、经销商和品牌经理结合所有市场与趋势信息，在此基础上预测自己未来经营方向。销售预测是采购商、经销商和产品经理进行研究和分析的关键环节。销售预测是采用历史销售模式的数据，衡量未来一季的潜在销售量。设计或采购团队通过趋势预测数据与相应的背景资料，最大可能地使最终上架产品赶上潮流趋势。时装零售业通常要每日查看销售数据，深入分析每周数据，零售业及批发业会进行全年重点销售评估、消费购买模式分析与产品性能调查。设计与产品开发人员以此类信息为基础，根据色彩、面料、设计与技术趋势研究数据，开发相应的产品，迎接未来的市场。

上图

巴黎Première Vision面料展每季会吸引上千国际买家及设计师参展。约有28个国家超过700家纺织面料供应商展出其产品系列与创新成果。时装业人士借展会之机了解当年与未来色彩及潮流趋势，联系面料样品订单，从此开始下一季的设计与开发

时尚趋势的生命周期

市场和时尚趋势不断改变，这是它的一个重要特征，正因如此，市场研究也是一门不断发展的学科。

流行

流行是短时性的，通常很难预测。时尚的流行可以是某个单品、某种样式或是某种风格的流行，它几乎可以在一夜之间红遍大街小巷，也能突然之间销声匿迹，来去匆匆。这一阵的流行可能只是当季的时尚，过了季就只能落伍。流行通常只能维持不到一年。

趋势

流行和趋势的主要区别就是持续时间的长短。时尚潮流形成较慢，初期接受程度较低，逐步发展，直到势不可挡。潮流达到巅峰后，再慢慢衰退，直到完全消亡，或长期维持某个水平，最终变为经典。如今，女式裤装套装就已成经典。

左图
图中的斗篷上衣来自亚历山大·麦昆
2005~2006秋/冬成衣系列

趋势一词通常被广泛应用在任何新涌现的潮流时尚趋势中，包括短时的流行。斗篷上衣就是某种款式突然强势蔓延的实例，它出现在设计师的T台展示，自此扩散到大众市场，在其后两三年间风靡全球，最后淡去光芒，退出时尚舞台

时尚趋势生命周期

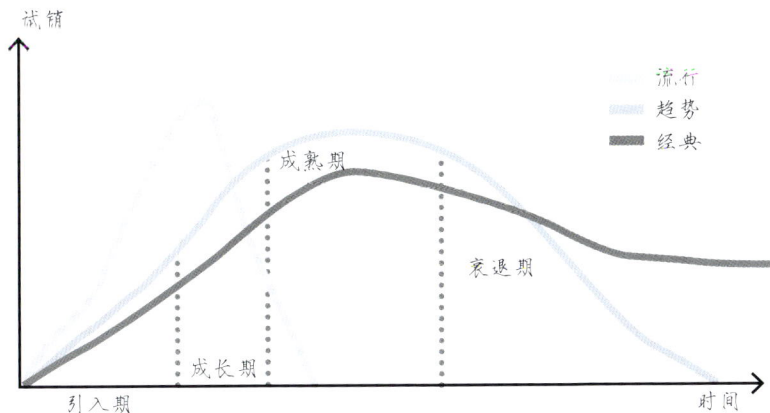

时尚趋势生命周期的第一阶段是引入期，接着是成长期，然后是成熟期，最后是衰退期，直至消亡，或是维持较低水平，成就经典。某种流行可能突然出现销售的飞快增长，很快增长到顶峰，然后快速下跌。当每个想拥有该流行的人得到它后，流行就走到了尽头

这一潮流始于1966年，由伊夫·圣·洛朗推出了吸烟装（Le Smoking）——女士无尾式裤套装。它的流行表明：趋势可从定制或设计师层级兴起，逐步影响下级市场，直到商业街商店，这就是所谓的渗透效应。趋势也可以反向形成，从街头开始，往上席卷时装业层级，最终出现在巴黎、伦敦、米兰和纽约的T台上，由设计师们重新阐释。

大势

大势是社会、文化、经济、政治或技术等层面的巨大变革，它的形成速度缓慢，但将在更长的时间范围内影响整个市场。牛仔裤就算是一个大势。

限时快销商店

限时快销商店和游击店项目是最新的服装零售趋势。这种特殊的业态的确满足了消费者追求多样新奇的心理，同时又节省了企业发展长期投资的成本。因为消费者想着这个项目只持续很短的时间，而且它只能面向小部分人——在这个信息时代里尤为受宠，限时快销反而令消费者的兴趣和欲望膨胀了。川久保玲（Comme des Garçons）品牌在柏林开设了一家游击店，开办时间较一般限时快销时间长，持续了一年时间。此后，Comme品牌又在部分城市继续了限时快销项目，其中包括雷克雅未克、赫尔辛基、洛杉矶和格拉斯哥等城市。

竞争者确立

企业必须持续观察自己的竞争对手，不仅要留心对方开展的业务，还要分析对方提供的产品和服务。首先要确定竞争者，明确研究的对象。从前面的例子看来，不能简单地区分竞争对手。年纪较大的日本服装消费者会同时购买优衣库和路易·威登的产品。而具有相当审美情趣、对款式有独到需求的45岁女性，既会购买例如Crea Concept、Shirin Guild、Eileen Fisher或Oska等设计师品牌，也会逛Zara、优衣库以及Gap的专卖店。

上图

短期的限时快销商店日渐成为一种为人所知的时装营销手段。零售品牌Target在纽约时代广场开办了一家粉色系的限时快销商店，并将所有收益用于支持乳癌研究基金会

即使是在制造市场中，中国的服装生产商在对欧洲出口服装市场上，面对的不仅是来自其他国内生产商的竞争，还有其他具有低廉劳动力国家的竞争，如越南、土耳其、东欧国家等国。

区分竞争者最基本的方法是找出同一市场层级中提供相似产品及服务的企业。所以，古驰和普拉达、耐克和阿迪达斯，可以说是有直接竞争的两对品牌。但在观察竞争形势，尤其是服装业的竞争形势时，这只能作为入门手段。

在此，品牌与品牌的对立关系不是竞争的主要内容，它包含的主要内容应该是以下四点。

- 产品类型与用途
- 消费者心理
- 产品与品牌定位
- 购物地点

假设有一名男子想从高档设计品牌商店里购买一件制作精良、兼具经典与时尚感的套装。他认为设计师品牌套装不易过时，剪裁精细，所以他偏好信誉良好的品牌。这位购物者住在郊区，计划到市中心买衣服。在出行之前，他先上网收集信息，对比不同的产品价格，查看商店地理位置。他首先去了阿玛尼。他喜好这个品牌经典简约的风格，也清楚该品牌的男士服装板型拥有*上佳的品质*信誉。在*经典简约*这点上，Calvin Klein 可能就是阿玛尼的直接竞争者，所以作为潜在消费者，这位男士会前往商场，继续他的购物之旅。然后他可能无意间看到保罗·史密斯（Paul Smith）的套装，这套衣服很可能是时尚度较高的，于是他被其经典样式之外别致的设计细节所打动，从而也把这个品牌纳入考虑之列。以上这个案例说明竞争关系取决于不同因素的相互作用，其中包括产品类型、所考虑品牌的定位、消费者的要求和心理，以及潜在消费者在购买支出时点上可有的选择等。本段中部分文字以斜体突出强调，它代表该男性消费者预期的产品品质；他需求的套装既经典又时尚，既简约又雅致，品质优秀，还必须是设计师品牌。但在其他产品上，同一位消费者的标准可能有所不同。假设这个消费者同时还要购买两三件普通白色棉质衬衫、几件T恤以搭配他的套装穿着，他可能就不会买阿玛尼、保罗·史密斯或Calvin Klein品牌的这类服装，而是直接在Gap、优衣库或Zara等店，以更平实的价格购买商品。

更进一步的话，如果消费者去商场的目的只是购买服装，那么同家商店的任何商品或者同家商场中的任何品牌，在消费者的这次购物之中都可能形成一种竞争关系，也就是非直接竞争。为了更好地理解，可以想象所有的商品都竞争着同一位消费者的青睐，都想赢得他对商品的自主支出。一名善待自己的女性消费者，可能会把钱花在化妆品或美容产品上，一般较少选择服装，她更愿购买一台新的iPod或iPhone，而不偏好买服装服饰。确定竞争者的诀窍是试着从消费者的角度出发，考虑他们的购买想法，因此了解消费者才会如此重要。

零售场所的竞争

经过精品店或百货公司销售的产品不仅要竞争最终消费者，还要竞争商店采购方。多数情况下，采购方会年年购买经营良好的品牌，并给予更大的店铺面积和更好的店内布置。销售不佳的品牌则可能被安排到不起眼的位置，并相应减小店铺面积，甚至被采购方解除合作。

保持市场监测，才能发现市场动向，发掘竞争对象。

竞争者分析

确定竞争者后，需要进一步分析竞争者的业务开展情况，以评估对方的运营状态，深入了解它们的经营情况，获得尽可能多的信息，包括规模、市场份额、生产能力、资源利用、产品报价、相应服务、市场渠道和零售店铺数量等，从而分析对方的优势和弊端，制订最佳竞争策略。使用公开的行业和贸易数据进行背景研究，了解竞争对手整体的财政状况、市场份额和经营情况。市场份额以百分比的形式表示，代表市场构成情况，说明主要竞争对手的相对值水平，从而分析其影响力和重要程度。这点与波特五力模型有关，对供应商而言，有影响力的企业拥有较强的议价能力。

市场份额

	2007（%）	2008（%）
孟加拉国	8.8	8.0
中国	39.7	35.6
中国香港	1.5	0.9
印度	4.4	4.5
斯里兰卡	3.2	3.5
越南	1.7	1.8

资料来源：Clothesource

左表

表格为2007与2008年度部分亚洲国家和地区服装制造行业占全球行业的份额

市场份额数值表示比例值，它的计算方式可以根据市场中每个经济体的销售额分割市场总值，或者根据每个市场参与占销售出的产品数来分割市场总产品数。市场的领导者可能在相当长时期内维持相对稳定的市场份额，但其份额并不必须长期不变，因此随时跟踪市场和市场份额显得尤为重要

市场调研的应用

除市场调研之外，还需要开展更加具体的营销调研，从而监测市场状态，掌握项目的适用性，评估其可行性，研究项目实施方法，并辅助业务和营销计划的制订。在制订公司开办计划、新产品线开发计划或新市场准入计划时，全面的调研工作具有重要的意义。同样，对于现有计划和开展方向的重新考量、根据现有市场状态的变化进行相应的改变，以及对某一业务或产品开展不佳的原因判断，也需要相关的调研。根据需要了解的内容提出相应的问题，有助于确定调研项目的必要工作，并指导调研过程的方向。我们将以某服装奢侈品牌计划进军中国市场为例深入解释，探讨如何很好地结合市场调研与营销调研。该公司需要开展全面调研，评估在中国市场中外国奢侈零售产品的潜力后才能注入投资，接着制订相应的计划。因此，该公司首先要提出的问题是：

中国市场规模有多大？进军中国市场的可能性有多大？

要回答这个问题，需要调查近几年的市场趋势和相关数据，了解当前的市场形势。同时需要购买预测和分析服务，以分析确定市场的未来发展。显而易见，2008年之前中国市场发展预期保持良好，对外公布的经济分析数据显示中国奢侈品市场的年增长率达20%，其中服装产品占总值的三分之一。2005年Ernst & Young公司发布的一份报告预测显示，到2008年为止，该市场年增长率将达20%，之后将有所放缓，到2015年前保持10%的年增长。不过，即使增长放缓，增速仍将超过同期欧美市场5%~7%的预测增长率。从已经进入中国市场的奢侈品牌的经营状态来看，包括路易·威登、古驰、迪奥、范思哲、普拉达和芬迪等品牌在内，市场在2005~2008年期间保持了稳定上扬趋势。世界奢侈品协会发布的一份报告中称，2007年中国人消费高档服饰、皮草、香水等产品的金额达80亿美元，同样证明了市场的良好发展预期。因此看来，即使在当前的经济环境下，我们所假设的这家服装奢侈品牌选择进军中国市场应该是极具回报的，同时可以抵消欧美市场下跌的影响。

关于市场规模与市场趋势的市场调研无法提供有关基本决策的有效信息，需开展更广泛的营销调研，评估如何最好地开发新市场。

对页图

图为2007年在中国长城举办的芬迪时装秀。这场时装展出奇地华丽大胆，在展示2008春/夏系列的同时，也展出了为此次活动特别设计的微系列。据称所有产品总造价达1000万美元左右。这样天价的投资也表明中国市场对于奢侈品牌的重要性

在中国进口、流通和销售欧洲制造的奢侈产品并不容易，中国国内税率、进口关税和供应链的物流情况都需一一调查，还要了解相关政策、经济、文化、技术与物流情况，因此需要进行PEST分析（参见65页）。所以接下来提出的问题是：

PEST分析将说明哪些问题，将需要哪些资源，是否需要当地合作伙伴或机构的支持？

找出与了解文化差异，包括在企业经营方式上的差异，和消费者偏好与购买行为表现的差异。这些信息将帮助该奢侈品牌调整业务开展方式以及产品供应内容，使之更加迎合中国市场。城市与城市之间也存在一定的文化差异。2008年年底玛莎公司在上海设店时就出现了这个问题。一开始，玛莎公司以对香港市场的了解来判断上海市场，在此之前，玛莎已在香港拥有十家门店。但是，这与中国内地的实际情况并不相符，上海与香港有着不同的消费者行为和需求。其中一个问题就是玛莎对服装尺码范围的计算有误，导致较小的尺码很快售罄。Stuart Rose爵士在接受《金融时报》的访问时称："我们必须制订正确的尺码，也需要改进市场调研。"

中国是众所周知的全球制造市场。在远东地区销售的欧洲主要服装奢侈品牌大多已经将生产部分转移到中国，从而更好地开展全球业务。2007年，世界奢侈品协会预测全球约有60%奢侈品将由中国制造。2009年，中国超过美国，成为世界第二大奢侈品市场。所以，目前已有专门研究中国市场各部分信息的市场调研公司，同样存在各类服装制造业的配套企业，包括贸易公司、采购公司、供应商和物流企业等。这类企业更了解对外国公司而言难以掌握的本地市场，并帮助他们克服这些困难。香港采购巨头利丰有限公司为众多全球性服装品牌及零售品牌代理采购和供应业务。2007年2月，利丰以8.3亿美元的成交值收购了美国丽资克莱本公司的采购业务。丽资克莱本公司旗下品牌包括Juicy Couture、Lucky Brand、艾萨克·麦兹拉西（Isaac Mizrahi）等。目前在中国及亚洲开展业务的外国奢侈品牌多与香港或中国大陆贸易公司建立类似的联盟关系，经谈判达成商业合作伙伴关系或签订许可协议。

调研问题

提出能够指明调研方向的问题，寻求解决之道应相对明确。

调研的目的是什么？现有消费对象有哪些？是否有新的目标消费群体？进军新市场的潜力是什么？自身产品是否受到了消费者的喜爱？我们是否能够提供新的服务？

规划与战略

营销调研收集的数据与信息分析，对规划过程和设计营销计划至关重要。实质上规划过程旨在理清某一组织机构当前的营销定位，决定业务的预期目标，并确定行之有效的战略应用。战略规划在于应用主要营销工具例如营销组合等，还有相关战略，如市场分割、目标市场、市场定位和差异化战略等。规划过程最终进入设计与编制营销计划。

营销计划

营销计划是研究与分析这两个不可或缺的学科进行实际演练的舞台。营销计划的目的是核查并评估企业和市场现存环境，确定营销目标与战略，为实现机构的营销和商业目标制订相应的行动计划。尽管营销计划独立于商业计划的整体规划，但两者之间也存在相互联系——营销计划最终是商业总计划的一个重要组成部分。应先一步制订营销计划，然后才能进一步发展成为全面具体的商业计划。营销计划作为系统研究与规划的书面记录，是研究与规划成果的最终应用，应包括以下要素。

- **形势分析**

  我们处于什么位置？

  当前的市场状态是什么？

  采用SWOT与PEST分析模型

- **目的**

  我们想到的位置？

  市场机遇是什么？

- **战略与策略**

  我们如何到达想到的位置？

  我们需要采取哪些行动？

  由谁采取行动？

- **销售预测、预期成本与预算**

  成本花费多少？

  预期的投资回报是什么？

设计营销计划，第一步包含内部营销审计和外部市场情况调查。这一研究称为**形势分析**。为了获得进一步发展，企业必须首先确立自所处的位置，明确目前开展的工作哪些是卓有成效的，哪些是尚待发展的。这一工作通过内部审计完成，检查机构组织的优劣势分析，可评估现有营销战略的效益。

审计工作应包含以下核查内容。

- 营销组合
- 目标消费群体
- 市场定位战略
- 差异化战略与独特的销售主张（USP）
- 竞争优势

形势分析还包括对相关市场部门形势的调查、消费者研究、竞争对手及其产品、价格及市场定位的分析。形势分析应用到PEST分析（参见65页）和SWOT分析。

SWOT分析

在SWOT分析这个框架内，可整理及核查调查资料。SWOT分析用以审查商业企业内部优势与劣势，明确在一定的市场与经济环境下外部因素带来的潜在机遇；也用来确定与评估给企业或品牌带来挑战的外部局势。确定企业的优势（Strength）、劣势（Weakness）、机遇（Opportunity）和挑战（Threat）后，在一张简明的总表上列出。值得说明的是，SWOT分析并不仅是一张列表或图表，而是作为分析工具，相应地表述了下列四种主要战略地位。

- 优势+机遇

  发挥内部优势，充分利用外部机遇与潜力。
- 优势+挑战

  发挥内部优势，克服外部挑战。
- 劣势+机遇

  努力对付或减小内部劣势，确保机遇不受影响。
- 劣势+挑战

  该战略地位中企业处于危险状态，应采取减小劣势，应对挑战的战略。

SWOT分析的真正目的是应用现有资料，发挥企业内部优势，创造机遇与潜能，或将优势发挥到最大，克服市场的挑战。评估企业内部劣势并不容易，但正视这个问题，使企业退出危险境地，具有极端重要性。分析劣势是为了保证机遇不被错过。

对页表
SWOT分析结果可以简便地以表格显示。
右例说明了调查各方面可能的情况

SWOT分析

优势	劣势
· 企业、品牌或时装标识的声誉 · 独有的经典风格与独特的销售主张（USP） · 强大的创意团队与技术团队对设计师的支持力度 · 与供应商的牢靠关系 · 忠实的核心客户群 · 强有力的管理和出色的商业与设计聚合力 · 与优秀的公关公司合作 · 与供应商有良好的信贷关系	· 没有明确的USP——产品缺少差别化，形象与其他服装品牌相近 · 缺乏创意与技术支持 · 设计师必须独立完成所有事情，精力过度分散 · 与供应商的关系不牢靠 · 在买家中声誉尚未确立，未形成一定的消费群体 · 现金流或财政困难 · 缺乏商业或营销专业知识 · 没有网站，或所设网站消费者难以操作

内部

机遇	挑战
· 有可利用的代理或公关公司 · 进口关税放宽，新市场的开放 · 具有多样化生产潜力，包括文具、家居产品或美容品等补充产品 · 有战略联盟或与他人合作，能力互补的机会 · 社会营销——有机会提高认知度，推广产品 · 新的面料或制造技术 · 新的供应渠道 · 政府贸易激励	· 时尚潮流的演变，经典产品样式过时，不为市场所接受 · 新的竞争者进入市场 · 进出口法规更改，影响到成本与供应价格 · 汇率的波动或利率的改变 · 经营成本上升 · 贸易法规的更改 · 经济低迷——贷款困难 · 主要买家减少订单范围

外部

市场机遇 – 安索夫矩阵

作为营销工具，安索夫矩阵提供了市场机遇下企业实现增长目标的四种潜在情形。

- 市场渗透
- 市场开发
- 产品开发
- 多元化经营

市场渗透即以现有的产品销给现有的市场，目的是利用并提高当前市场情况盈利能力。它实际上提出了以下几个重要战略。

- 增加消费者数量
- 提高平均消费量
- 增加利润（提高价格，降低采购成本价格）
- 改进产品结构和产品系列

第一种情形相当于服装业的总形态。尽管从许多方面看来，每季的服装产品都可以说是全新的，但是许多设计师及零售品牌仍根据熟知的某一方式制作产品系列，同时，产品系列中通常包含消费者期盼的经典或传统样式。

市场开发是增长的第二种情形。这一情形在时装业中也较为常见，品牌业务拓展时以现有的产品投入新的市场就属于这一情形。Topshop在纽约开设了占地2790平方米的旗舰店，从而进军美国市场，正是采取了这一策略。此外，范思哲投资超过5600万美元用于开发亚洲市场，在亚洲开设了数家门店也是出于此策略。

上图
英国服装连锁品牌Topshop进军新市场，新店于2009年在纽约开幕

安索夫矩阵

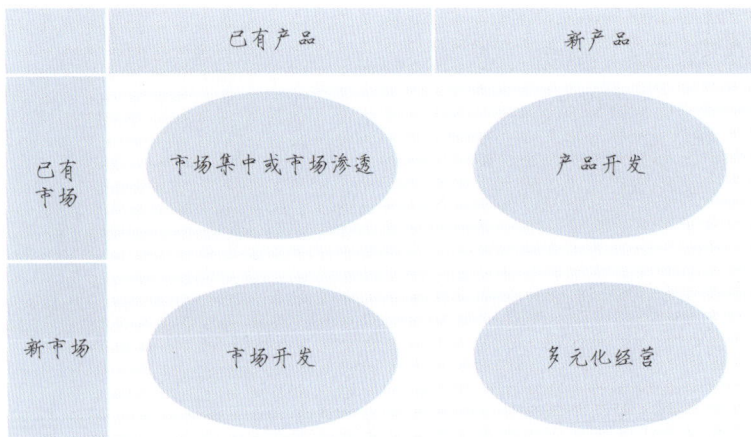

	已有产品	新产品
已有市场	市场集中或市场渗透	产品开发
新市场	市场开发	多元化经营

产品开发是第二种机调的选择，是而对现有市场进行**新品开发**。利用品牌声誉推出新的独立产品或品牌产品系列，如副线产品，能够带来商业增长。

多元化经营意味着针对全新的市场开发新产品，例如家居产品或香水等，是四种情形中风险最高的选择。通常这种方式需要发展牢固的战略伙伴关系，品牌许可经营的方式往往最容易成功。许可经营将在第五章中进一步讨论。

规划过程

确立当前的市场形势，开展内部审计之后，需运用这些资料制订营销目标和战略。制订目标，并确立相应的战略策略可以运用第二章中差异化可能性表（参见55页）。重要的是确保目标的SMART，即明确性（Specific）、可衡量性（Measurable）、可实现性（Achievable）、实践性（Realistic）、时间计划性（Time-based）。

确立各个目标的实现方式、目标负责人、重点业务活动的程序安排，同时方便监测与查看是十分重要的。设计计划重点在于保持其简明且实际，整体概念易于各方理解，切实执行。战略、策略提案都包括成本花费，必须仔细研究与计算相应的支出。一定要制订预算和时间表，最好地利用资源。但是，即使计划再固若金汤，也不可能保证所有情况都照计划进行。市场的运作、消费者的需求以及竞争对手的手段都很难被准确地预测。

如果事情不按计划进行，就需要重新评估策略，预算"能否以更少资源做出更多成果？"

营销计划的结构

准确翔实的营销计划有助于内部员工、战略伙伴、投资商和股东等明确企业愿景和目标。制订计划便于跟踪进度、掌握结果。计划的基本结构包括以下几点。

• 封面：包括总标题、日期、作者及公司名称信息
• 目录：各节内容列表及其相关页码
• 计划内容与目的简介。例如，此计划附属于某个商业或营销规划过程，或满足新企业创办、品牌再建设、现有营销困难解决等的需要
• 大纲（1页）：概述全文重点，包括主要财务数据、总体目标、战略和建议
• 营销计划主体
• 参考文献与附录

上图
1992年普拉达推出相对平价的副线品牌Miu Miu。新品牌开发的战略目标是延伸普拉达品牌的市场范围，吸引相对年轻的消费群体

营销计划的主体囊括了各方面内容。它采用开放的实体结构进行阐述，并根据企业的相关类型与规模量身定制，重点分析与运用营销调研和内部审计资料，归结为以下内容。

- 市场领域：显示规模与金融市场趋势的数据

- PEST分析

- 企业在市场中的现有定位信息

- 目标消费群体信息

- 内部审计，包括SWOT模型分析

- 现有产品、服务与USP

- 现有营销组合，包括市场路径、分销渠道和促销方式

- 现有市场定位、差异化和竞争优势

- 主要竞争者信息

- 结论与建议

- 营销目标、战略提案、采取行动与预期成果

- 时间表、成本预算与预期投资回报

- 资源、战略伙伴、员工技能等

规划过程

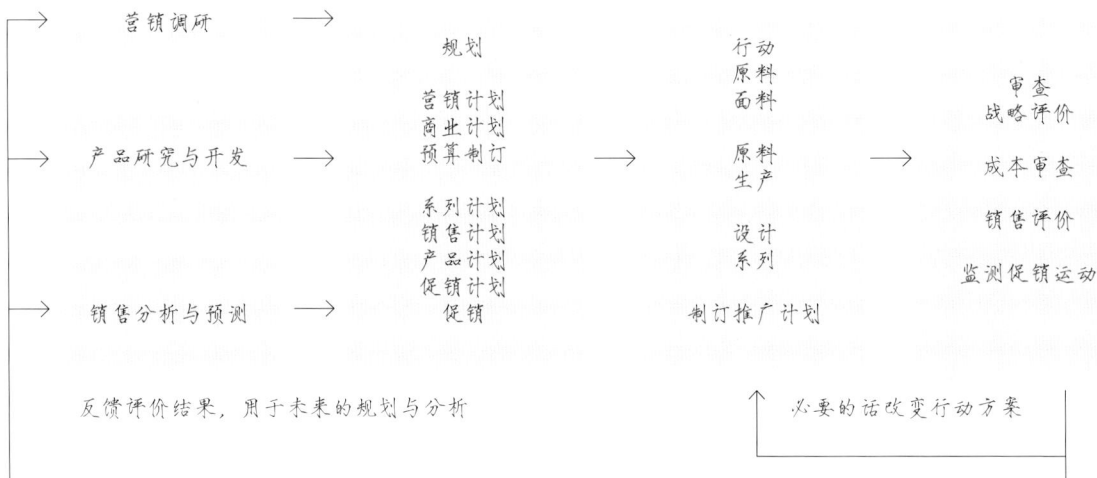

营销调研 →

规划
营销计划
商业计划
预算制订

系列计划
销售计划
产品计划
促销计划
促销

产品研究与开发 →

销售分析与预测 →

行动
原料
面料

原料
生产

设计
系列

制订推广计划

审查
战略评价

成本审查

销售评价

监测促销运动

反馈评价结果，用于未来的规划与分析

必要的话改变行动方案

第四章　消费者分析

研究与分析消费者是营销的核心环节。在以创造与销售时尚产品为目标的行业里，了解消费者需求更是重中之重，它涵盖了从制造到零售这整条产业链上的各个经营环节，没有消费就没有商业，因此，有关消费者偏好、消费动机、购买行为等的详细分析数据起到了关键作用。了解这些情况，有助于设计师、制造商和零售商迎合消费者需求，甚至超越其期待，更好地设计、生产及售卖产品和服务。

消费者绝非截然相同——每个个体都有一套形成原因复杂的不同消费动机和购买行为，不过，消费者具有类似特征、需求以及时尚行为等，可以据此将其分为不同的群组，这个过程称为**消费者细分**，即为STP营销战略（包括市场细分、目标市场与市场定位，详见第50页）的主要组成部分。应用小额启动基金就能很好地开展基础消费者分析；稍后本章还将介绍一类在开办时装精品店时应用的调研方式。某个国内品牌意图开拓新的全球市场，需要深入详尽地调研分析，为此可能需要专业市场调研咨询机构提供服务。本章将介绍消费者调查分析的基础知识，分析各类标准条件及**细分准则**，分类描述现有或潜在的新**服装消费群体**。描述消费者的过程中包含**消费者细节特写**。本章最后，将简单地分析企业消费者。

消费者分析

营销战略

企业战略　　　　　　　　产品设计与系列规划

消费者分析

客户服务

分销与零售渠道

品牌识别

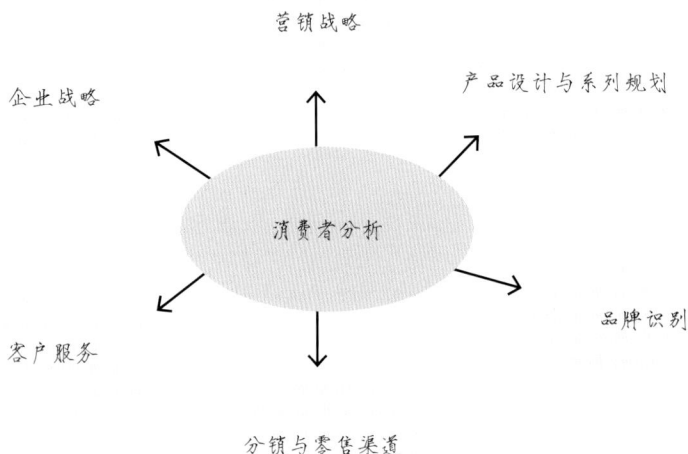

分析消费者是高效的市场营销全局中的核心。很多企业太过注重内部流程，或是密切跟踪竞争对手的行为，却没有认识到消费者的需求，或需求的变化。可靠的背景材料和消费者分析信息必不可少，它是开展重点业务、制订营销决策的基础在继续深入讲述之前，首先我们要分清消费者和顾客这两个常被混淆的词语之间的区别。消费者，或称最终消费者是最终穿用产品的人，一般也是购买服装服饰的顾客。然而，如果最终消费者是婴幼儿，他们则不是进行购买行为的顾客。在此情况下，销售婴儿装或儿童装的商人需要分析的不仅仅是婴幼儿消费者的特殊需求，还要考虑到购买服装的人（大多为母亲）的购买动机和期望值。

顾客的词义范围更广。它既用以指代购买某个服装零售品牌的最终消费者，也可表示作为服装供应企业或机构的企业顾客。前者反应的关系称为B2C（企业对消费者）。而一个企业作为另一企业顾客的情况则称为B2B（企业对企业）。

> "我为所有人穿着打扮，从普通学生到超级巨星。我把自己当作最终消费者。"
>
> —— 约翰·罗查

客户细分

客户细分是市场营销的主要功能之一，它主要是将一个较大的客户群体分为几个较小的子群体，每个子群体的客户具有相近的需求和特征。主要的分类标准有年龄、性别、职业、资产情况、生活方式、生命阶段、住宅位置、购买行为以及消费习惯等。客户细分有助于提高公司对其客户的认识，从而使其品牌定位、产品与服务供应能够吸引目标客户。在进行服装消费者细分时，消费者的生活方式占据了重要地位，一个人的工作类型、年龄范围以及运动休闲方式将极大地左右他的服装需求和款式偏好。在各种问题上，如政治、艺术、文化和环保等方面的观点与看法也可能对人的服装选择产生影响。当分析消费者的生活方式，确定客户类型时，要深入了解他们买什么、为什么买、从哪购买、如何以及何时购买。

市场细分变量

在进行消费者分析之前，首先应确定用以区分与定义消费者的细分变量。通常会使用一组划分标准，划分标准的确切组合方式应由该调查项目的目标以及企业与市场特性来决定。一般的市场细分有以下主要类别：**人口统计因素、地理环境因素**，或是两者相结合的**地理-人口因素**，这几个因素主要用来确定消费者是谁与在哪。

上图

服装客户有不同的服装需求，取决于个人的生活方式与性格。图中的人可能有穿着传统西服上班的要求。在工作场合以后，他们希望一改正式装风格，穿着较花哨或休闲的款式

心理与行为因素细分方式关注的是消费者购买行为背后的心理活动，它要剖析的是消费者想什么、怎么做、为什么购买和想获得的产品利益。

市场细分变量

人口统计因素
- 性别
- 年龄
- 时代
- 种族
- 婚姻状况
- 生命阶段
- 职业
- 教育情况
- 收入
- 社会等级划分

心理与行为因素
- 生活方式
- 社会诉求
- 自我认识
- 价值观念
- 购买动机与行为
- 爱好与习惯
- 观点与看法

地理环境因素
- 区域
- 城市、城郊、乡村
- 居住地点
- 房屋类型
- 城市城镇规模
- 气候因素

用途与益处因素
- 产品带来的益处
- 利用率
- 购买量
- 价格敏感性
- 品牌忠诚度
- 产品的最终用途

人口统计细分方式

　　人口统计细分方式是使用最为广泛的分类方法之一，应用的主要变量包括年龄、性别、时代、职业、收入、生命阶段和社会经济地位等。这些因素本身都非常重要，但不能单独分析，例如年龄。有的女性可能会很舍得花钱购买家居便服或是瑜伽服、普拉提服等；她们可能在家工作，只需要休闲服装。而同一年龄的另一些女性可能则从事专业工作，在办公室上班，需要大量工作装。一般来说，男性相比女性在服装上花钱少，但并不绝对。男性消费者也可能具有高度的时尚感，并将可支配收入大量用于服装服饰的消费。部分年轻男性消费者热衷购买名牌运动服、运动鞋和牛仔裤。劳拉·洛维特发表于英国《泰晤士报》上的一篇关于运动鞋和运动服沉迷问题的文章中，描述了一名21岁的男性穿着Y-3品牌的服饰穿出了名气，Y-3是设计师山本耀司与阿迪达斯合作创造的时尚、运动一体品牌。

上图

图中谷伊·韦展示了自己最为昂贵的收藏之一，一双名为耐克Dunk Low Pro SB "Paris" 系列滑板运动鞋，鞋身采用了法国画家伯纳德·布菲的作品。这双鞋仅限量生产了202双，所以成交价在4000美元左右

左上图

图为纽约耐克城商店的该品牌运动鞋

　　这名消费者这样说道：就像有人收集邮票一样，他收集的是Y-3。谷伊·韦是居住在英格兰西南部的一名运动鞋收集爱好者，他收集了近200双鞋子。谷伊·韦通过网络从事运动鞋买卖交易，他通常每周买一双鞋，或是卖出自己精心收藏的限量版复古运动鞋，对象是其他运动鞋爱好者。

　　人口统计因素也包含了消费者生命阶段的信息，例如，消费者仍与父母居住、单身、有伴侣或已婚、有无子女，或子女已经离家独立等等。当人们经历人生的不同阶段时，他们看待事物的轻重次序可能发生改变，也会影响收入与可支配支出。生命周期主要有以下几个阶段。

- **未独立期**——住家儿童，需父母抚养
- **前家庭期**——尚未育有子女的独立成年人
- **家庭期**——有子女的成年人
- **人生晚期或空巢期**——子女已经离家独立的父母，或未有子女的老年人

　　市场调研公司一般以属性名或首字母缩写的方式代表不同消费群体，简化表示生命阶段，详见下例。

- **DINKYs** Double Income No Kids Yet DINKYs——尚未育有子女的双收入家庭
- **HEIDIs** Highly Educated Independent Individuals HEIDIs——受过良好教育的独立成人
- **SINDIs** Single Independent Newly Divorced Individuals SINDIs——新近离婚的独立成人
- **NEETs** Not in Employment, Education or Training NEETs——未就业、上学或培训的个人
- **YADs** Young And Determined Savers YADs——年轻且坚定的存钱者
- **TIREDs** Thirtysomething Independent Radical Educated Dropouts——辍学的三十岁以上激进独立的人

- **KIPPERS** Kids In Parents, Pockets Eroding Retirement Savings——啃老族，靠父母退休金养活的人

消费者时代

　　人口统计因素细分方式的另一种方式是按不同时代区分消费者，从而发现现存政治、经济、社会与文化对生长于这样环境下的人的影响。具体说来，它考虑的是在青少年或年轻人的成年期，因为这一阶段对个人的服装、款式、消费理念、品牌认识、广告与技术等观点与看法形成起着重要作用。时代特性可以影响到消费者的购买方式、消费方式、消费类型和对特定品牌的忠诚度。下节将简要概况从婴儿潮世代到Z世代等主要消费者时代。

世代时间表

上表

这张代际时间表中相邻两个群组并非一刀切割而成，在一些情况下，两个世代可能互相重叠，也可能有一定的时间代沟。每个世代的准确年限，根据不同的社会学家与普查部门口径而不同，一定程度上造成了世代的重叠与偏离。随着时间的推移，专家们通过分析人口统计和社会行为帮助加深认识，从而对新涌现的世代有更准确的时间界限

下图

玛丽·匡特和她的模特们一起穿着其1967年推出的Viva Viva系列。玛丽·匡特的Bazaar精品店于1995年在伦敦国王大道开张，专门销售面向当时蓬勃发展的年轻市场的服装

| 1940年 | 1950年 | 1960年 | 1970年 | 1980年 | 1990年 | 2000年 | 2010年 |

婴儿潮世代
1943~1960年（尼尔·郝伊与威廉·史特劳斯）

X世代/优斯特世代
1961~1981年（尼尔·郝伊与威廉·史特劳斯）

Y世代/千禧世代
1982~2002年（尼尔·郝伊与威廉·史特劳斯）

婴儿潮世代
1946~1964年（美国人口普查局）

X世代
1968~1979年（美国人口普查局）

Z世代
1995~2009年（麦克林德尔研究机构）

琼斯世代
1954~1965年（乔纳森·蓬特尔）

Z世代
2004~2025年（尼尔·郝伊与威廉·史特劳斯）

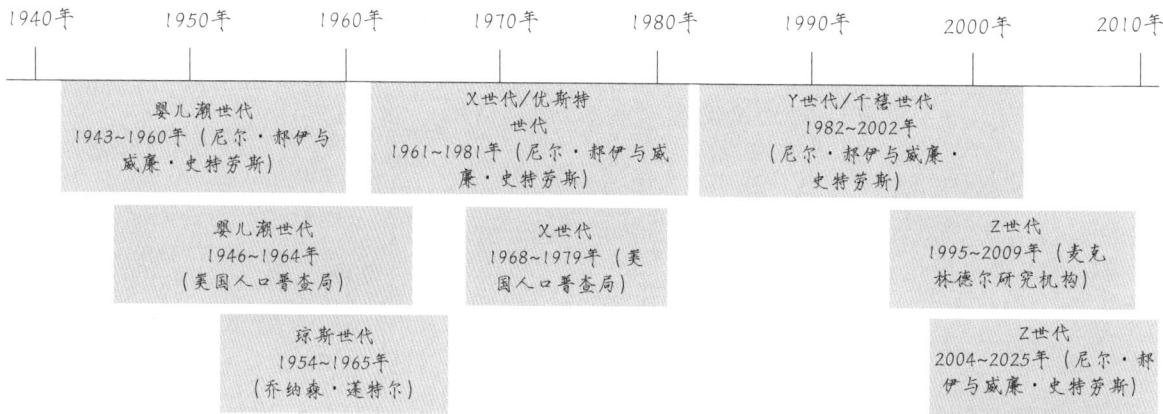

前缘婴儿潮世代

　　婴儿潮世代是指1946~1964年之间出生的人。这20年还可以被分成两个群体：前缘婴儿潮世代（1946~1954年）和后缘婴儿潮世代（1954~1964年）。婴儿潮的"潮"是指"二战"后的经济稳定期带来的生育高峰。这代人成年后，乐于挑战传统，他们的衣着款式注定颠覆现状，例如男性的长发、女性的超短迷你裙等。然而现在婴儿潮一代已成为经济社会栋梁之材，相比其他世代人，是相对富裕的一个世代。但是，时装公司逐渐冷落了他们，并且致力于重新定位品牌，以吸引年轻的专业人士或年轻的市场。婴儿潮一代不应该被遗忘，因为他们相信自己仍然年轻，也想穿着得入时与时髦。这个群体需要的是良好的服务、优越的质量以及有形有款的入时服装。

上图

英国《卫报》每周六都刊登"所有年纪"的时装特征，倡导服装的多样性，挑战已有的时尚感知。年龄虽然是一项重要的人口统计因素，但作为消费和购买产品的指标，它并不是最合适的。服装零售商某件衣服的库存会有上千件，而一名35岁和一名50岁的妇女，很可能买同件服装。Yellowdoor传播公司创意总监玛丽·波塔斯把这个重要的消费者细分市场称为"永远的40岁"，消费者可能是40多岁，但也可能已经50岁、60岁，甚至更老。这个消费者群体并不是从年纪来区分，而是通过他们对时装的态度、款式和购买来选择

后缘婴儿潮世代（或琼斯世代）

美国的社会学家乔纳森·蓬特尔首创了"琼斯世代"一词，它来自俚语的"Jonesin"，表示因尚未实现的期望而产生的渴求情感。蓬特尔把1954~1965年出生的这一代人称为琼斯世代，虽然它被误归入婴儿潮世代，但实际上是一个独立的具有鲜明特征的时代。道格拉斯·柯普兰在文中写道：

"乔纳森是正确的。我的《X世代》一书谈的是在琼斯世代的边界产生，逐渐成为主流的X世代。在婴儿潮世代和X世代之间还有一个时代，而琼斯世代正是个很棒的名字！"

根据美国商务部普查局的数据，琼斯世代的人数占美国人口的26%，同时拥有约三分之一的消费能力，是一个庞大且强有力的人口群体。英国凯洛品牌进行的一项调研发现，琼斯世代人占英国成年人口的20%（www.projectbritain.co.uk 2009）。美国总统巴拉克·奥巴马（Barack Obama）就是琼斯世代人，许多政治评论家认为是琼斯人把他送上了权力宝座（www.huffingtonpost.com 2009）。琼斯世代对事物看法和品位的成形受到了1970年代和1980年代初发生的政治、社会和文化事件的影响。他们的经济状况受到了1990年代负资产和目前退休金体系崩溃的影响。

X世代

X世代是20世纪60年代由记者简·达佛森和查尔斯·汉布利特所写一书的书名，但是却是在多年以后，道格拉斯·柯普兰在1991年发表小说《X世代，速成文化的故事》后，此名称才被广为流行。

"我并没一个具体的理想状态，只要从18~81岁的人中有人真正喜欢我的衣服就够了。"

——艾尔丹姆·莫拉里奥格鲁

X世代被形容为"迷惘的一代"，这代人在20世纪80年代和90年代初成年，思想在撒切尔夫人和里根总统年代成形。不断上升的离婚率、恐艾滋病的心理、经济衰退、工作不稳定、低薪无潜力的工作等等，影响了这个不满的一代或逃避的一代。他们创造自我满足的文化，同亲密的朋友组成替代性的氏族单位，从而甘于安逸，这在美国电视情景剧《六人行》和英剧《这生活》中都有所体现。X世代人成长、成熟后，改变了自己青少年期懒散的习惯，演变成了优斯特（Yupster）人，即努力在个人与更广泛的社会关注之间平衡的城市专业人士。优斯特人综合平衡着一系列错综复杂的矛盾关系：他们是群体性的人，但具有时髦的个人服装风格；他们有商业头脑，但具有独立性和创业精神；他们看重家庭时间，工作目的不是更努力地工作而是更灵活地工作。

Y世代

根据尼尔·郝伊与威廉·史特劳斯的界定，Y世代，也称为千禧世代，是1982年以后出生的一代人，也有人把它界定为20世纪70年代后期到90年代中期出生的人。这一代人是琼斯时代人的子女，他们受到来自父母的压力，被要求承袭或超越父辈的成就，他们在教育上投入金钱，在完成大学教育后，可能需要偿还高额的学生贷款。因此，Y世代也通常被叫作IPOD世代：他们不稳定（Insecure）、有压力（Pressurized）、重税负（Over-taxed）、高负债（Debt-ridden），该词是由尼克·博桑吉特和布雷尔·吉布斯在一份改革报告中（2005的分类：IPOD世代）提出的。这个世代也包含中国计划生育政策下出生的"80后"。千禧世代成长在科技时代，越来越多地尝试网络生活，他们在网上与全球人联络。他们清楚品牌运作，对媒体和营销十分了解，懂得使用社交媒介进行交流，能够建立网络社群，并且乐于在网上分享自己的资讯。罗致恒富公司和雅虎热门职位频道合作于2007年在美国开展的一份调查显示，接受调查的Y世代员工中41%的人愿意穿着商务休闲装，27%更喜欢牛仔裤运动鞋的组合，26%的人愿意看场合变化穿着，而只有4%更爱职业装。

Z世代

目前对于Z世代的时期与特点仍存在不少争议。有些人认为Z世代应由20世纪90年代中期出生的人组成，而像尼尔·郝伊与威廉·史特劳斯等人则认为Z世代应是2004年以后出生的群体。可以说，Z世代是X世代和Y世代的后代，祖父母则是婴儿潮世代或琼斯世代。Z世代的人对网络非常熟悉，而对网络出现以前的时代并不了解。他们将是Web 2.0及以上的世代。

上图

莎莉丝特，是一名Y世代的嘻哈踢踏舞者，现居纽约。在线交流、加入网络社群，对她这样精通网络媒介的人而言再自然不过。莎莉丝特加入了Lookbook.nu网站，该网站是世界各地普通人分享服装心得的社群，只能获得邀请才可以加入

图中莎莉丝特穿着经撕扯、重新缝补过的T恤，配搭修身窄腿牛仔裤，两件都是前男友留下的旧衣。漂亮的包和鞋则是在布鲁克林一家二手商店淘到的

20世纪与21世纪世代列表

出生年份	世代后称	影响年代	年龄 (2010年)
1912~1927	大萧条时代和"二战"期间	20世纪30~40年代前期	83~98岁
1926~1945	战后世代	20世纪50年代	65~84岁
1946~1954	前缘婴儿潮世代	20世纪60年代	56~64岁
1954~1965	后缘婴儿潮世代 琼斯世代	20世纪70~80年代前期	46~56岁
1961~1981	X世代 优斯特世代	20世纪80~90年代前期	29~49岁
1982~2002	Y世代 千禧世代 回音潮世代 N世代 IPOD世代	20世纪90年代~2010年	8~28岁
2000年	Z世代	2010年以后	10岁以下

时装设计师的世代分组

世代	时装设计师
大萧条时代和"二战"期间	皮尔卡丹 安德烈·库雷热
战后世代	维维安·韦斯特伍德 川久保玲 卡尔·拉格斐 伊夫·圣·洛朗 乔治·阿玛尼 卡尔文·克莱恩
婴儿潮世代	让·保罗·高提耶 保罗·史密斯 缪西娅·普拉达 唐纳·卡伦
琼斯世代	约翰·加利亚诺 马克·雅可布 汤姆·福特 德赖斯·范诺顿 马丁·马吉拉 约翰·罗查
X世代	斯特拉·麦卡特尼 林能平 尼古拉·盖斯奇埃尔 马库斯·卢普弗
Y世代	克里斯托弗·凯恩 扎克·珀森

20世纪与21世纪世代列表说明了不同世代的时期。表中还说明了在每个世代人少年或青年期时对其产生影响的年代，这时期正是他们形成对生活的看法、观点与态度的时候

地理环境细分方式

地理环境细分方式剖解的是不同地区、大陆、国家、城镇甚至居民区的消费者。这方面的信息是重要的考虑因素，尤其是当今服装市场日益全球化的条件下，零售与品牌管理者必须了解在自己开展业务的不同国家或地区内，消费者有何特殊的需求。气候、文化或宗教的差异可能带来产品供应、市场营销与推广方式的相应调整。而消费者是居住在城市、较大的城镇还是乡下也是需要考虑的重要因素，它反映着消费者接触到的商店类型的不同。

地理－人口细分方式

地理－人口细分方式结合了地理环境和人口统计两种因素的分析，更有效地了解了目标群体的社会、经济和地理构成。地理环境分析方式将一国分为若干地区，然后分析每个地理细分地区的人口统计情况。它尤其能帮助零售商确定最获益的商店地点，或调整商店设计，迎合当地某个地理－人口细分人群。

研究表明，消费者对自己所在区域有较强的依赖性，多在离家或工作场所5~23公里以内的地区进行购物或其他休闲活动。位于伦敦的玛奇兹（Matches）精品店拥有数家连锁商店，销售高档男女装。玛奇兹的工作人员认为，伦敦是由许多小"村落"组合成的，而顾客喜欢在离家庭和工作地点近的地方购物。它的每家商店都专门设计了自己的时尚风格，迎合地区性顾客的不同特征。位于伦敦市中心玛丽勒本商业街的这家玛奇兹精品店，因为这个位置既是住宅区又是工作区，附近有许多咖啡馆、精品店和热门的美术馆，因此为了吸引居住及工作于此的艺术爱好人群，这家商店不仅作为零售店面存在，同时也兼具精品画馆，这样创新的方式令时装与艺术在此共生。温布尔登地区的玛奇兹商店则不同，它的风格较为亲民，适合于本居住区偏向乡村的氛围。

可以通过购买市场调研与分析顾问机构服务，进行地理 – 人口因素的分析及对消费者的评价，相关机构能够进行复杂数据对比分析。不过，中小企业利用基本人口普查数据、网上免费邮编分析、地区性统计数据以及服装市场趋势等也能进行简单有效的分析研究。第114~第115页的示例介绍了一家准备开业的精品店所做的地理 – 人口背景研究。

地理 – 人口因素分析工具

地理 – 人口居民分析有几个专门的分类体系，例如ACORN（居民居住区分类）、Mosaic（马赛克式）和Super Profiles（超级白描式）等。以上数据分析工具采用政府普查数据、邮编或区号分析，以及人口与生活方式变化因素的综合组合，将不同居住地和社会地位的人群进行细分。CACI公司始创的ACORN分类图，将英国人口分为五类：富有成功人群、城市发展人群、普通富有人群、中等资产人群、贫困人群，在此基础上还可分为17个群体，比如：富裕老年人群、兴旺发展的家庭、蓝领基层、郊区定居居民以及有志单身人群等等。以上群体还可进一步划分为56种消费者类型。

Experian公司制订的Mosaic全球体系适用于欧洲、北美以及亚太地区，将人口分为10种居民类型，以美国为例，有富裕郊区居民、美国上流阶层、地铁沿线居民、城市精英、美国偏远地区居民等。以上群体可进一步划分为60种子群体。

由Batey and Brown公司与利特伍兹家庭购物集团子公司CDMS公司于1994年共同开发的Super Profiles地理人口类系则是一个三层体系。

第一层有10种生活方式细分，例如：富有成功人群、精力运动充沛人群、市郊定居人群、筑巢人群、拮据家庭和穷人。这一层可以分割成40个目标市场群体，并再分为160个具体的细分类群。

心理与行为细分方式

心理与行为细分方式以人们的生活方式与个性为分析基础，从而了解人们消费时的态度或行为背后的动机。人口统计特征相近的消费者对服装打扮可能具有截然不同的态度。举个例子，一个人认为某种打扮令自己显得精明干练，适合各种不同场合；而另一人则选择穿着一些虽然昂贵，但即使是新的看上去也陈旧的服装品牌，给人自己不在乎外表穿着的印象。心理、行为和生活方式研究的目的是进一步深入了解消费者的看法、喜好和观点（AIO）以及影响个人的服装需求、欲望和购买选择等。这是一个复杂的课题，尤其是在针对服装概念的研究时。读者应该记得，市场营销的目的是满足消费者的需求和希望，或者更客观地说，人们想买新衣服，虽然大多数西方消费者并不缺服装、服饰和鞋子。实际上，很多人的衣柜中，藏着不少尚未穿过的全新的服饰单品；人们会把大量自己不要的衣服捐给二手商店（不过经济衰退之后，这个数量已经减少了），人们还会把多余的衣服作为垃圾丢掉，这个数量也很惊人。到底什么东西刺激着人们不断购物，即使是不需要新服装，或者很难承担其价格时？问题的答案在于人的心理行为与动机理论。

消费者动机和行为

刺激人们购买服装的因素是什么，影响购买行为的因素又是什么，人们的看法、喜好和观点将怎样影响自己的购买选择？从朴素的角度可以理解为，买一件衣服、一只手袋或一双鞋子的动机只是一种真实的生理需要；比如人们缺少一个用来装钥匙、钱和手机的包，或者一双御寒御湿的冬靴，所以为了满足这个需要，必须买到这些所需的产品。

但是多数情况下，这种购买动机更接近于一种心理上的需求。丹麦品牌大师兼未来学家马丁·林斯特龙在他《买：购买的真相与谎言》书中声称：购买动机属于神经学原理，同时新墨西哥大学进化心理学家杰弗里·米勒在自己《消费：性、进化论以及消费主义的秘密》书中主张：对购买的需求和消费产品展示的背后，正是进化论心理在进行掌控。米勒的"展示性信号"理论认为，人们购买品牌甚至大牌服装品牌，是为了向他人发出特定性质品质的信号。例如，穿着道德或生态服装品牌的人设法表达他们是负责任的人。

上图

心理与行为分析的目的是深入了解消费者的观念、看法、喜好以及购买行为，这些因素将进而影响到个人的穿着选择。想要打扮入时以适应场合的人会大量花钱购买服装，并小心护理

目标市场研究
司达博斯精品店

司达博斯精品店是一家独立的零售商店，开设在英格兰西北部美国的沿海古镇达特茅斯。精品店拥有众多独特的女装及服饰品牌，例如丹麦Day Birger et Mikkelsen品牌和Rützou品牌，法国Armor Lux品牌和Petit Bateau品牌以及英国品牌玛丽莲·梦露、Pyrus、Queen and Country和Saltwater等。和当季女装系列并列呈现的还有一次性Vintage单品、定制珠宝首饰和奢侈的家居生活产品。司达博斯精品店坐落于达特茅斯最高档的购物街，海岸式摆设营造出轻松时尚的店内氛围。它的设计迎合的是在本地有度假屋的富裕阶层、周末旅行者和游客们，但同时也是本地顾客的时尚去处，在此可购买不少高档别致的时装品牌产品。

市场背景调研

司达博斯精品店的所有人兼买手汉娜·詹宁斯为了开办自己的公司进行了细致的研究工作。她调查了当前个体零售店业的现状、趋势和未来预测，并分析了英国女装市场；她通过贸易类期刊如*Drapers*和*Retail Week*、行业分析专家如敏特、WGSN、Fashion Monitor以及英国零售商协会，还有一系列相关网站、杂志和报纸新闻等获取相应的数据。当地和旅游人口统计信息则来源于地方和乡镇议会。汉娜·詹宁斯也针对本地区，包括40公里距离的邻近城市现存的个体零售商店开展了具体的调查。她还前往伦敦、爱丁堡、曼彻斯特、巴斯和布莱顿等市，调查类似风格的精品店。

调研结果和数据

旅游对达特茅斯当地经济有重大贡献。调查发现，达特茅斯每年吸引40万游客，此外每年8月的帆船周也有逾10万名游客。当地60%的游客按经济水平可分入ABC1组。更多英国居民选择在英国国内度假，而海边小镇再次受到欢迎，2008年发布的数据显示，海边小镇参观人次增长了4.9%，高于城镇与城市1.3%的增长率。当地二套房的拥有率在英国国内排名第三位，人口与1996相比增长了441000人，为了寻求生活质量的提高，人们不断迁徙到此。詹宁斯通过期刊*Drapers*获取数据，发现2008年英国女装市场价值逾170亿英镑，然而个体零售商店的份额尚且不到7%。英国零售商协会2007年的调查数据明确说明很多英国消费者不愿再从商业街各种零售品牌购买服装，而且这个比重在不断上升，零售专家玛丽波塔斯也同样预测30岁以上的顾客对快速时尚的消费将减少，转而偏好本地商店，从中购买品质优秀的产品，获得更好的个人服务。研究还表明女性购物者的"年轻期变长"，她们在30岁左右确定自己的个人风格，然后直到60岁甚至更高龄都愿意继续购买款型入时的当季流行服装。

结论——司达博斯精品店的顾客

汉娜·詹宁斯说，她的背景研究对了解司达博斯精品店的顾客群和市场潜力起了极其重要的作用。

事实证明，我做的核心顾客分析非常准确。这是我做生意的基础，现在我采购的时候都会记住这点。——汉娜·詹宁斯

司达博斯精品店的目标市场分为两个顾客群体。首先是这家商店的核心顾客，即30~45岁已婚有小孩的女性。她们或在此地拥有第二套住房，或者是向往沿海生活的周末旅游者和旅游参加者。第二个群体是年纪稍长的当地女性，年龄在45~60岁，甚至更高，可能有已成年的子女，也可能已经有孙辈。60岁以上的人群是这家精品店的重要市场，这类客户可能携女儿甚至孙女购物。他们也享受在店内时尚轻松的氛围中购物的时光，会选购几件不错的衣服带回家或在假期时候穿着。

"个体零售商店提供个人化服务，也理解当地的文化。"

——玛丽·波塔斯

穿着标识显眼的设计师品牌的人彰显的是金钱和地位，而穿衣风格为休闲运动的人则是显示自身的健康和体能。

消费者购买决策过程

服装购买决策绝不仅取决于逻辑标准。人们购买行为背后的动机是由人口、地理、心理、神经、经济、社会、文化以及个人等一系列因素复杂地相互作用形成的。研究显示，消费者在购买一件产品时经历了一个决策的过程，基本程序如下。

- 认识需求
- 搜索信息，获得若干选择
- 评估不同选择
- 形成决策

马斯洛需求层次理论

1943年亚伯拉罕·马斯洛提出了自己的理论，将需求分为五个层次，从低到高逐次为：基本层次生理需求，如食物、水和睡眠，接着依次是安全需求、社会归属需求、尊重需求，由自我实现引致的需求则为需求的最高层次。理论的初始前提是：人要满足某次需求后，才会出现更高一层的需求。在现实中，个人寻求同时满足的是多种需求，而不是按层次高低规则逐次上升。现代社会中，我们仍有穿着衣物抵御恶劣天气的基本生理需要，但多数情况下，消费者对服装需求的动机来自复杂的欲望与刺激因素的共同影响。它可能关于社会归属、关于受到肯定、关于加入团体、采取某种观点，赢得自我接纳与尊重

地位、成就、责任水平。消费者可选择标志身份的品牌或设计师服装，彰显自己的重要性或地位

自我实现或自身潜能的发挥。消费者购买旅游或业余爱好所用的装备及服装。产品的个人风格能够传递快乐与自由

自我实现

尊重需求

社会归属需求

安全需求、住房、防护、安全防护服

生理需求——基本生活需求 水、食物、睡眠

各种关系、接纳、家庭、年龄层、工作群。不同群体需要恰当的装扮

消费者动机与行为

得到便宜价格
· 特价商店
· 受促销优惠吸引
· 购买二手衣或古董衣
· 设计师奥特莱斯、仓储特价
· 寻求价格优惠的网购
· 收集优惠券

试图不买衣服
· 减少逛服装店
· 主要采购替换服装
· 通过销售目录或网络购买
· 不在店内闲逛浏览，直接找到需要的衣物
· 不进付款队伍过长的商店

让自己在人群中显得不凡
· 在独立商店与精品店购买
· 花时间精力发现新趋势和新概念
· 制作自己的服装或定制服装
· 街市购物

穿出名流感
· 名人八卦杂志的忠实读者
· 受现下名人时尚潮流商店的吸引
· 会排除购买名人或设计师时装系列特品

融入与归属某群体
· 购买与友人风格相近的衣物
· 询问共同好者的购物场所
· 适合所选择社团的个人风格

决策过程首先是发现需求。这个需求可能是有效的实际需要；某人由于大幅增重或减重，需要购买合身的新装。一对夫妇计划办个传统婚宴，需要购买或租用相应的婚礼服装及配饰。这个需求也可以是文化的需要——某人到衣着保守的国家旅游，需要买条长裙或一件高领口的长袖上衣。但是，需求更通常来自人的潜意识层面。当某人心想"我看起来古板老气，全无吸引力"时，他的内心深处相信自己缺少了某样东西。

这样的想法在他们脑海中构成了可以称为假性缺失的概念，他们想象缺少的和他们愿望间的差异形成了需求感："我需要新形象。我得买几件新衣服。"想法形成动机，从而引致行为和潜在购买决策。

需求建立后，下一步是搜索信息，获取并评估几个选择。逛商店、浏览网页、翻阅杂志、获得朋友建议等都能取得信息。不过，这些步骤根据所处环境或个人不同而有差异。有些人会花费大量时间和精力进行研究对比，而有些人则不做此比较，他们不愿意放弃时间，比较也心烦意乱。对于服饰消费而言，研究对比显得不是那么重要，不似在购车或购买昂贵家具时的重要性。

消费者的观点、喜好与动机将影响他们的购买行为。该图表列出了各种潜在动机下可能的购买行为。如消费者的动机是得到便宜的价格，则将驱使他以下几种行为，比如在特价时期购物、注册折扣网站Vente-privee等，或是专找有特价的古董衣店

购物任务：在GAP商店买一条牛仔裤

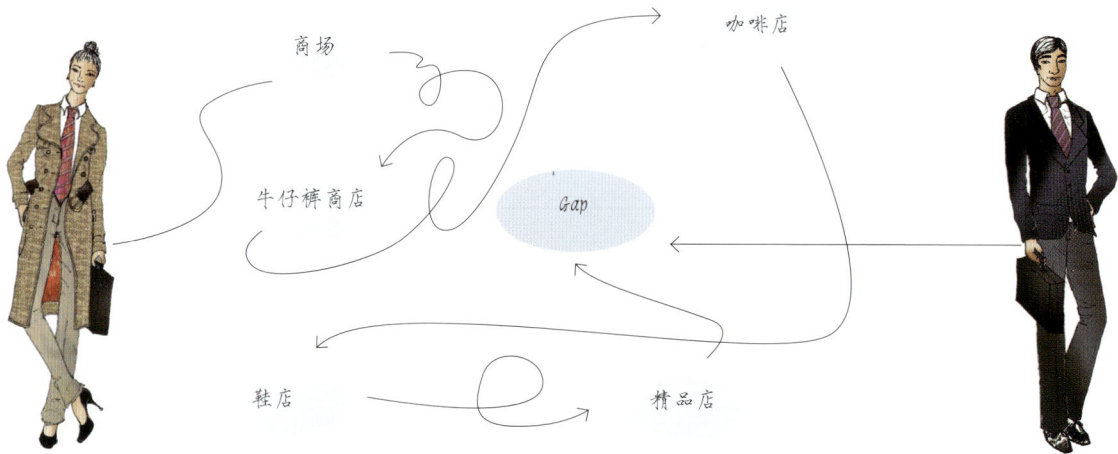

尽管如此，有些人享受的是浏览上市产品、试衣或发现特价产品的过程。潜在买家可能从多个品牌中进行选择；被消费者慎重考虑购买的一些品牌就是所称的考虑组。

购买服装通常不是谋定而后行的，而是自发性加以时机造就的冲动购买。购物者经历所谓的"购物情绪高涨"或"购物狂"情绪，于是发生冲动购买。实验证明，购买能使人脑释放多巴胺——一种有关快乐感觉的化学物质——从而产生某种兴奋感。习惯性的购物模式可以归入这种情况——有的人总在发薪日去购物，金钱与购物强烈的冲击带来了情绪的激昂。

消费者的选择也将受其他因素制约，例如产品或品牌的原产地。消费者对某个国家生产的某类产品有既定的好感，例如意大利皮具、法国蕾丝、苏格兰羊绒和花呢以及英国的手工制品等。它叫作原产地效应（COO或COOE）。不仅是制造地区，设计地区（COD）也会影响消费者印象。产品可由著名设计国设计，并在其他地区制造，如瑞典设计的家具。针对原产地说明已有严格的贸易法规，因此服装标签错误将构成犯法。但是，创建与推广品牌时，品牌特征令人联想到某个国家，则并不为过。英国服装品牌Super Dry Japan的成立源于一次日本灵感之旅。品牌的服装装饰以日式书写方式呈现，还给T恤起了像"Osaka"这样日本味的名字。

上图

这幅漫画以诙谐的角度，指出女性与男性在买衣服时的不同行为方式。男人直接走进Gap，购买了一条价位在89美元的普通牛仔裤，短短20分钟就完成了任务。在另一边，女人的购物旅程迂回曲折，她逛了不少商店，花了2个多小时才完成任务，花费超过300美元，买了一条名牌牛仔裤、一双鞋，还有几件化妆品

来源：改编自汤姆·彼得斯作品（2005年）

下图

技术高超的工匠正全心全意为意大利品牌Tod's制作一双皮鞋

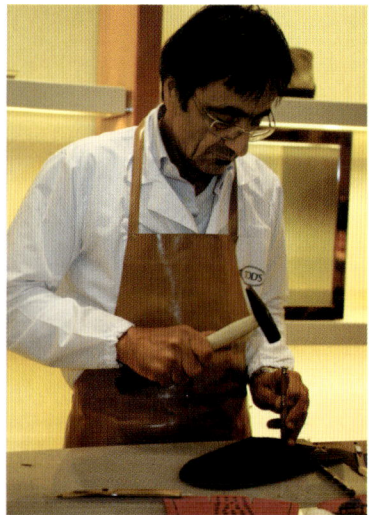

接纳革新与趋势

消费者对新趋势、新概念的反应有所不同。相对保守懂慎的人需要一定的时间，才能接受新兴的趋势。他们希望穿着得保险、合身，而不会显得不协调。而有些人认为尖新或新风格过分昂贵，他们会等到这一趋势席卷大众市场，价格下来以后再出手；他们谨慎观察、明智消费。还有一些人，喜欢迎合潮流款式。他们会赶在第一时间购买最新一季的系列服装；他们想成为第一个穿着这款服装的人，从而被人注意、感觉胜人一筹。革新与新的概念或趋势为消费者接纳，并在人群中传播可用埃弗雷特·罗杰斯的"创新扩散理论"解释。罗杰斯根据人们接纳革新的倾向分类，归纳了五种个体类型。

创新者——比例较小的人群，作风大胆，先于他人创造趋势、接受革新。他们是冒险者和梦想者。设计师，例如维维安·韦斯特伍德、迪奥高定系列的约翰·加利亚诺等都属于这一类别，同时它也包含那些非主流与街头趋势创新发展的设计师。

早期采用者——在初始阶段接受趋势的人群，通常为文化思想领军者或传播时尚、风格与艺术概念的人群。该人群接受改变，喜爱新概念。他们有信心跟随或接受趋势、混合设计师、精品店、商业街和古董衣等不同风格，创造出出色的服装款式。

罗杰斯的创新扩散理论

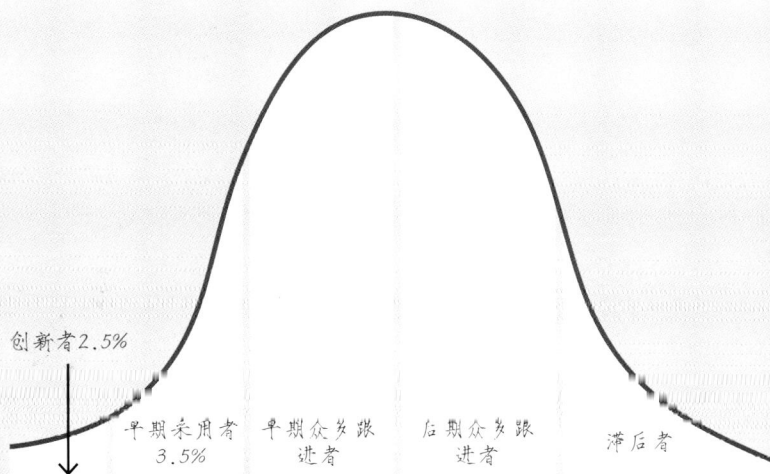

创新者2.5%

早期采用者 3.5%

早期众多跟进者

后期众多跟进者

滞后者

趋势始于创新者人群之中，他们是理念新潮的大胆之人。随着趋势发展，达到一个爆发的时点，在这个时点上趋势或概念超过了某个重要的临界点；人们接纳它的速率以指数级增长，趋势从而被快速推广，传播到大众市场。最终传播达到顶峰，然后开始衰退。后期众多跟进者在该趋势最为盛行，对市场吸引力开始萎缩的时候进行购买。滞后者是落后于队尾的人，当趋势已经过去，时间已经过迟，他们才刚能喜欢这个概念

资料来源：埃弗雷特·罗杰斯的"创新扩散理论"（1995）

早期众多跟进者——代表在时尚趋势声势渐起，进入大众市场之时接纳趋势的主要人群。这个群体多通过他人穿着、时尚杂志或博客网站推荐接受新趋势。

后期众多跟进者——在某个趋势已风靡，达到顶峰，或开始衰退时购入该趋势产品的人群。

滞后者——这个人群不冒时尚风险，是最后理解趋势的人，通常为时已晚。

罗杰斯以五步扩散机制模型来解释个人的决策过程，从最初获得新趋势或产品的信息与认识，到接受该趋势，购买产品，以及评估自己的决策。

革新事物的购买
FitFlop鞋店

该案例将介绍罗杰斯扩散机制所描述的过程，从购买者对某种创新产品的（FitFlop商店）最初认知，到最终购买决策的实际过程——这个过程大概需要一年时间。例子中不仅演示了消费者接受并购买创新产品的方式，也包含了市场营销的综合性质。引导这名购买者进行消费的不仅是新闻或广告，而是一系列综合因素的结合，包括公共宣传、新技术优势的信息、FitFlop鞋的设计与外形、相对其他时尚及功能鞋的比较定价、朋友的推荐以及看到相近群体里他人穿着这种特别的鞋等。

1. 2007年初春来自媒体的一篇宣传性文章，使消费者阅读后，对这种产品产生了兴趣。
2. 已经认识产品的潜在消费者，在那一年里，不断从其他媒体新闻中获得FitFlop的信息。他们开始对这个产品感到好奇，提起了兴趣。
3. 2008年春季，潜在消费者继续看到相关广告和新闻文章。他们发现有人穿着FitFlop这种特别的鞋。加上价格的诱惑力——FitFlop采用与其他品牌类似的技术但价格更低，消费者开始说服自己FitFlop可能就是他们所需要的鞋。
4. 潜在消费者遇到拥有FitFlop鞋的朋友，这位朋友表述了这双鞋的优点。消费者进一步被说服，决定也去买一双。
5. 最后，在2008年夏季，消费者在商店橱窗里看到FitFlop的鞋，决定购买。他们穿上FitFlop鞋后，发现鞋子非常舒适。消费者对产品十分满意。
6. 购买者将FitFlop鞋店告诉朋友，进入新的一轮经口耳相传的推荐过程。根据罗杰斯创新扩散模型，这个创新产品的信息与认知将传播给新的人。

行走之星FitFlop鞋店。FitFlop鞋采用了创新科技的鞋底，这项技术正在进行申请专利，它由多密度材料制作，能够在人们穿着行走时，给腿部和臀部肌肉支持，并获得训练。鞋底的"摇摆板"效果给肌肉以额外的张力，令肌肉更加紧张。结合更多最新的时尚化设计，例如自由印花或2009年夏款的伊莱克拉（Electra）亮饰设计等，这款鞋迅速地从健身产品演变为"时尚必需品"

1. **获得信息**——产品或趋势必须吸引潜在消费者的注意。他们获得某个创新或趋势背后的应用、优点或主要理念等初步信息，可以通过阅读新闻，或看到他人穿着、使用该产品获得。

2. **进行说服**——人们形成对产品的看法。他们可能接受他人的看法。一旦产生兴趣，人们会开始需求该产品，说服自己它很合适、很有用，值得购头等。

3. **完成决策**——人们作出决策，接受创新或新趋势，即他们采取购买行为。

4. **进行使用**——人们使用产品。

5. **确认结果**——人们评估决策的成果，对比产品的实际使用状况与原始期待内容。

消费者趋势

识别并了解消费者趋势是服装市场调研的重要环节。调查消费者并收集全球市场信息，有助于持续获得最新信息。尤其要注意创新者和早期采用者，他们一般走在潮流的前列。趋势观察有助于形成理念、发现新的想法，获得灵感。要记住消费者因政治、经济、社会的变化而产生改变。趋势虽有来有往，但应该考虑以下内容。

节俭宅族——美国未来学家费斯·帕柏康早在20世纪90年代提出了宅族的概念。由于经济衰退，这一趋势再次出现。节俭宅族就是一种足不出户、在家居坐的生活方式，适合闲适的针织服、舒适的居家服和连袜便鞋等。

G世代——G代表慷慨大方（Generosity），是贪婪自私的反面。他们成长于网络文化下，能够分享、给予、参与、创造与协作，如服装交换、技术分享、网络捐赠或随手行善（RAK）等。

卖销者——不仅仅进行消费的消费者，他们也能向公司或同样的消费者售卖创意事物。全球经济萧条及网络民主化的发展，令更多消费者加入到这个供需链上。

美好的童年记忆——怀旧产品令人回忆起儿童时代——20世纪50年代的花朵图案、喝茶时的茶杯、棋类游戏、带有六七十年代品牌图案的存储罐头等等。婴儿潮世代和琼斯世代的人们在困难时期渴望得到闲适与安全。

口红效应——在经济不景气时，消费者转而消费较廉价的产品，他们放弃购买奢侈的事物，选择较小件并能获得满足感的产品，例如唇膏。

> "如果你能预知明天的一切，今天你会怎样设法过得不同？"
>
> ——费斯·帕柏康

完美物件——消费者不满产品过多，想要精心制作的时尚产品。比如完美的基本款，能够提供更多工艺精美、质量优越、设计持久的单品；还有经典时装如理想的风衣、小黑裙、法式水手T恤、毛衣或日式镶边牛仔裤等。

执迷于小众——消费者游走于找到一种适合的风格。这类小众市场称为"利基"，它只能形成于少数群体，并非大众市场，这种人即成为少数之一。利基品牌的出现源于——利基是一种信息，利基是知晓人的奖赏。

网络时尚——越来越多的消费者在网上购买服装。网络使服装能为更多人所购买。并非所有人都居住于大型购物中心周边，有的购物者对进入某些服装店感到害怕，或当试穿衣服不合身时觉得尴尬。服装电子零售业正处于飞速增长时期，Vente-privee作为一家会员准入制的电子零售商，2008年销售额达到了5.45亿英镑。它是一家法国公司，会员遍布法国、德国、英国、意大利和西班牙，时常举办网络特卖活动，其奢侈品服装与高档品牌产品售价比一般零售价低达50%~70%。英国网络零售品牌Asos，截至2009年3月，报告当年销售额增长104%，销售值达1.65亿英镑。

上图
经济不景气催生了宅族和节俭型宅族。这个概念是指足不出户、少花钱、裹在舒服的服装与内衣里面

"网络服装彻底改变了一切。服装从生理和心理上均可获取。"

——杰基·诺夫腾

制作客户档案

完成消费者研究与分析后，应建立消费者特征报告，描述目标消费者群体。报告应给出背景的人口、地理、人口以及心理分析数据、现有或新兴消费者趋势信息、当前销售统计以及相关分析数据。一般买家、营销经理、品牌经理或设计师会向其他工作人员、供应商、合作伙伴以及股东等演示总结消费者报告。一种用于分析研究结果，描述消费者特征的技术称为客户特写。书面描述可以加上展示板、PowerPoint或Flash演示文稿，用以展示消费者形象与生活方式表现。

客户特写

客户特写是简短的书面特征描写，说明了核心客户、目标市场代表的特点。目标消费者的综合式描画，采用市场调研收集的第一手或第二手信息，可以建立起客户特写。它应该提供消费者人口、年龄或年龄层、生活方式、时尚风格、品牌偏好、购买动机以及购买服装态度等现实情况信息。

分清他们的年龄与性别，说明其生活方式、社会地位以及人生阶段。可以列明消费者穿着或是希望穿着的服装品牌，并指出他们在服装方面的花费。客户特写的缺陷是易偏向消费者幻想的或希望的生活方式，而非实际情况。因此，应重申客户特写应基于调研信息与数据。通过政府人口统计、时尚媒体评论、时尚趋势出版物或网站、博客以及开展消费者问卷调查，都可获取相应的数据信息。

图像化描述消费者及其生活方式能有效补充文字化的客户特写。取自杂志的不同图像拼贴或自行绘制插图，都是可行的制作方式。可以考虑采用涵盖了室内装饰、生活方式、美食、园艺、运动等的杂志。在制作影像说明时，一定要确保图像能反映消费者的生活方式与行为活动，而不仅是他们对待服装的方式。试着使用象征消费者类型的产品或品牌图片，例如车、表、香水、配饰以及服装等。所选图片应准确地反映市场层级和顾客的社会地位。

客户特写的问题

试着将人物影像化，进入他们的脑子里，想象他们是什么样的人。影响他们生活的是哪些事物？他们主要关注什么，有什么见解和爱好？

想象他们一天的日程安排。在工作、运动或休闲活动时是否有特定的衣服？哪些非服装品牌为他们所看重，为什么？

构建消费者特征
牛仔利基市场

Sliced Bread是一个全新的牛仔品牌，由来自英国普利茅斯艺术学院，攻读服装专业的一名学生詹姆斯·海耶斯创建。这个想法的发起源于消费者对正宗、时尚而又怀旧产品不断增长的需求。Sliced Bread的概念并不复杂：制作让人记忆深刻的品质优秀的牛仔裤与T恤。每一件服装都采用了最精致的原材料和生产工艺，在英国本地手工制作而成。Sliced Bread产品能够跨越季节流行性，且100%是最新的！

消费者调查

詹姆斯·海耶斯针对20出头的年轻男子展开面对面、电话和网络访谈，他们可能是Sliced Bread牛仔裤与T恤的潜在顾客。他想尽可能地收集对方生活方式、目前穿着的品牌类型等信息，了解更多潜在顾客渴望穿着产品的资料。詹姆斯调查了这个人群在衣服上的花费、谋生手段和休闲方式。在进行一定数量的采访后，詹姆斯注意到他们在购买行为、生活态度和品牌偏好上具有的共性，可以就此归纳样本群组的特征。詹姆斯汇集这些信息制作了一个名叫"杰森·鲍威尔"人物的客户特写，他代表了Sliced Bread品牌的目标受众。

Raw 原生
Indigo 靛青 Deliberate 从容
Charisma 非凡 Passion 热情

詹姆斯·海耶斯所创Sliced Bread品牌牛仔裤和T恤系列图片

一位Sliced Dread官户的特写

　　杰森·鲍威尔是一名21岁的建筑专业学生，就读丁曼彻斯特大学。他已进入第二年的学业，目前与3名友人共同租住一间学生公寓。假期他会与父母一起居住在离伦敦约50公里的温莎。杰森有个人创业精神，渴望创办自己的设计公司。他在网上与世界各地的青年建筑师和设计师进行交流，开设博客分享自己对梦中城市的构思与蓝图等。杰森描述自己的博客"它就像不断更新的自我简介，在这里人们可以了解我是怎样的人以及我的爱好"。杰森热爱T恤，尤其是英国品牌To-orist和Tom Wolfe以及意大利5Preview品牌产品——这个品牌销售潮酷T恤，印制唯一的印刷图案。杰森对建筑的热情，演化出他对产品精致设计、简洁外观的追崇，例如Prps、Flat Head、Dr. Denim、艾克妮（Acne）或李维斯Red系列出品的优质牛仔裤——除特价外，他并非承受得了这些品牌的定价，因此有时他会在捐赠商店找些不错的衣服，或是去一趟Primark，如他认为便宜的话。杰森买衣服时总以现金支付，"如果没有足够的'钱'，就不买了。"他只在网上购物时使用

信用卡。杰森地钱化在汽车、租房、赛艇和俱乐部以及给手机充值等方面。学期初他花费180英镑购买了一张公共交通卡和100英镑支付健身房会员费。每周房租花费70英镑，餐费约40英镑。相比以往，杰森现在花费更多钱买衣服，因为他经常去曼彻斯特市里的俱乐部。"出丁俱乐部的文化，你每次必须穿着不同的衣服。我一次出门买衣服，会花上300英镑，接下来三个月左右不会再去逛街，除非有什么吸引到我。"

　　照片为詹姆斯·海耶斯进行顾客调查时访问的三位年轻男子。詹姆斯发现他的目标群体在希望穿着与实际购买的品牌之间存在落差。喜好的品牌是保罗·史密斯、Comme des Garons、迪赛黑金以及Dsquared等等。而实际穿着的牌子则是Zara男装、Primark、捐赠商店服装、Topman、李维斯以及Jack Wills之类。需要指出，虽然詹姆斯侧重于20岁左右的年轻男性，但Sliced Bread概念的潜在市场可能延展到30岁的顾客，因此也应顺带调查这个年龄层的消费者

亚伦·瓦茨
年龄：20
学生

山姆·菲利普斯
年龄：20
DJ

亚历克斯·怕夫
年龄：21
学生

穿着：汀曲克斯姑娘一叶草和捐赠商店的服装

想要穿着：无

穿着：詹姆斯·海耶斯妞妮妞，Wood、Religion和Sanctum

想要穿着：保罗·史密斯、迪赛黑金和维维安·韦斯特伍德

穿着：Paul Wood、Topman

想要穿着：保罗·史密斯

了解商业客户

了解商业客户同样极为重要。在开展B2B业务时，企业分析其客户库属于正常程序。原因有二：首先衡量每个客户对企业的重要性，第二，弄清如何最好地满足客户需求，并有效地为他们服务。此外，为了充分了解商业客户的需求，了解客户的最终消费者，也是有用的。

以独立设计师为例，他们拥有自己的服装品牌，向全球约40家门店供应自己的服装系列。他们可能以国家或地区来区分和分析自己的客户，例如欧洲、亚洲和北美，尤其是各个地区的最终消费者有不同的需求。设计师既可能为个体精品店提供小批量、少品种的服装系列，也可能为大型零售商提供多品种的服装系列，因而他们需要根据订单数量或产品类型来进行客户分类。他们的客户可能不需要太多服务，也可能要参与到设计过程、提出面向最终消费者的特定颜色、款式及面料需求，或可能要求单独为其设计独一无二的某些风格。这类客户虽然需要更深入的服务，但对企业可能很有价值。

可评估B2B客户的财政贡献、还有其他形式的价值资产，例如客户的社会地位与声誉、公共形象潜力、合作关系或联合能力，以及加入其他机构的能力。反之，大型商业街零售品牌也经常评估自有的供应商，从而得出哪些供应商的服务、质量以及价格最优。例如纺织厂等大型企业，可根据客户代表的市场类型细分客户类型，区分商业街国际品牌的采购公司和定制或设计师层级的客户。以下为分析商业客户需要考虑的标准。

- 地点——本地、本国、国际化、全球化
- 财政贡献——制造的营业额和利润额
- 声誉——他们的名称、吸引的最终消费者类型和公共形象潜力所存在的价值
- 社会地位——新设立或建设良好；企业关系链长短；忠实风俗；财政安全
- 公司类型——百货商场、个体精品店、零售连锁店；制造商、生产商或设计师等
- 市场层级——例如，一家面料供应商的客户可为定制或设计师层级，也可为开发自有品牌系列的零售品牌

第五章　品牌建设介绍

品牌是时装营销的重要工具，其重要性正不断提高。

随着公司在提供价格合理、品质优越时尚产品的能力上越发不分伯仲，附加的需求逐渐发挥作用，例如情感、联想等。这就是品牌的用武之地。毫无疑问，时尚营销已经进化，它不再是针对产品本身，或是强调在正确的时点上正确的产品；它是一种差别化的品牌体验。朗涛咨询公司（Landor Associates）全球品牌总监洛丽·罗森沃瑟认为："我们身处体验品牌的年代。"（2008年）在竞争激烈的市场当中，品牌经理及营销人员必须找到方法，提升产品与服务在情感及体验层面的意义。朗涛公司总经理艾伦·亚当森这样形容品牌化："品牌形象进入你的头脑的过程。"（2007年）品牌建设是企业创造与管理品牌，向其顾客传递品牌代表的理念与价值观的机制。因此，对于旨在建设产品与服装差别化的企业，品牌化经营是重要的战略活动。本章将介绍主要的品牌建设概念，诠释它在时装业的具体情况。

"品牌是产品与服务提供的有形与无形利益的集合，它包括消费者的全部体验行为。"

——《品牌如何作用》
英国特许营销协会编

确立一个品牌

一个品牌的具体内容包括其标识、标语、实际产品和销售环境。但是，品牌不仅仅是它们的汇总——构成一个品牌的环节多是无形的。从许多方面而言品牌是两面的，它由公司内部战略设计，由外部消费者认知和体验塑造成形的成体。作为由有形和无形元素混合的独特组合，品牌的创造不仅囊括了服装、零售环境、包装和广告等，还整合了消费者赋予品牌的涵义、价值、联想等。沃尔特·朗涛作为品牌化的先锋，曾经说过这一名言："产品在工厂里制造，而品牌在头脑中创造"。艾伦·亚当森把品牌定义为"存在于你脑海中的事物。它或是一幅图像，或是一种感觉，来自当品牌名字被提及时激发的联想。"有影响力的成功品牌能够在消费者脑海中产生积极正面的联想，引发强大的正面情感。当然，每个消费者都有自己的观点，所以他们也可能产生负面的认知。因此，品牌管理人员必须审慎考量品牌传递的联想信息，尽可能确保传递的信息是经由设计的，而不是未经处理的。品牌必须有明确的差异点，不仅是产品与服务本身，也包括其体验层面。消费者应做到知晓品牌，与品牌需要传达的气质与价值产生关联，当然品牌产品也应与消费者需求相对应。

品牌蕴含的价值、观点与理念可通过以下形式表现。

* 品牌名称与标识
* 产品
* 包装与展示
* 销售环境
* 广告与宣传
* 企业声誉与行为

左上图
伦敦旧邦德街上的旗子，分别展示着高档时装、配饰以及珠宝零售商的品牌名称。标识的风格与设计、旗帜的颜色构成了品牌特征的重要体现

右上图
香奈儿经典手提包，搭扣处带有标志性的双C标识相套扣

品牌名称与标识

　　品牌名称与标识是有形的品牌特征，可由公司内部控制。标识作为品牌根本的视觉元素，在风格上应抓住并呈现品牌背后的本质与核心理念。巧妙智慧地使用颜色、字体和符号等，可以获得区别化的标识，有机会作为品牌标志及视觉形象出现在消费者面前。古驰、普拉达、芬迪、香奈儿等奢侈时装品牌采用大写字母，创造权威感与传统气息。有些品牌加入纹章或涡卷装饰，赋予标识庄严感或代入感，运动品牌往往以标识设计产生冲劲、律动或力向感为目标。想要传达优雅、女性化的品牌则采用花式小写字母。

精心设计、广为人知的标识成为品牌的重要资产。标识的构成可以为品牌名称，例如古驰（Gucci）或普拉达（Prada），保罗·史密斯（Paul Smith）就以自己的签名作为品牌标识。首字母缩写可以用作品牌名称，例如DKNY（Donna Karan New York），也可作为次级标识，例如芬迪、香奈儿或古驰相套扣的字母标识。也有品牌采用符号作为品牌标志，例如耐克标志性的勾形符号，具有强大的聚焦能力，不需任何辅助的名称或词语，就能立即突出品牌。同样，佛莱德·派瑞（Fred Perry）的桂叶和Lacoste的鳄鱼同样是各自品牌的象征性标志。

商标

品牌标识、符号、标语口号等都可登记注册。同样可以注册作为品牌特殊记号的设计元素。以李维斯为例，该品牌注册了营销标语"Quality never goes out of style（质量与风格共存）"，博柏利经典的驼色、黑色、红色相间格纹早在1924年用作一款博柏利风衣内衬时就已注册商标。经注册的商标令品牌公司享有使用注册项目的专有权利，从而保护品牌，防止盗版与商标未经授权使用。注册的标识可以用®或™符号表示。

拟在国内市场经营的小型企业可将商标注册为在本国专有。但为了得到更全面的保障，可进行国际注册。

左上图

图为阿迪达斯和阿迪达斯三叶草的标识。标识应以简单易懂的方式表现品牌的本质

国际运动品牌阿迪达斯标识为经典的三条纹图案，非常容易认出。经典的字母拼写经过改造，作为阿迪达斯的副牌标志

左下图

在创造标识时，重点考虑的是它蕴含的信息，从而选择相对应的字体。图中拉伸字体加上前进指向的运动标识营造出一种动感。工整大写的黑体字传递的是永恒的传承与奢华。斜体的爱德华手写体能够为标识增加女性感。使用雅黑93字体将展示出重新流行的现代样式

品牌画布

　　时装产品是发展品牌的理想良田。标识可以放肆地印在T恤上，或精妙地置入针绣中。牛仔品牌将商标缝在后裤口袋上，标明品牌，也可使用标签，如李维斯的红色标牌。在设计品牌产品时，要考虑如何加入品牌标识。领带夹、皮带扣和拉链等纵过开发，都可以加入可辨识的符号或标志，面料也能织出或印上注册商标的条纹、格纹以及花样。

左图与右上图
博柏利标志性的格纹被用于多个自家产品。图为它被用于男装系列。虽然略欠明显变化，但仍然有较好辨识度，作为品牌的特号

右下图
佛莱德·派瑞网球毛衫缝上了桂叶的标志——该品牌的经典商标

阿迪达斯Originals by Originals（ObyO）限量版是由阿迪达斯与纽约时装设计师杰里米·斯科特合作创作，它示范了如何将标志融入服装设计，有效地推广品牌。斯科特发明了新的方式，他用一条一条的流苏毛边横断超大幅的阿迪达斯经典三叶草标志，令标志若隐若现。

上图
杰里米·斯科特为阿迪达斯ObyO系列创作的连帽带穗上衣

品牌类型

品牌存在于时尚产业的各个层面，包括品牌纤维、品牌面料、运动品牌、阿玛尼和唐娜·卡兰这样的设计师品牌、路易·威登或爱马仕之类的奢侈品牌、迪奥等经典高级定制品牌、时尚零售品牌，甚至是形成品牌的百货商店。区分不同品牌类型比较复杂，不过可用以下方式分类与分析。

企业品牌

是指组织机构的所有品牌拥有同一个名称，同一个视觉形象。企业就是品牌。

斯里兰卡制造企业MAS控股公司采用了这种结构。MAS Intimates生产内衣，客户来自全球各地，包括英国玛莎公司、Gap和维多利亚的秘密。MAS Active是运动服和休闲服供应工厂，对象为耐克、阿迪达斯、锐卡、Gap和速比涛等。MAS Fabric则负责开发面料、弹性面料、蕾丝及其他服装原料。

制造商品牌

由生产企业创造和经营的品牌，并以之作为品牌产品的名称。纤维原料和纺织行业中的制造商品牌较多，化纤企业会发展自己的纤维品牌。以科技型企业杜邦（DuPont™）为例，它管理着著名纤维品牌莱卡（Lycra®）。杜邦公司另外一个品牌是凯芙拉（Kevlar®），它应用于需应对各种危险状况的工人服装，包括摩擦和高热等。NatureWorks公司是嘉吉公司和日本帝人公司的合资企业，生产Ingeo™纤维，这是一种采用从玉米中提取的可再生植物原料生产的品牌纤维。前卫的法国时装品牌Marithé + François Girbaud选择Ingeo™纤维，用于2008年推出的首个生态设计系列产品。

商业品牌

商业品牌也称为自有品牌、商店品牌、零售品牌或自有标识。美国百货公司诺德斯特龙拥有自有品牌Classiques Entier，梅西百货公司拥有众多商业品牌，如I.N.C和Tasso Elba等。商业品牌提升了零售企业的形象，形成产品差异，为顾客创造附加价值。零售企业往往偏好这种方式，因为它有可能比销售设计师品牌商品获得更高的利润。

背书品牌

子品牌使用到原始品牌的名称，或原始品牌为它自有的子品牌背书。原始品牌的子品牌的名称之间是相关联的。例如，拉尔夫·劳伦所属的Polo，或者Calvin Klein的香水Obsession，这种支持使子品牌获得依靠，还能赢得已有品牌的地位和声誉。

合作品牌或协作品牌

两个品牌一起开发新品牌时使用合作品牌。日本设计师山本耀司共有两个合作品牌：与箱包配饰品牌鸳鸯（Mandarina Duck）合作创建的男、女包与配饰系列Y's Mandarina；和阿迪达斯共同开发的品牌项目阿迪达斯Y-3（又名Y-3）。Y-3取自山本耀司名字中的Y（Yamamoto）和阿迪达斯标识的三条杠。

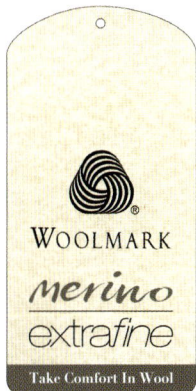

上图
羊毛标志下属品牌酷羊毛和超细美丽诺羊毛的标牌。每个子品牌都有专属的标识，同时加上羊毛标志符号，得到这个世人熟知的品牌背书

每个标牌都加上了羊毛标志的标语，"享受羊毛的舒适"，进一步建立品牌

品牌组合

企业采用品牌组合旨在将市场覆盖率最大化，而组织中每个品牌彼此不发生互相竞争。企业多品牌经营的设计在于满足市场中不同细分群体的特殊需求。古驰集团的品牌组合中包含不少彼此泾渭分明的著名奢侈品牌，包括古驰、亚历山大·麦昆、巴黎世家、宝缇嘉和伊夫·圣·洛朗。阿迪达斯集团的品牌组合则包含鞋类企业锐步、Rockport和高尔夫品牌泰勒梅。

> "品牌能使企业更好地跨越地理与文化的屏障。全球化的品牌是属于本国的巨大资产，有利于产品与服务出口到国外市场。"
>
> ——克雷默·吉斯克

品牌建设的目的

创建品牌的目的在于建设一个清晰鲜明的产品、服务或机构标识。它的目标是使品牌区别于他人，能够提供有别于竞争品牌的东西。品牌化能够提升价值、提高产品的知觉价值，从而令企业能够提高品牌商品的价格。创建品牌在更深层意义上，是创造顾客与品牌之间的情感沟通。它不仅能提高顾客可能的开支，也可影响对品牌的情感投资。举例来说，一双耐克运动鞋不仅仅是一双跑步鞋，而是"我的耐克鞋"，充满了附加的联想和意义。穿上耐克鞋"我就能做到"，这就是一个品牌所能拥有的能量和影响力——穿着耐克的人们会觉得自己更有毅力，更加能够早起跑步，在穿着这个品牌时，他们会认为自己更加运动、有活力和积极向上。

由此消费者能与品牌建立更加良好的关系，只要品牌满足了几个标准，就会购买其产品。品牌的产品及服务须与其生活与需要相关，消费者应认同品牌的理念和风格，他们对品牌的联想产生的情感是积极、正面的。

品牌建设应形成保障感，使顾客感到安全和信任。如果他们能与一个品牌产生情感的交汇，需求品牌的产品，他们就有希望保持忠诚度。因而，品牌应保持一致性，不断传递价值，应承顾客的期望。

品牌延续性因素在时装业中尤其重要。这是因为在一季复一季的循环中，"新鲜度和延续性"这两个截然对立的因素必须相结合。消费者需要新选择，每季都必须有新鲜的产品吸引他们，但同时在品牌方面，他们又要求具有某种稳定性。这对定期创作与开发新产品系列的设计师们提出了挑战。设计师们不仅需要保持不变的品牌完整度，还要在商店产品频繁更新的条件下为顾客制造不变的延续感。

上图
旧金山李维斯旗舰店外的李维斯红色标识

134

耐克城间店使用经典勾形标识

即使每季系列的主题、概念、色彩及面料等可能不同，但品牌推广的重点、品牌传达的信息和价值必须保持一致。

品牌建设从本质上说是建设消费者与品牌之间的关系。因此，深入掌握与了解消费者非常关键，企业需要投入大把时间与金钱用于消费者和市场调研。企业越深入了解自己的客户，才能越有的放矢地开发产品、服务，建设零售环境与制订营销战略，从而鼓励消费者参与，提升品牌忠诚度，培养消费者对品牌的信赖。

归结以上，品牌建设的目标和宗旨为以下几点。

• 植入价值和理念
• 创造联系性
• 制造情感回应
• 提供保障
• 确保一致性
• 建设忠诚度
• 提高价值与价格

品牌建设的一个重要内容是制订和建立所谓的品牌识别。它是与目标受众建立情感连接的首要策略之一，是品牌建设的重要内容。

品牌识别

品牌识别能从组织机构内部进行管控，它是关于企业希望消费者如何认知品牌、与品牌发生联系的。人们利用品牌，特别是时装去表达自己——消费者对品牌的意义和联想将和他们想感觉的、想看到的、想被他们认识的紧密相关。

如果品牌整体特征、气质与消费者联系紧密，消费者才能和品牌发生更为积极的互动。因此，相关组织若能够建设有魅力而可靠的品牌识别，将起到非常关键的重要作用。品牌识别的建设依靠以下几点内容。

- 标识
- 产品与服务
- 包装
- 零售环境
- 橱窗宣传与视觉营销
- 推广、广告与公关
- 网站

上述都为品牌的外在表现，它们将用于建设品牌识别。时装设计师只要赋予服装富有想象力的名称，就能加强自身品牌识别，与服装受众发生关联。艾尔丹姆 (Erdem) 给自己系列作品中的所有服装都起了名字，令人读后唇齿含香。"吾生之幸"宝石镶嵌礼服、"嫉羡"真丝衬衣、"春日花华"半身裙都是艾尔丹姆2008年秋冬季的设计作品。艾萨克·麦兹拉西 (Isaac Mizrahi) 以颜色起名，如"缥缈之绿"、"粗麻之黄"、"詹姆士棕"等，为系列作品增添了一抹趣味。类似这样微妙的细节，可以营造情感基调，使品牌和产品给人深刻印象。

必须说明，消费者会自行解读各种品牌符号，形成自己的品牌识别印象。所以，品牌的每种表现方式都能协调一致地代表品牌识别，这点很重要。从消费者的角度看到的品牌形象才是品牌形象。

品牌形象

根据品牌形象的确立者不同，可能是品牌使用者、非使用者，或与品牌有经济往来的供应商或利益相关者等，品牌的形象也不同。品牌的忠实顾客会在现实体验的基础上建立起他们心中的形象。举个例子，有些顾客会时常购买拉尔夫·劳伦的产品。隔段时间他们会去同一家旗舰店，由同一位店员提供服务，建立与品牌及产品极其个体化的关联。另外一部分人向往拉尔夫·劳伦的生活方式，但却认为设计师的服装过于昂贵或华丽。他们偶尔会在百货商场，例如美国布鲁明戴尔百货或英国塞尔福里奇百货等，购买该品牌的太阳眼镜、香水或家居产品等。此外，通过阅读杂志、观看广告、时尚传播以及期刊内容等，具有时尚意识的非品牌使用者会形成对品牌的印象。

上图

艾里奥斯·格雷的这件毛呢格子上衣名为"托克勒斯"，是以美国作家爱丽丝·B·托克勒斯的名字命名的。艾里奥斯·格雷是一名英国设计师，热爱文学，并受启发以作家名字命名服装系列的上衣与外套，例如德·波伏娃、沃和贝克特等，令人回忆起20世纪作家所在的粗花呢时代

■ 雌蕊红色
■ 花粉深色
■ 汁液绿色
■ 神秘绿色
□ 绽放的百合

上图
从一朵百合花可以获得色彩灵感，并用来给每种颜色命名

136

他们也可以吸收他人的意见形成自己的看法。品牌的能量在于它与消费者的关系，所以，顾客或潜在顾客与品牌的每一次互动都很重要，它能形成积极或消极的品牌体验。

在品牌的背后，企业必须确保由企业掌控的品牌识别与由外界和消费者感知的品牌形象之间是吻合的。品牌识别与品牌形象之间如果有很大的差异，可能会对品牌造成极坏的影响。有不少案例可以说明企业对品牌识别失去控制的情况。博柏利（Burberry）曾经发生过这样的情况，当时不属于品牌吸引范围的消费者也开始购买正品和仿冒产品。被扭曲的品牌形象影响了品牌识别，使其不能表现企业内部战略意图。

品牌识别与品牌形象

品牌识别与消费者识别之间具有很强的相关性。对于证明自我理想观点的品牌，消费者很容易与其建立联系

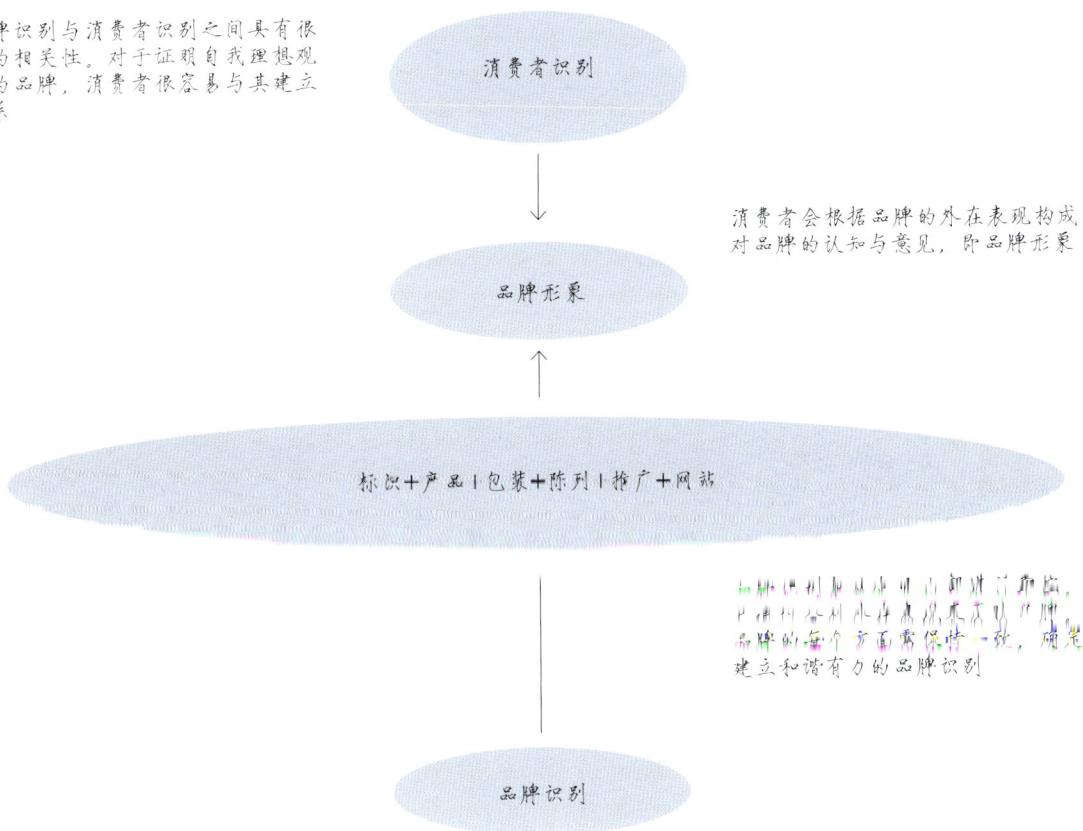

消费者识别

↓

品牌形象

消费者会根据品牌的外在表现构成对品牌的认知与意见，即品牌形象

↑

标识＋产品＋包装＋陈列＋推广＋网站

品牌识别贯穿从小事到大事，上述每个细小的行为都代表了品牌，品牌的每个方面需保持一致，确保建立和谐有力的品牌识别

品牌识别

识别性与思想

Davidelfin品牌

西班牙时装品牌Davidelfin于2002年在巴塞罗那创立，创办人包括各类艺术人才，有一名专业模特、一名记者、一名建筑师、一名电影导演、一名音乐人以及挂名领袖——自学成才的设计师大卫·德尔芬（David Delfin）。2003年大卫·德尔芬获得Marie Claire时装大奖赛年度最佳设计师奖。

2006年德尔芬在接受马里奥娜·比瓦尔·莫佩尔为cafebabel.com网络的采访时称，当前市场已经饱和，所以年轻设计师的创业面临许多困难。"这意味着要在时尚圈站稳脚跟，你需要两件事：建设属于自己的识别性和思想"，德尔芬认为，要想成功，需要比单纯的时装设计师更多点东西。"现在你必须能够调动情绪。"这一点在davidelfin的新子品牌Da Davidelfin身上有所体现，从它的名字和蕴含的思想中得到很好的说明。该品牌面向年轻顾客，"Da"一词取自西班牙语，意为"给予"，服装系列营销时使用的描述语为："了解时尚是慷慨之举。以爱制作，标明davidelfin"。Davidelfin这个新的副线品牌于2007年在巴塞罗那Bread & Butter欧洲时装展正式推出，采用"高级运动时装"概念，推出面向男装、女装和童装市场的T恤等休闲服饰。

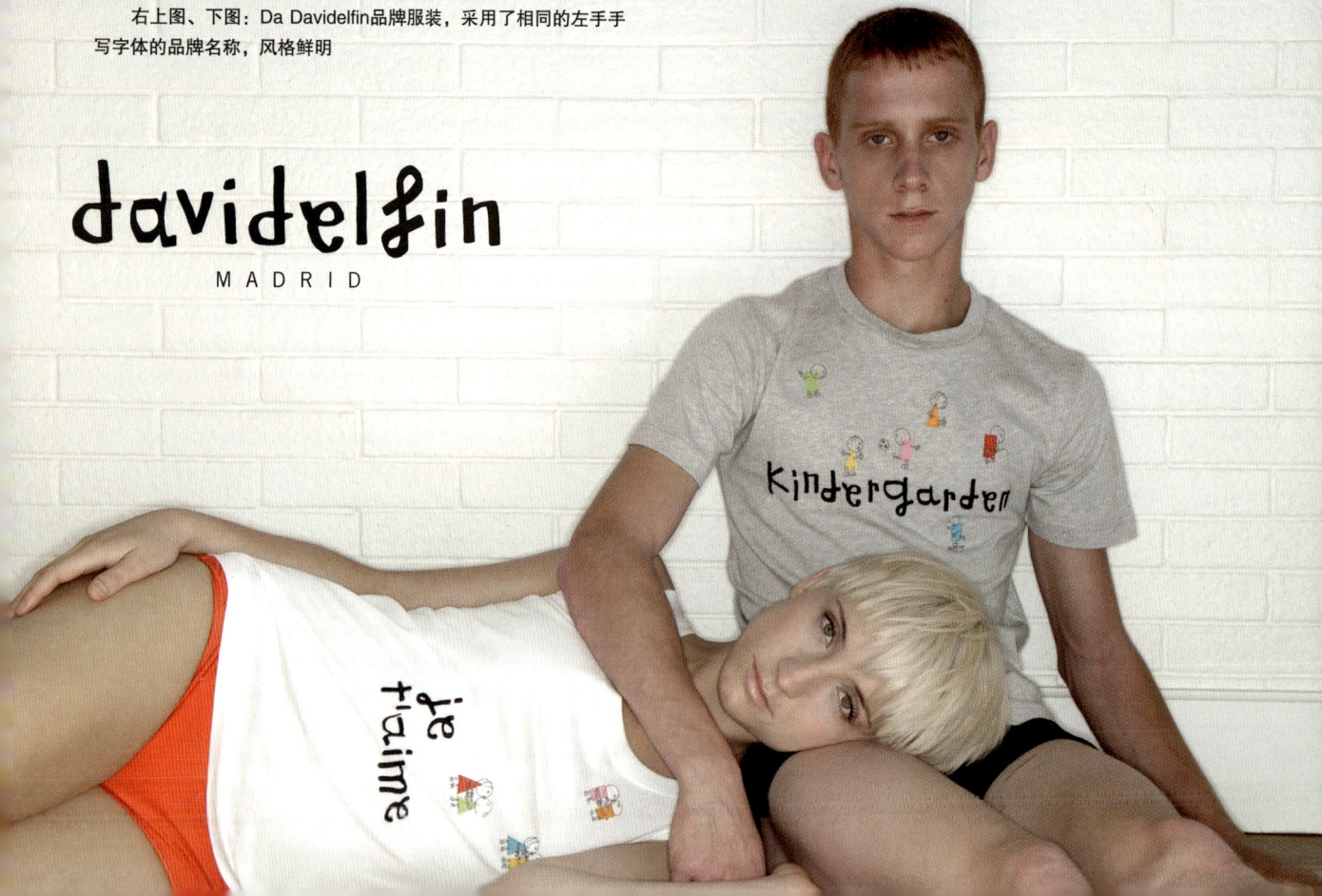

右上图、下图：Da Davidelfin品牌服装，采用了相同的左手手写字体的品牌名称，风格鲜明

开发与管理品牌识别

开发与管理品牌识别是品牌管理极其重要的一个方面。品牌是企业宝贵的商品和资产——强大的品牌名称、品牌标识和品牌识别以及品牌信誉的累积，都将作为一项资产，提高品牌权益或品牌总价值。只有高市值和鲜明识别特征的品牌能够提高产品价格，这也是品牌建设的主要目标之一。管理品牌的人员需要确保企业创造与管理的品牌识别和消费者等企业外的他人持有的品牌形象之间是相吻合的。有效开发与管理品牌识别，必须了解它是由以下三个主要部分构成的。

- 品质本质
- 品牌价值
- 品牌个性

品牌的本质、品牌价值与品牌个性支配了品牌总体特征与感知，它们赋予品牌意义与独特性，使品牌区别于市场上的其他品牌。这些都是品牌识别的关键环节，需通过品牌的外在表现，如符号与标识、产品、包装、展示、推广与网站等得以反映。

品牌本质

决定品牌识别首先应确定和创建品牌的本质。一个品牌的本质是用来说明品牌的本质特征或核心性质的。它就像品牌的心脏、精神或灵魂。一定要弄清楚品牌的核心是什么，并清楚地表述它。例如，由阿里休森和U2乐队成员Bono自创品牌Edun的自我描述是"具备社会意识的服装企业，旨在创造漂亮服装的同时，促进世界发展中地区，尤其是非洲的持续就业"（www.edunonline.com）。这条简短的评述说明了该品牌的根本宗旨，指出了它的中心思想，并概括了它的本质。类似的自我评述起着重要作用，因为明确界定的本质作为关键构成部分，是品牌所有其他环节赖以建设的基石。

和品牌本质紧密相关的是品牌主张，它言简意赅地表达了品牌意图，即品牌将向其顾客提供什么或承诺什么。上述Edun的陈述既阐明Edun的品牌本质，也解释了Edun的品牌主张，可见于下页。

Edun的品牌本质——具备社会意识的服装企业。

Edun的品牌主张——在创造漂亮服装的同时，促进世界发展中地区，尤其是非洲的持续就业。

从上述例子我们可以看到，本质和主张（或承诺）说明品牌存在的理由和企业行为的动机。真实的品牌本质与可能实现和传递的品牌主张结合，有助于创建明确的品牌标识，从而作为强有力的市场营销工具，设定沟通与推广的基调。如果把品牌本质看作品牌的核心，那么品牌价值（也称核心价值）则是它的基石。

建设品牌忠诚度

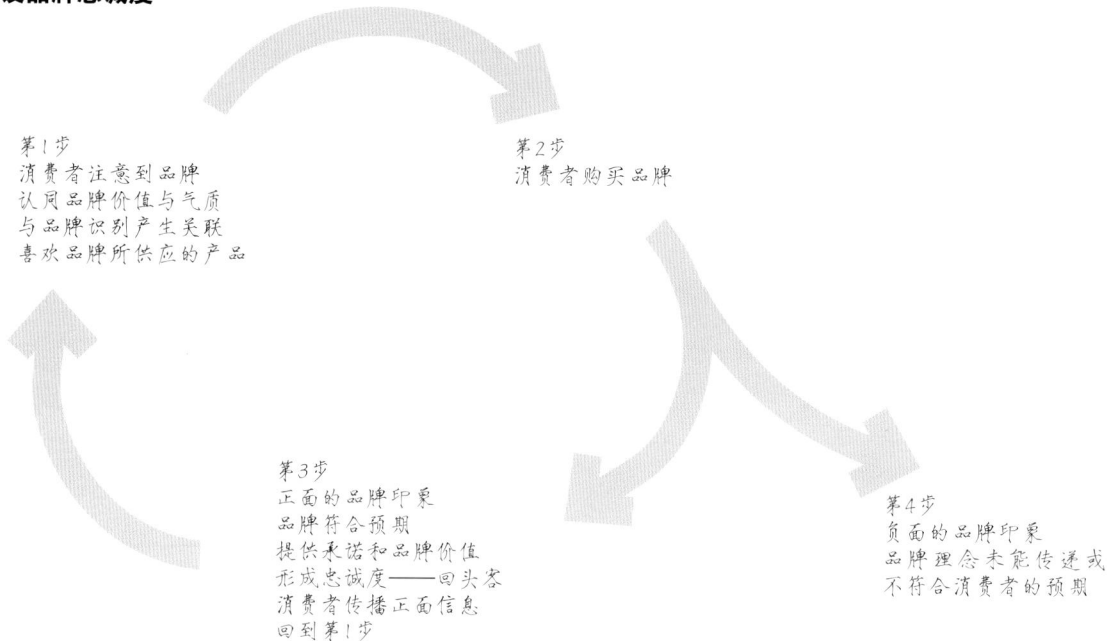

第1步
消费者注意到品牌
认同品牌价值与气质
与品牌识别产生关联
喜欢品牌所供应的产品

第2步
消费者购买品牌

第3步
正面的品牌印象
品牌符合预期
提供承诺和品牌价值
形成忠诚度——回头客
消费者传播正面信息
回到第1步

第4步
负面的品牌印象
品牌理念未能传递或
不符合消费者的预期

建设品牌忠诚度

品牌识别和在此之上的品牌价值都必须认真对待品牌忠诚度这个重要工具的建设。真实的品牌价值和美好的品牌标识都是铿锵有力的沟通工具，但是，如果消费者因为认同品牌象征意义而接触品牌，他们需要相信它的价值是会随着时间的推移而保持的。

企业管理品牌时，需尊重顾客的忠诚度与依赖感，并维持品牌识别与价值的一致性。上方的图表分别说明了正面与负面的品牌印象分别对消费者忠诚度的影响。消费者形成正面印象时，他们会保持忠诚，并宣扬品牌。如果品牌未能给予预期的事物，他们就会感到失望，从而留下负面的印象。

品牌价值

　　品牌价值是在品牌本质的基础上建立起来的，并拓展了品牌本质的中心主题。它是用作品牌机构运行准则的核心价值。品牌价值告诉各个部门如何开展企业工作、进行设计、开发产品、提供报告、营销与推广品牌等。当消费者认同品牌价值、和其产生互动时，他们会开始接触品牌，就像马丁·巴特勒著作的书名所说的，"人们并非购买你销售的物品——他们购买的是你代表的意义"（People don't buy what you sell: They buy what you stand for）。

　　法国高级时装零售品牌惜取素（Comptoir des Cotonniers）成立于1995年，它是由日本母公司迅销集团所有，该公司还拥有优衣库品牌。惜取素的中心价值在于吸引不同年纪的女性，与她们建立密切的互动联系。为此，他们放弃采用专业的模特，反而找来多对真正的母亲和女儿共同展示自己的服装系列，她们在过去几年中，重复体现了更加自然、更具热情与更加快乐的品牌价值（www.comptoirdescotonniers.com）。惜取素的品牌价值是平易近人的同龄感，增进彼此分享以及所谓的亲近——像所展现的母女关系那样真正亲密的关系。

企业和消费者的联系

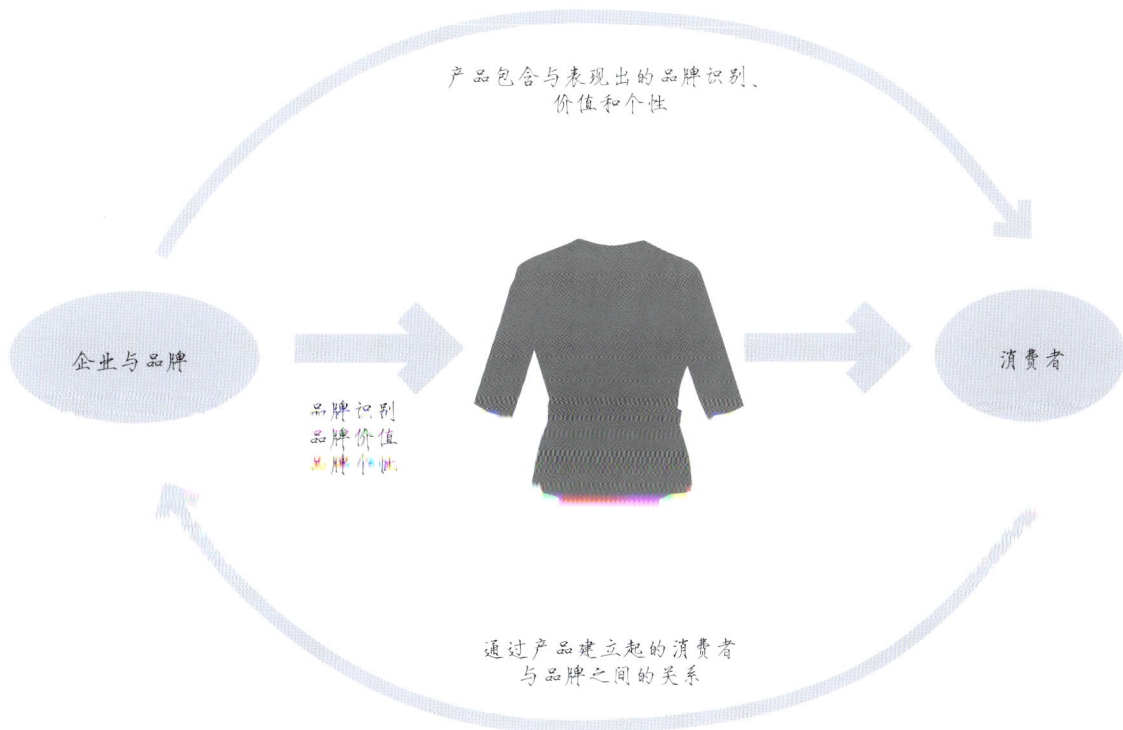

产品包含与表现出的品牌识别、
价值和个性

企业与品牌

品牌识别
品牌价值
品牌个性

消费者

通过产品建立起的消费者
与品牌之间的关系

拥有大品牌价值的小服装公司
Nau公司

美国Nau公司出售自行开发设计的可持续服装和功能性服装。Nau标识背后的团队将这家公司描述为"拥有大理想的小服装公司"，他们清楚根据其核心价值建设品牌的潜力，并将商业的能量作为变革的努力动力。

作为一家企业，Nau需要努力平衡三重底线：人、地球和利润。这三重底线构成一个道德体系，从经济、社会和环境三个角度衡量企业的经营成果。Nau的道德立场使它必须思考这个问题："这个世界还需要另一家户外服装公司吗？"，"只要它的产品和活动能够带来持久而积极的实质改变"，他们这样说。

Nau网站也说明了该公司的设计理念："三维一体的设计：美感、功能与可持续性"。从这句话我们可以归结出Nau的核心品牌价值为以下两点：
- 带来持久而积极的实质改变
- 制作与销售美感、功能与可持续性兼容并具的服装

品牌价值不是华而不实的词汇堆砌，而是行动号召。它的想法是创造激励与驱使企业前进的动力。这样的价值需易知易行，管理品牌的人员必须采用战略行动，使价值在公司由上到下得以体现。真实有效的品牌价值将增强品牌本质，指导企业经营方向，提高从管理层、股东、合作伙伴到员工等的积极性。品牌价值的重要性不仅在于可以指导企业的内部运行，更重要的是建立与消费者之间的交流与联系。企业在传播自身道德概念和品牌价值时，网站传播具有明显的优势。Nau网站说明了企业的理念，及其是如何反映在产品设计与制造上的。

下图
Profile Fleece上衣，原料采用了消费者和产业用废弃涤纶回收再生的涤纶面料

上图
工作中的Nau团队。真实有效的品牌价值将增强品牌本质，指导企业经营方向，提高团队的积极性

品牌个性

品牌个性的前提是品牌和人一样，在很多相似的方面拥有个性。科特勒教授在说明两个电脑品牌，IBM和苹果之间的差异性时，认为苹果具有20岁人类的个性，而IBM则是60岁人类的个性。

在时尚产业里，品牌个性一题需要进行一定的深入思考。仅仅说品牌是流行的、时尚的、现代的或奢侈的，都太过简单。但是，这类特征是否真的概括了其个性韵味，将品牌与其他品牌清楚地区别开？不一定！维维安·韦斯特伍德品牌可以说是英国时装的典范，保罗·史密斯也是，它们都花精力深层次地挖掘了更加生动的品质，发现品牌的独特之处。维维安·韦斯特伍德是恣意不羁的，可能还带点颠覆性，而保罗·史密斯品牌通过意料之外的稀奇元素，丰富了自己的英伦风格。

当独立设计师以自己鲜明的个性创建一个品牌时，品牌个性可能与这个设计师极为相似。纽约时装设计师贝齐·约翰逊被形容为一个充满活力、天马行空、嬉皮顽童以及无所畏惧的怪人。贝齐充满张力的性格反映在她的时尚王国里，在众人眼中，她的系列作品是缤纷斑斓而变化无常的，轮廓性感、细节修饰别出心裁。贝齐·约翰逊也在（芭芘娃娃的家）让旱典雅派与维多利亚时代风格交汇，包括亮色系运用、多元的花朵图案壁纸、各种装饰碰撞，提升了她奇特的创意设计。

"我的产品把人们唤回真实，点亮生活，享受生命——关心她的美丽和特别，她的情绪与活动，她的梦想与幻想。"

——贝齐·约翰逊

　　和贝齐·约翰逊相比，马丁·马吉拉品牌可以说完全是另外一种个性，尤其是在色彩表现上。贝齐·约翰逊着重于运用大胆鲜艳的颜色，马吉拉则应用白色制造出戏剧张力。白色成为所有马吉拉精品店的标志特色。销售人员穿着实验室助手风格的白大褂——这种制服是巴黎时装工作室员工的传统穿着。这种无色的风格使用可以描述为低调的个性，与这位比利时设计师本人的性格相近。他不爱抛头露面的作风闻名于世，记者莎拉·莫尔曾经这样形容他："属于时尚的神秘男士"。品牌个性和品牌识别从很多方面散发出隐世的信息。该服装品牌女装系列的标牌就体现了它的不可思议之处。这个标牌完全没有印制或织上马丁·马吉拉的品牌名称，而是留出一片空白。品牌其他系列的标牌也是由一小块白色的布，印上0~23的一串数字构成。具体的系列通过在标牌相应的数字上画圈来表示。

数字和系列的关键如下所示：

0 手工再制女装

010 手工再制男装

1* 女装系列

10 男装系列

4 女装专柜

14 男装专柜

11 男女装配饰系列

22 男女装鞋类系列

13 实物与出版物

mm6 服装系列 ♀

*原始白色标签

巴希尔·斯库特尼卡是一名时装讲师，她爱好马丁·马吉拉品牌。从1988年该品牌问世以来，她一直穿着并收集马吉拉的服装服饰。在2009年和笔者谈话时，巴希尔解释了她与马吉拉品牌的互动。

"我爱它的无情与智慧……我觉得自己与品牌的气质有联系……我爱它对细节的思考，它的服装取悦了我、提升了我……我爱它的传统、手工工艺和产品价值。我觉得穿上它使我打扮出色——它就像我的第二层皮肤。"

这种与马吉拉品牌蕴含气质的联系也反映在马克·汤格特对一名时尚新闻记者的访问中。在汤格特《时装品牌》一书中，他讲述到这名著名记者去参加巴黎时装展时携带了两件上衣，一件来自马吉拉，另一件来自Zara。马吉拉的衣服大概是Zara服装价格的五倍，但其愿意为此支付高价，他解释了这样做的原因。

"我热爱马吉拉代表的意义。我是为人买的，而不是物品。"

——汤格特

上述内容说明品牌个性能够作为建设品牌与顾客彼此关系的工具。产品是其个性的视觉符号和品牌价值的物质表现。在Edun公司（参见139~140页）的网站上是这样描述其服装系列的设计美学的：现代手法的前卫和从诗到艺术皆有自机彩和风格。所以，Edun的品牌个性可归纳为：前卫、现代、真知、聪明、美丽、良知和社会意识。从而品牌能吸引与这些个性特征相联系的消费者，他们可能是具有社会良知，同时希望能聪明前卫或漂亮现代的消费者。

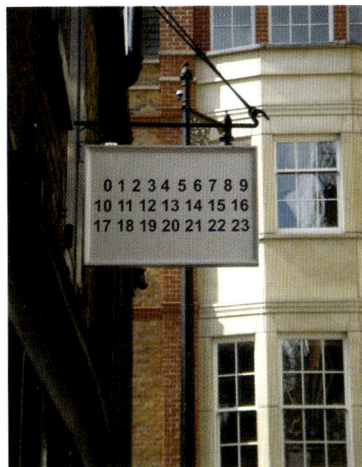

上图
马丁·马吉拉每个系列并没有名称，而是以编号来表示。女装产品线MM6相比主产品线MM1，更加休闲前卫

下图
马丁·马吉拉商店标示的特点是没有名称，只是列出0~23的数字

传播品牌

购物袋是很有力的品牌视觉印象。它非常简单，因而常被忽略，不被视为营销工具，但仔细想想，顾客每次离开商店时，带着独特易认的购物袋，装上购买的产品离开，他们就成为了行走的品牌广告。对许多消费者而言，购物袋是购物体验中的重要环节，也是社会地位的有效象征，就如其中所装的服装等产品。不论花费的金额多少，所有消费者都能获得它，因此能够最广泛地运用它。

品牌接触点

时尚产品是品牌向消费者传递信息、价值与特征最重要的载体之一。产品可以作为一个品牌接触点，即品牌和消费者、员工或受众产生接触的节点。品牌接触点的概念是由戴维斯&邓恩在2002年最先提出的。一个品牌有30~100个不等的品牌接触点，而每个接触点都能制造正面或负面的印象（戴维斯与隆戈里亚，2003）。影响消费者的接触点可以分为购买前、购买中和购买后，包括消费者与品牌可能发生接触的所有环节。每个接触点都能使人产生对品牌的认同或不认同。以购买前阶段为例，一个不认识品牌的人可以被转变，开始了解它。已经认识品牌的人也可被转变，走向下一步，进行实际购买。

上图

购物袋是很有力的品牌视觉印象。它非常简单，因而常被忽略，不被视为营销工具

接触点在消费者购买前、购买中、购买后等阶段影响他们与零售服装品牌的互动。一个品牌有30~100个不等的品牌接触点，但是企业不可能进行全面出击。选出几个关键的接触点，并一一侦破。对网络零售商而言，网站就是它极其关键的接触点之一

资料来源：改编自戴维斯&邓恩（2002）

品牌接触点

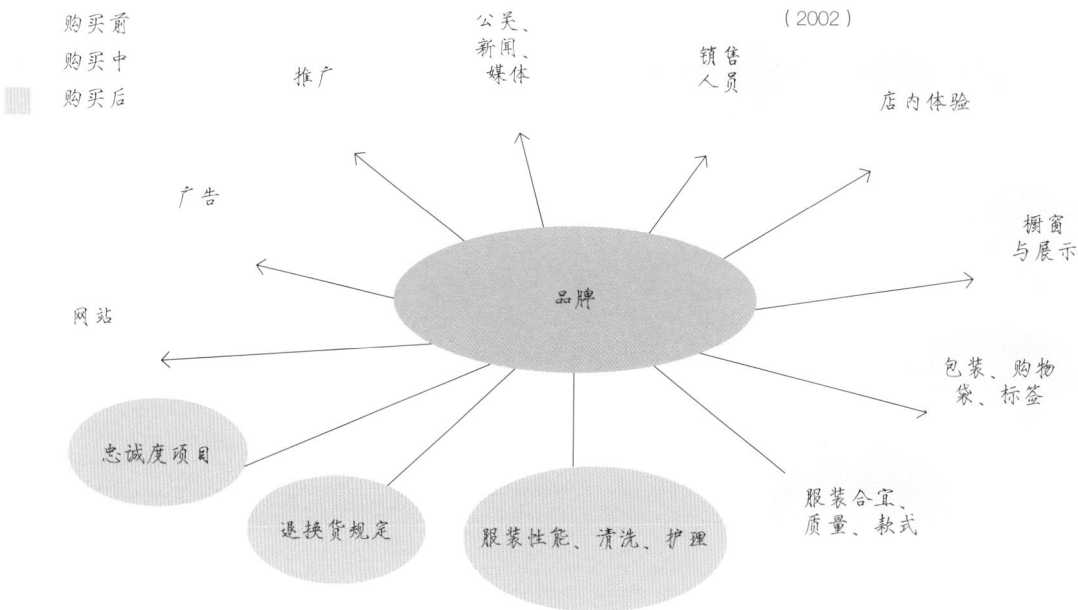

购买前
购买中
购买后

推广　　公关、新闻、媒体　　销售人员　　店内体验

广告　　　　　　　　　　　　　　　橱窗与展示

网站　　　　　　品牌

忠诚度项目　　　　　　　　　　　包装、购物袋、标签

退换货规定　　服装性能、清洗、护理　　服装合宜、质量、款式

在购买阶段，潜在消费者转变为购买者，也可能因为某些原因而产生反感，决定不进行购买，也不再与这个品牌产生互动。

分析品牌识别

品牌接触点代表消费者或潜在消费者与品牌进行交流的节点。这些接触点也可视为品牌的活动，或者说，品牌在实际战略行动中表达自己气质与特征的方式。这需要我们接着了解一个品牌管理工具，即品牌洋葱。

"品牌洋葱"被用以分析与绘制品牌识别，并用图表说明。品牌洋葱代表着从品牌的内在本质或核心，到最外层的个性层和品牌行为，共有多少个层次。它的目的是归纳品牌识别，明确令品牌与竞争者不同的本质、价值与个性特征。该工具的实际好处是它应用于创建品牌识别的实际特征，可见于表中的"品牌行为"部分。因此，以惜取素品牌（参见141页）为例，它旨在平易近人，到底如何才能实现平易近人？正如上述，惜取素反映这个价值的一个方式是使用真实的普通人展示自己的服装。他们同时希望推动真正的关系，所以他们邀请母亲和女儿一起展示，从这个角度来表达品牌。

创建品牌洋葱

分析品牌，随之创建品牌洋葱，从个性层次开始最为方便。网站、店内推广材料、购物袋、标牌、橱窗展示、店内氛围与广告等——你认为它们展示出了什么个性？你在接触品牌时有什么感受？你认为消费者穿着品牌时的感觉如何？

然后向品牌洋葱的内层进发，确定品牌价值和本质。最后，别忘记品牌行为部分。

分析品牌的本质、价值与个性将如何落实运作，并将运作方式记入洋葱圈的最后一层。

品牌洋葱图表

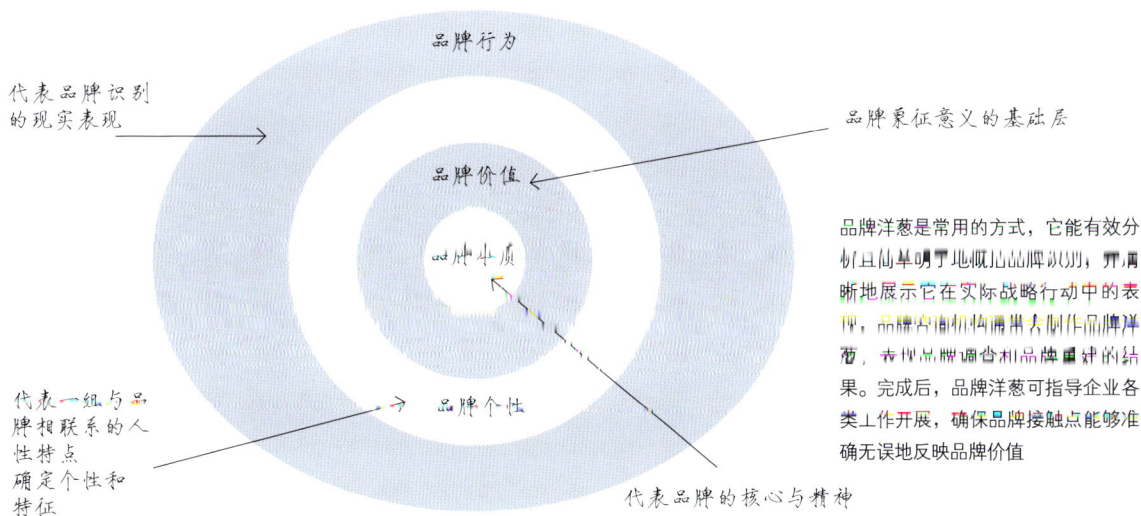

品牌行为

代表品牌识别的现实表现

品牌价值

品牌本质

品牌个性

代表一组与品牌相联系的人性特点 确定个性和特征

代表品牌的核心与精神

品牌象征意义的基础层

品牌洋葱是常用的方式，它能有效分析且简单明了地概述品牌识别，并清晰地展示它在实际战略行动中的表现。品牌应用机构通常会制作品牌洋葱，表明品牌通常和品牌建立的结果。完成后，品牌洋葱可指导企业各类工作开展，确保品牌接触点能够准确无误地反映品牌价值

新时装品牌与系列
祖母的行李箱（Grandma's Trunk）

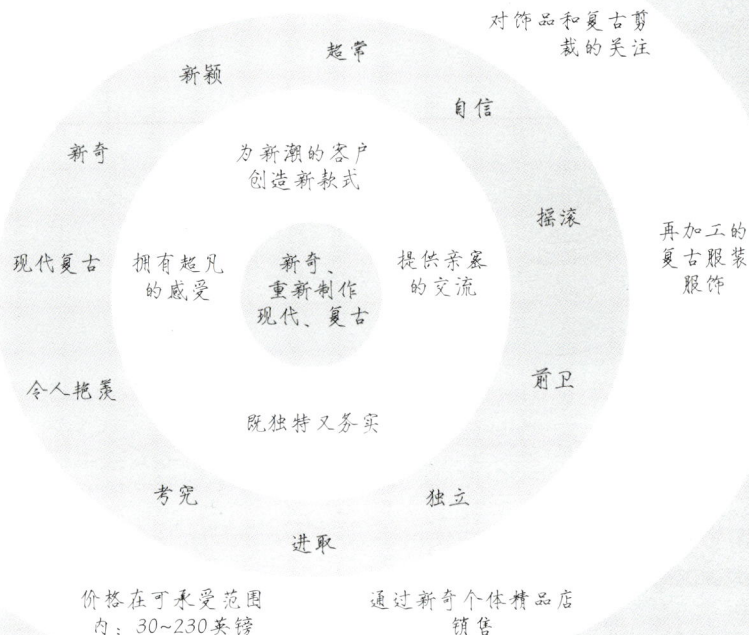

每件服装都包含一个
亮点

对饰品和复古剪
裁的关注

起常

新颖

自信

新奇

为新潮的客户
创造新款式

摇滚

现代复古

拥有超凡
的感受

新奇、
重新制作
现代、复古

提供亲案
的交流

再加工的
复古服装
服饰

融合老式异
类元素和新
潮的设计

令人艳羡

既独特又务实

前卫

考究

独立

进取

价格在可承受范围
内：30~230英镑

通过新奇个体精品店
销售

这个品牌提案作为项目一部分，是由英国普利茅斯艺术学院时装专业的一名学生完成的。他设计了相关场景，概述了祖母的行李箱的品牌概念。

祖母有一个藏满秘密宝物的行李箱。礼服、胸针、旧缎带、纽扣和带有香味的情书等被保留了几十年，静静尘封于此。女孩梦想着翻找这个宝库，发现古老的珍宝，激发新的灵感，从而引领时尚趋势。祖母的行李箱将褪色的珍宝变成美好新潮的新服装，即复古、时尚又摇滚，令人赞不绝口。穿着这一新奇的新品牌的女孩是自信大胆、不拘一格的。她们散发出幸福感，被誉为潮流的引领者，愿意尝试结合了复古和原始经典的独特风格。

下图
祖母的行李箱的概念板。图像是对品牌和顾客的视觉感受

这个品牌洋葱说明了祖母的行李箱的品牌个性与目标受众个性是吻合的。品牌洋葱也展示了潜在顾客在接触这个复古与现代奇特相结合的品牌时产生的感受。

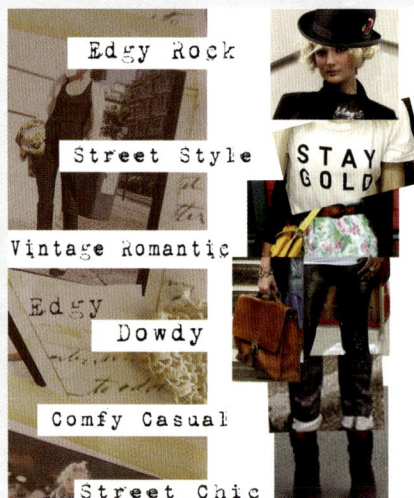

品牌识别棱镜

让·诺埃尔·卡普费雷于1992年首次提出的品牌识别棱镜也是一种分析品牌识别的模型。卡普费雷这个六边形的模型主要说明了品牌识别的综合特征，它涵盖的深义远比简单的品牌洋葱来得复杂。

品牌识别棱镜

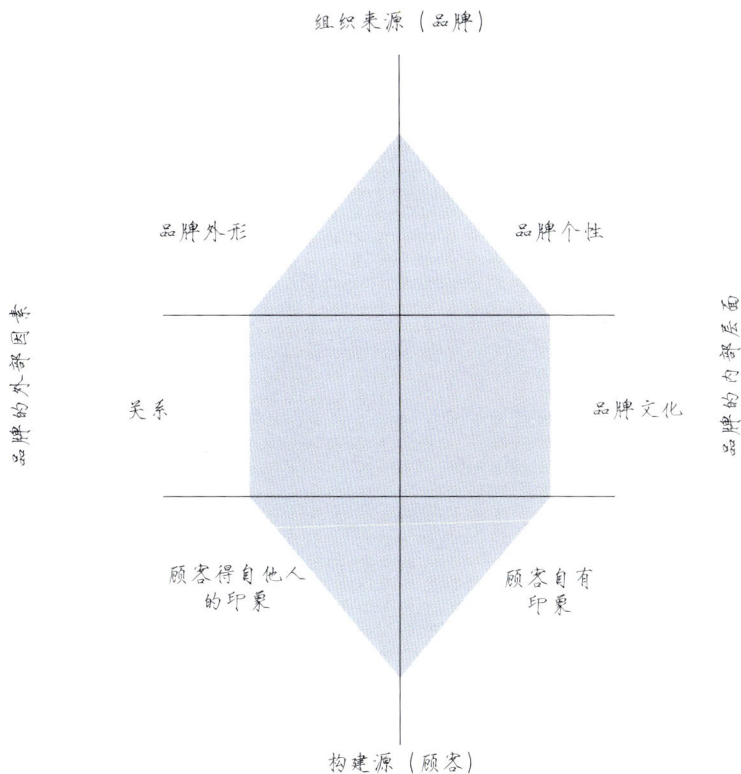

组织来源（品牌）

品牌外形   品牌个性

品牌的外部因素

关系   品牌文化

品牌的内部因素

顾客得自他人的印象   顾客自有印象

构建源（顾客）

品牌识别棱镜和品牌洋葱这两个分析工具都用来描述品牌识别的内、外部特征。卡普费雷的模型以一根纵轴将图表分为两部分，而品牌洋葱则把内部因素放于中心，外部因素，例如"品牌行为"则被置于洋葱的外层。

- 外形——它相当于品牌本质和它的外观特征、符号及属性。在符号意义上，耐克以勾形符号作为简易象征，卡地亚则采用单只猎豹标识；拉尔夫·劳伦的缩影则是Polo。外观层面也可以由经典产品构成，例如李维斯601牛仔裤，伊夫·圣洛朗的吸烟装。

资料来源：卡普费雷与巴斯蒂安，《奢侈品战略》（2009）

- **个性**——品牌的性格、态度与个性。卡普费雷认为品牌需有自身无可取代的个性。在《战略品牌管理》（1992）一书中，卡普费雷将USP的定义改为"独特的销售个性"。
- **文化**——品牌拥有与众不同的文化与品牌价值。爱马仕的文化建立在尊贵奢侈、精湛工艺及无出其右的品质基础之上，拉尔夫·劳伦则独特地将美式的高品位、粗犷的户外休闲风以及经典的英伦粗花呢结合而成。
- **关系**——它是有关人们对品牌的信仰与联想。品牌的承诺是什么？外界对品牌的认知如何？穿着某一品牌能说明穿着人的什么情况？它涉及社会交流，通过穿着品牌表现所属的风格类型或群组。
- **反应印象**——消费者通过品牌广告得到对其理想化的形象。卡普费雷把这一因素称为品牌的"外部反射镜"。在香奈儿NO.5的短片广告中，妮可·基德曼表现了香奈儿品牌的魅力诱惑、成熟高雅与神秘精致。
- **自我印象**——消费者对其穿着的品牌有自己的心理意象。卡普费雷将此称为消费者的"内部反射镜"。穿着拉尔夫·劳伦的人可能拥有美国梦的生活理想，而一个穿着香奈儿的人则会向往优雅独立的生活。

品牌建设：情绪与感受

　　品牌建设以令人产生情感认同为由，制造双方的联系。在达成这个目的的过程中，品牌个性和品牌价值都起着辅助作用。泰莉·艾金斯在她《终结时尚》一书中提到："时尚在我们生活中发挥着强大的作用与能量。不管哪个社会等级的人们，都极其关注自己的外观，因为它不仅关系着自身尊严，亦关系着他人如何对待自己。"（2000）卡普费雷的品牌棱镜考虑到了这一点，在其六维度中加入了关系与自身形象。品牌洋葱将个性层作为品牌与消费者互动的接触面，上述两个模型都能用以分析消费者与某个特定品牌发生联系的原因，以及其在当时的感受。关于此，伯恩德·H·施密特的《体验营销》一书中用了一整章的篇幅介绍，章节名为"感受"。施密特解释了时装与香水营销与推广隐含的目的，即引发某种情感的共鸣，从而令消费者需求这个品牌，也就是施密特所称的"意识营销"。香水的命名方法即说明了这个理念，例如，帕图的"欢趣"（Joy），倩碧的"幸福"（Happy），伊丽莎白·雅顿的"娇俏"（Pretty），以及雅诗兰黛的"美丽"（Beautiful）。

品牌战略与管理

建议一个品牌是一个长期过程，过程中将耗费高昂的成本，公司无法贸然开展这个风险极高的项目。创建具有清晰识别特征的品牌需要花费时间——它往往要经过数年，甚至数十年才能达到一个知名品牌的地位。举个例子，奥兰·凯利始创自己的事业时，是从住家工作起步的。她的公司经过近10年的发展壮大，才成为今天广受爱戴的现代时尚生活方式品牌。此外，芬迪、古驰、普拉达等奢侈品牌也都起步于小型家庭企业。芬迪曾是毛皮制造工坊，古驰之前是手袋制造商，而普拉达则设计销售手袋、鞋子与行李箱等。直到1978年，马里奥·普拉达的孙女缪西娅·普拉达掌舵后，普拉达品牌才开始踏上全球时尚品牌的征程。品牌受到消费者的认可与喜爱后，品牌才能发挥其名字的效用，事半功倍地提升品牌识别，进一步推进品牌发展。有些人可能会说，品牌形成于消费者的观念和心理中，但是，作为一项举足轻重的企业资产，必须从品牌机构内部进行有效的管理。在品牌管理中，两个最常被运用的战略是品牌延伸与品牌授权。

> "品牌建设牵涉企业战略与消费者心理。"
>
> —— 帕梅拉·N·丹齐格

核心时装市场和外围时装市场

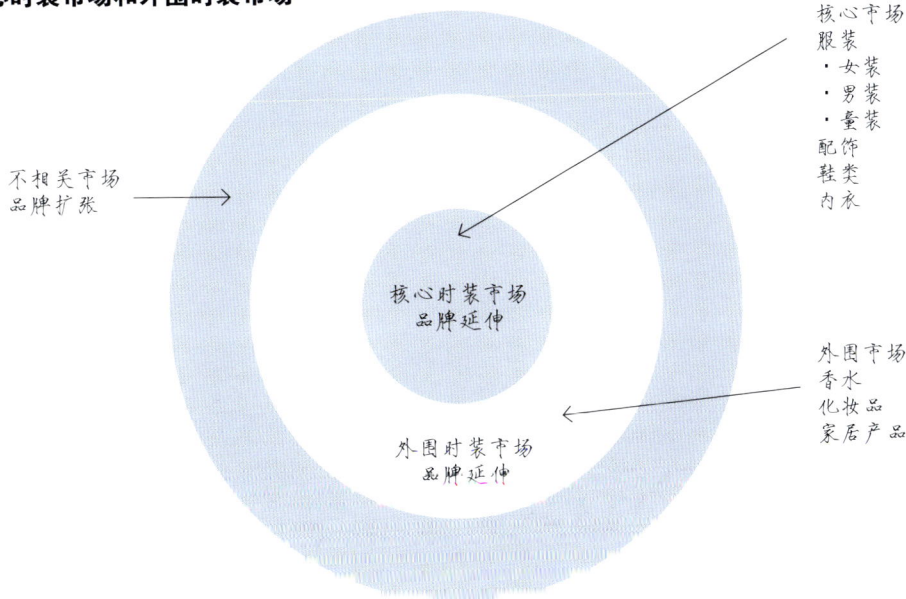

不相关市场
品牌扩张

核心市场
服装
·女装
·男装
·童装
配饰
鞋类
内衣

核心时装市场
品牌延伸

外围时装市场
品牌延伸

外围市场
香水
化妆品
家居产品

品牌延伸与品牌扩张

品牌延伸与品牌扩张和第三章中讨论的安索夫增长矩阵（参见第100页）有关。品牌延伸即品牌企业发挥现有品牌权益与价值的作用，在相近市场上推出新产品。它和安索夫矩阵中的产品开发相联系。品牌延伸利用品牌的识别，在新产品中和它隐含的意义与价值发生连接。

151

因此，生产功能性与户外男装品牌系列的服装供应商推出类似的女装系列品牌，就构成了品牌延伸，进入另一服装市场。这个例子中，品牌延伸的好处是经销商和买家比较容易接受该品牌的女装。由于该品牌已有男装销售的成功经验，可能会感到较低的风险性，而最终消费者也具备现有品牌认知度。

如果企业决定以已建立的品牌名称进入完全不同、不相关的市场，例如探险旅行，称为品牌扩张（安索夫矩阵中的多角化经营）。米索尼（Missoni）创建了米索尼家居系列，同时在英国爱丁堡开办米索尼酒店，从而开展品牌扩张。品牌扩张战略应注意，原始品牌与新市场理念之间应高度相关。仍以米索尼为例，它的品牌建设将色彩、纹路与花式交融的丰富多样化很好地转换到了室内设计领域。

品牌授权

品牌作为一项企业资产，能够提高企业的利润水平。获得更高收益及利润的其中一个战略是授权，在时装品牌中，它的使用也日益广泛，并实现增长。根据国际授权产业制造商协会（LIMA）的数据，时装授权价值达7.75亿美元，占2008年授权产业收益的14%。

授权是品牌企业把名称的使用权卖给另一家企业，再授权条件进行开发、制造以及进行具体品牌商品营销的经济行为。

制造公司（被授权方）向品牌所有者（授权方）支付一定的许可费。许可费率视情况不同而不同。具体的百分比取决于双方协议的时限、相关产品类型、投资额、产品开发时间以及预计产品销售量等。女装成衣的标准费率在批发额的3%~8%之间。在舍瓦利耶和马扎罗夫的《奢侈品牌管理》一书中，香水许可费稍低，通常是批发额和出口额的3%~5%之间，主要是因为香水认证协议要求保证产品的高曝光率，因而规定较高的广告销售比率（约在15%左右）。相比之下，时装成衣的广告销售比率则在2%~4%。所以，香水广告较为常见，在时尚杂志中出现得较多，而服装广告就无法与之相比了。

品牌认证可作为时装品牌多元化的一种方式，有助于品牌扩展到其他市场，接触更多受众。相比品牌扩张，品牌认证的风险较低，主要因为品牌企业不负责资本投资，也不承担生产、分销与营销认证产品的成本。

"成功的品牌授权对提升品牌的整体认知与价值具有十分积极的效果。但是，它并不是一个简单的命题，不能有效授权管理则将削弱甚至永久地损害品牌"。

——肖恩·蔡斯

因此，必须确保对方真正专长于制造与营销相关产品，才能与之签署认证协议。雅芳公司和芬兰品牌玛丽麦高（Marimekko）、法国设计师伊曼纽尔·温加罗、克里斯汀·拉克鲁瓦都有协议，为他们制作香水产品。2009年，高档鞋类零售品牌库尔特·盖格签署了为期七年的认证协议，将在英国和爱尔兰等地经销与贩卖玫熙女鞋、女式手包和其他小型皮革制品。借助品牌授权，品牌企业将进入原本无法进入的全新地域市场。日本公司恩瓦德（Onward Kashiyama）具有制造经销保罗·史密斯女装、Calvin Klein、让·保罗·戈尔捷和索尼亚·里基尔等品牌的授权权力。

日本市场对于全球奢侈品牌和设计师品牌的销售十分重要。虽然2008年日本服装销售总体下跌，但是一些英国品牌，例如保罗·史密斯、Liberty和哈克特等的销售均呈现增长态势。日本消费者喜爱带有英伦风格的服装，而且这些品牌具有经典和永恒的形象。

品牌重新定位

品牌重新定位是重新界定现有品牌或产品的识别特征，从而转变消费者意念中对其原有定位的过程。如果目前的定位已经不再起作用或有效，品牌企业将改变其战略方向，重新进行品牌定位。可在以下情况下作出重新定位的决策。

左上图
位于爱丁堡的米索尼酒店

右上图
米索尼2009春/夏女装成衣

- 品牌丢掉市场份额
- 宏观或微观营销环境的改变
- 新品牌进入市场
- 竞争品牌的重新定位
- 消费者需求的转变

    重新定位通常并非必需改变品牌名称，但可能革新现有标识，使其更加现代化。重塑品牌则不仅指品牌重新定位，还包含品牌名称、标识的更迭。它通常出现在企业收购情况下，并可能会带来重大内部重组。品牌全部重塑在时装业并不多见，它主要出现在银行业和保险业，不过它也可以发生在服装制造企业或化纤行业。

    下节中是有关重新定位的两个事例。第一个事例阐述了品牌通过改变产品的时尚层级和产品的系列结构，实现重新定位。第二个事例说明品牌通过标识、商店招牌、店内设计以及包装的现代化手段，提升视觉识别特征。

品牌重新定位

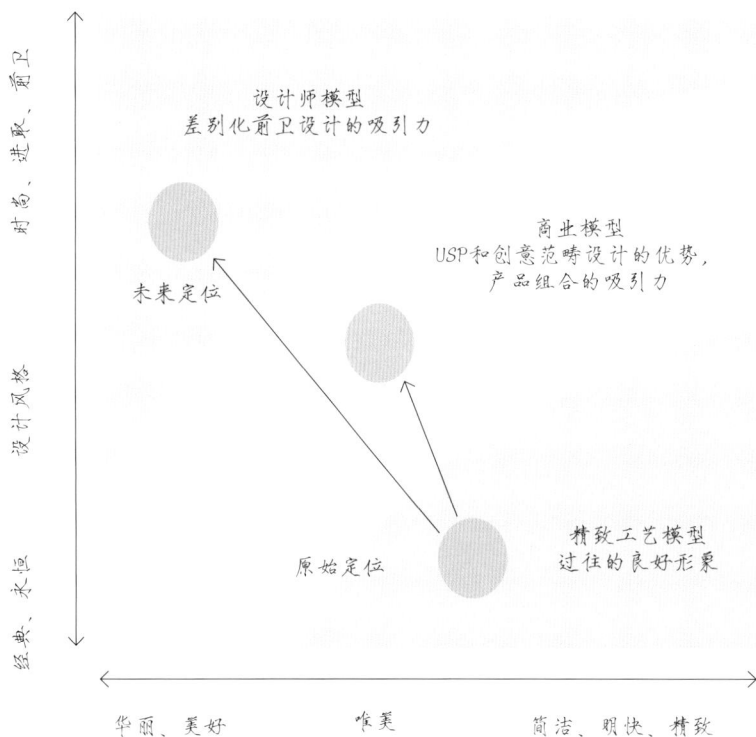

MCM品牌管理部门制作了这张重新定位图，显示了其配饰品牌的新定位可能。图中表现了该高档配饰品牌的原始定位，和两个未来的定位推荐。原始定位建立于MCM的过往形象和工艺上。第一个新定位基于MCM所说的"商业模型"，目标是在维持工艺品质的同时，通过销售计划和产品系列规划的创新形成吸引力。第二个定位推荐是"设计师模型"，通过前沿设计开发潜力，也可能采用著名设计师名字作为象征领袖

数据来源：MCM（2008）

创建现代奢侈品牌
MCM品牌重新定位

MCM是一个制作与销售品质出色的皮革旅行用品、手袋、男女时装等的现代配饰与服装品牌。品牌通过高档零售商在美国、英国、欧洲大陆、俄罗斯、迪拜及亚洲等多区域销售，同时还在伦敦、柏林、雅典以及北京等地拥有数家MCM精品专卖店，在全球拥有超过260个销售点。该公司由MCM集团主席兼首席执行官金圣珠运作。金圣珠是一名具有非凡真知灼见的商业女性。她预测到2008年的经济衰退，于是采取战略行动，将品牌更新换代，重新定位品牌，进入利润丰富的高档配饰市场。金圣珠认为，经济衰退迫使人们改变生活习惯，消费者的品位发生转化，"负责任的奢侈"需求不断增长。该战略的主要组成部分是重振过去辉煌，塑造最新经典。MCM在2009年春夏季重新推出了经典的Cognac Visetos系列。在安·海尼克为福克斯经济频道撰写的一篇文章中，金圣珠阐述了这一决策背后的理念："在动荡的时期，回归品牌的传统根基是一个安全的赌注。"

MCM品牌重新定位战略旨在品牌更新换代，在更加时尚前卫的同时保持品牌的传统与固有品质以及奢侈、工艺等价值。

左下图
在20世纪80年代期间，MCM Cognac Visetos系列最初的广告图

右上图
2009年春季，Vintage Visetos系列重焕新生，这是其中一款包。它采用标识的皮革轧花、柔润的琥珀色皮革，饰以棕色修边和金色饰件。现代感的光滑外形和创新性的细节设计，使产品呈现更加现代的美感，使21世纪的消费者产生共鸣

右下图
迈克尔·迈克斯凯为MCM Cognac Visetos系列设计的一款包

已有经营项目全新的视觉识别特征
格林伍兹机构

格林伍兹（Greenwoods）由威利·格林伍德在1860年成立，是一家专业男装零售机构以及西装租赁机构。2009年该公司被中国企业——香港盛怡有限公司（波司登国际服饰有限公司下属单位）购买，在此以前，公司一直是家庭企业，数代从事男装生意，经验丰富。格林伍兹拥有约100家商店，主要位于英国北部地区。它的网站（www.1860.com）主要从事西装租赁业务，专门提供正式场合及婚礼穿着的传统男式晚宴正装、日常正装和苏格兰高地服装。

2009年，它委托一家独立图案设计咨询机构——十又二分之一工作室（Studio Ten and a Half）进行格林伍兹品牌识别的更新换代。当时格林伍兹在英国商业街的客流量减少，现有顾客被竞争对手夺走。品牌的零售环境不再新颖、品牌识别和传递的信息模糊，品牌个性陈腐。视觉识别特征、产品供应、定价战略和整体零售环境等之间缺乏统一。企业盈利情况受到影响，品牌陷于苦苦竞争之中。调查显示，消费者认同格林伍斯的传统以及它在男装上的专业程度，同时也认同员工对个人的重视与相应服务。消费者也认为品牌具备阳刚的男性特质且可以信赖。十又二分之一工作室设计了新的视觉识别特征，从而令格林伍兹把握住消费者所看重的传统与信赖度。品牌重塑的内容包含标识的重新设计、商店布置的焕然一新、招牌的更新，还有新的吊牌、店内指示牌、文具以及购物袋等。

设计咨询机构十又二分之一工作室为格林伍兹设计的大改造，说明拥有正确的视觉风格对于品牌十分重要。新的标识、标语和招牌等建立在品牌原有的传统之上。例如金色字体等传统元素得以保留，同时加入了更加精致和现代的字体，使整体品牌外观与感觉与时俱进。简洁而传统的字形创造出新颖、现代的品牌识别，运用品牌商标的简单色调，即绿色、金色、奶白色和灰色，在经典与现代之间平衡。使用"始于1860的男装"这条标语，清晰地传达了品牌的悠久历史。

第六章　时尚推广

时尚推广是营销组合中的重要部分。市场推广的任务是与顾客进行沟通，宣传产品和服务。推广活动包括广告、公共关系、促销等，可以用于建设品牌形象、提高品牌认知度、提高产品需求、促进消费者对当季产品的认识以及告诉消费者相关优惠与服务等。市场推广的最终目标自然是增加销售，促进消费者的购买。

市场推广组合

市场推广组合是企业为推动产品与服务销售、向消费者传播其信息所使用的推广工具组合。该组合的四个标准元素是广告、促销、公共关系（PR）和人员销售。

与营销组合的概念类似，市场推广组合将大量可行的推广方式简化到四个论题之下，它们含义广泛。然而，时装业的推广方式与其他市场领域有所不同，所以将推广方式简化的做法忽略了可能会用到的各种推广机会。时装营销中其他重要的推广工具有时装媒体、每季时装系列展示、橱窗陈列、商品陈列展示以及图像化标语等。

时尚媒体

媒体在时尚市场推广中扮演了重要角色。在时尚市场推广这个机制中，时尚杂志起着重要的啮合作用，它的广告和编辑评论至关重要。媒体报道了伦敦、巴黎、纽约、米兰时装周上的设计师时装秀；在时装评论中最先发布最新一季的服装系列，分析主流时尚趋势，介绍当季的热门装扮以及汇报艺术、文化界的趋势。对于时尚推广非常重要的还有媒体对名流的关注。它们花大量篇幅侃侃而谈那些名人的近况。名人八卦周刊介绍最新的各界名流消息、时装趋势和上架的必买产品。国内报纸也报道名人新闻、设计师时装系列以及业内每季或日常的发展报告。

时装表演

时装表演是这个产业必不可少的一部分，它属于重要的公关活动，也宣传了设计师。主要的国际设计师时装T台表演在一年两次的伦敦、巴黎、米兰和纽约时装周上举行，每到这时，设计师工作室、设计师品牌、奢侈时装品牌等就会纷纷展示下一季的成衣系列。伦敦时装周上一场时装秀花费可高达5万英镑，并且只选择邀请一部分设计师参与，但对于设计师或品牌来说，这是一个吸引媒体报道的重要机会，能够提高品牌认知度，建立品牌声誉。

下图

拉尔夫·劳伦2009年秋季时装秀上，*Vogue*主编安娜·温图尔坐在第一排右数第四位。温图尔在时尚界拥有呼风唤雨的能力；如果她决定在杂志专题中介绍某位设计师的作品，将成为该设计师和其品牌免费而重大的宣传和营销

时尚媒体和买家，还有一些社会名流，蜂拥而至四大著名的时尚之都，共襄盛举。媒体报道最新的时尚理念，收集灵感撰写时尚报道及拍摄照片；买家则开始制订下一季的购买计划。印度、斯里兰卡、澳大利亚、中国香港和内地也都举办过时装周活动，虽然它们并不特别知名，但对该地区的设计师、媒体和买家等也是相当重要的。其他展会还包括杜塞尔多夫CPD女装及配饰博览会、伦敦Pure服装服饰展览会、巴黎成衣展（Prêt-à-porter）以及巴塞罗那、柏林的Bread & Butter国际时装展。以上展会主要面向零售买家，供其先观看服装系列后下订单。

除了成衣时装秀，高级定制时装秀也在巴黎举行。

零售企业会在媒体日或者开展公关活动时举办一场时装秀，而它只作为其中的一个环节出现。或者在执行营销和推广战略时，举办针对顾客的店内活动和店内时装静态展示，这也是战略中的一个部分。组织慈善捐助活动时，时装表演也是一项被青睐的选择，尤其是能够有高调的零售品牌、设计师以及模特们参与支持的话，更将有助于宣传和门票销售。

橱窗展示

橱窗是零售店理想的展示场所，也是重要的营销机会。醒目而亮眼的橱窗就像一块诱人的磁铁，吸引着顾客进入商店观看。店内布置用来增强品牌识别、吸引媒体关注，或介绍产品、价格以及促销等信息。以Zara为例，它不做广告，而是用自己开阔的橱窗和时尚的店内陈设达到推广品牌的目的。此外，橱窗可用于推广季节性的特殊活动，节假日和圣诞节通常是最重要的。

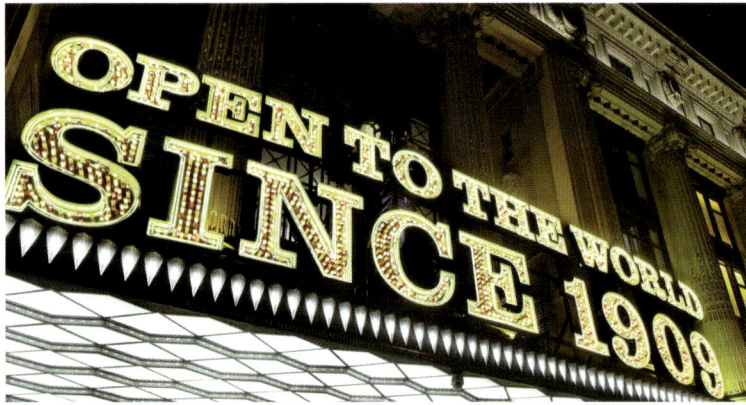

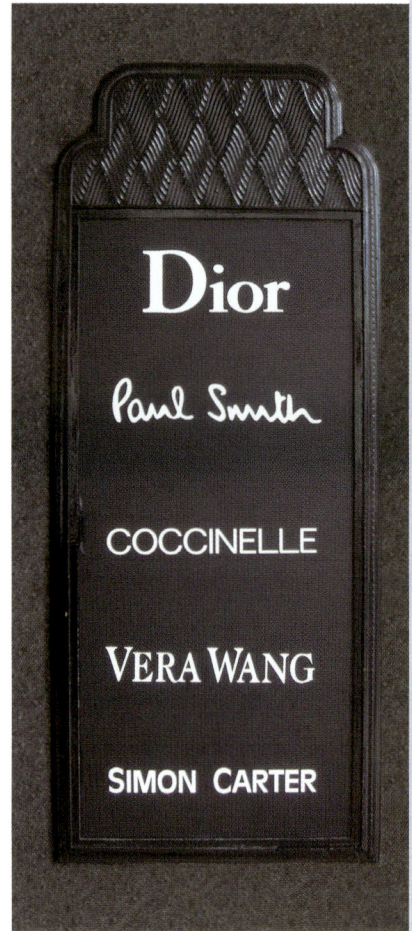

它也可以用以介绍本季最新最热的趋势或设计师系列的时尚个性故事。大多低端零售商店更为常见的是"销售式橱窗",用来展示以及推销特定商品。

商品陈列展示以及图像化标语

顾客踏进商店内后,与其进行交流、推广及制造视觉效果的重要环节就是商品陈列展示以及图像化标语。商品陈列展示(VM)即布置店内展示,营造重点事物的外观整体协调性。应注重突出店家或买家需要推广的特殊摆设及重点产品,负责商品陈列展示的人员应清楚哪些是媒体推广计划内的产品,并将其摆放在突出的位置上。店内标语主要用以引导顾客,说明不同的商品部门、区域或特殊系列。在店外,标语可以说明店内有哪些品牌。一些零售商店采用橱窗或是靠近店门口的内部墙面,推广店内产品。

左上图

树立在品牌历史中举足轻重的里程碑事件是开展特别活动的绝佳机会。2009年,世界闻名的伦敦百货公司塞尔福里奇庆祝了自己的百年诞辰,向历史致敬的黄色主题橱窗令人惊艳。每扇橱窗展示了一个塞尔福里奇在过去百年中的陈列展示概念,连接今日的现代气息进行了重新演绎

右上图

一家百货商店外的标语,它展示了店内服装楼层的一些著名品牌

160

时装广告

广告是一项全球性的重点业务。实力传媒公司（ZenithOptimedia）提供的数据显示，2008年美国消费者杂志广告支出高达185亿美元，而英国这一数据为6.36亿英镑，美英两国分别投入45.11亿美元和2.57亿英镑推广美妆洗护类产品和服装服饰类产品。总体而言，广告是一项昂贵的推广模式，但是对于国际大品牌而言，它们具备可观的预算，因而广告是高效可见的推广方式，它成为传播品牌识别、传递品牌信息的首要选择。

普遍认为，广告是非人员形式的市场推广，也就是，它是通过图案、影像或书面文字在大众媒体或网络上传递理念。广告的主要目标是提高人们对品牌的认知和了解，并劝服人们购买产品。它的最终目标必然是促进销售，但是更深层来说，广告的投放还致力于以下几点。

- 巩固品牌形象
- 营造品牌市场地位
- 在消费者心中留下特殊意义
- 开发消费者需求
- 制造对品牌及产品的需要

大多数时尚推广广告的开发在于向消费者传达消费资讯，激起消费者的购买需求。一般来说，它们的手段是强调，如果你穿着某个品牌，或购买它的服装、配饰、香水、珠宝或化妆品等，你将变得性感美丽、妩媚迷人，或是年轻时髦，或是成为时尚的弄潮儿。至于男士产品，大多数的讯息都是有关成功和从容、矫健和有力、性感和魅力等等。时装广告的主要媒介是新闻媒体，尤其是杂志，因而在传播品质特性时，重点是开发强有力的图像信息，便于消费者解读。越来越多的著名时装品牌采用明星代言的方法，使他们成为品牌的"门脸"。

明星代言

多年以来，大量世界级的电影、音乐明星签约服装、配饰、化妆品以及香水等品牌的推广活动。2006年，茱莉亚·罗伯茨曾签下意大利时装精品店詹弗兰科·费雷的一纸合约，拍摄该品牌当年的春夏广告；妮可·基德曼和凯拉·奈特利分别出演了香奈儿No.5和Coco Mademoiselle香水的微电影中，并拍摄平面广告。2008年，法瑞尔·威廉为迪奥尊品品牌迪奥·桀傲（Dior Homme）的全球形象代言人，路易·威登在众人瞩目之下出人意料地签下夏当娜演出其2009春/夏广告，同年，哈里波特系列电影的明星艾玛·沃特森成为博柏利的形象代言人。明星代言的目的是使明星的声望和光环与品牌直接挂钩，巩固品牌的市场形象与地位。

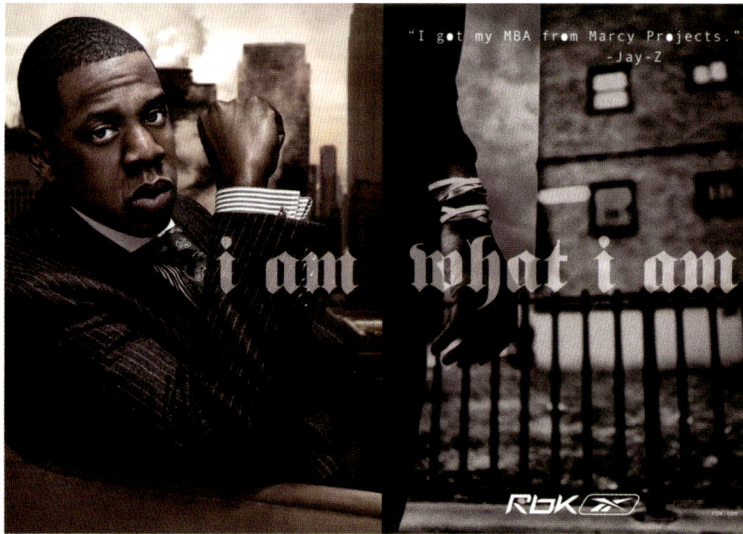

"I got my MBA from Marcy Projects."
-Jay-Z

i am what i am

RbK

左图

2005年，说唱歌手Jay-Z为锐步进行代言，成为价值5000万美元"我就是我"广告的一部分。锐步选择他们认为真实独特的明星，从而吸引年轻消费者。这些广告出现在伦敦、东京、纽约、洛杉矶和芝加哥等重要市场的电影院、广告牌、海报中

　　选择正确的明星代言至关重要。戴维-布朗娱乐公司（DBE）人才部门开发的戴维-布朗指数（DBI）帮助广告公司和品牌评估明星的适用性。该指数采用八项指标对明星进行评分，并通过综合数据体系分析最终结果。该评估体系的获取成本相当可观，不过如果查看它占明星酬劳的比例，就会发现它的实际成本只是很小的一部分。它的八项指标为：吸引力、抢眼性、影响力、信任度、认可度、引领潮流、热切性以及知名度。即使缺乏精细的数值计算或分析，这些指标依然值得参考，它们表明了明星适合作为品牌大使的基本要素。

　　吸引力和抢眼性是指该位名人在其专业领域及媒体上的名气、吸引力以及出现程度。影响力、信任度和认可度则会衡量他作为品牌的发言人或代表标志是否足够有力。引领潮流和热切性关注的是消费者是否渴求这位名人的潮流风格。他的消费者知名度是令其代言有效的必不可少的条件。

　　到此为止，我们已经看过了不少时尚广告和明星代言的传统方法，它们旨在提高品牌知名度，迎合消费者的期待。明星广告的设计一般不会太过冲击或引发争议，因为双方都得维护自己的声誉不受损害。不过，在有些情况下，时装广告也会突破传统、颠覆常规。凯特·摩斯因为为内衣品牌密探（Agent Provocateur）拍摄的情色意味宣传片《X小姐的四个梦》，而引发了一时轰动；2007年意大利时装品牌杜·嘉班纳（DOLCE&GABBANA）因为在西班牙报刊上刊登有争议性的暴露图案的平面广告，而饱受抨击。在这则广告中，一个男人抓着一个女人的手腕，把她撂倒在地。遭到性别歧视、鼓吹性别暴力等投诉后这则广告被撤下。不过，正如在下面的例子中所见，你很可能通过使用挑衅性和反常规的广告手段，建立鲜明的品牌形象。

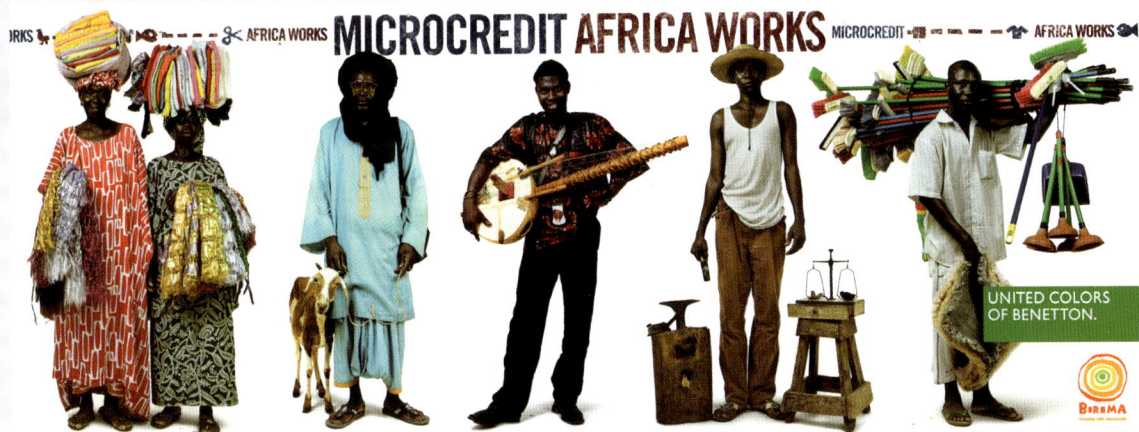

独特的时装广告方式
全色彩贝纳通

自成立以来，"全色彩贝纳通"的广告创意中使用了贝纳通这个品牌名称作为平台，发表了对诸多全球性问题，例如种族、战争以及世界饥饿问题等的意见。早期贝纳通具有丰富的色彩缤纷的毛衣系列，最初广告标语为"世界上所有的颜色"。这之后，它改为现今传奇性的"全色彩贝纳通"。该公司相信全色彩的概念是有力的，它象征的多样性意义潜力无穷，因此此标语成为了正式商标。

贝纳通的广告掌握了图像的力量，传递出强烈的情感信息，同时亦提高了人们对重要的共同事件的认识。

上图

2008年2月全色彩贝纳通推出了它策划的非洲工作全球传播广告。这则广告的设计在于推动塞内加尔国内的博瑞玛小额信贷项目。詹姆斯·莫里森这些照片拍摄的是借助小额贷款开办小企业的塞内加尔工人们。广告中其他图案包括全色彩贝纳通和博瑞玛标识，以及贝纳通集团传媒研究中心Fabrica所开发的非洲工作的广告标语

广告的组成

广告由几个部分组成，包括信息传播、广告播放媒介或渠道以及广告出现的时间段和曝光度。下节将逐个介绍这个因素，着重关注信息和媒介，因为在任何广告中它们都是重点。

信息

显而易见，信息是所有广告的关键要素。因此，仔细衡量广告的意图，它的外在和潜在信息是至关重要的。广告想要吸引的人群有哪些？试图传递哪些东西？哪一类的信息既能与观众发生交流，又能与广告的目的和品牌的价值保持一致？信息是否简明扼要（比如在即将到来的特价活动中所有产品降价20%），还是它难以捉摸、偏挑衅和挑战性？另一需要考虑的问题是如何将信息呈现在视觉上——它是通过一张摄影图片、时装插画、产品图例还是其他图案形象来反映？广告中是否需要增加文字内容，使信息得以传达？在展示图像的同时，旁边是否要有标语口号？相关信息是否能够在不依靠任何图像的情况下即得以传播，或者说所需要的方式仅为一些文字内容？

在决定以上信息后，接着考虑下列问题。

- 广告的目的是什么，是提高知名度、介绍、巩固品牌价值，还是引发人们的行动？
- 它需要传达的最重要的信息是什么？
- 这个信息是直接还是间接传播？
- 信息如何进行传播——是通过图像、文字还是两者兼有？

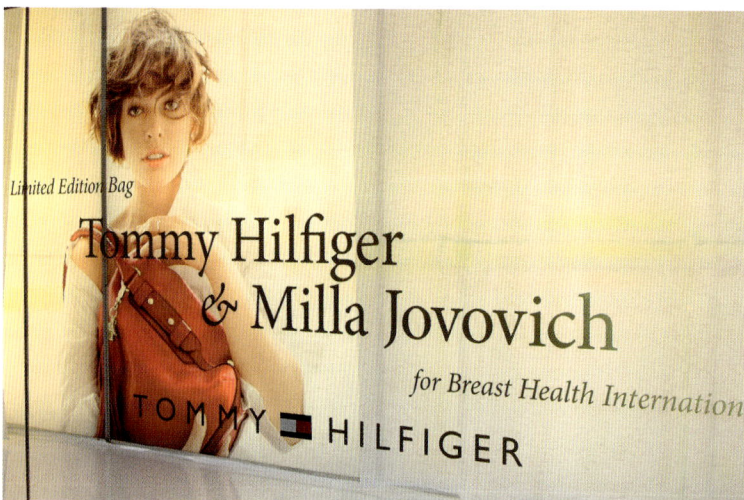

在设计一个广告或广告活动时，需确定它如何与众不同，以及如何吸引消费者的注意力。广告信息则在此基础上确定，同时还要了解信息才能对消费者起效而有意义。广告能否形成讨论点，能否诠释自己的故事，是否直接传播相关理念，还是通过图像的潜台词更微妙地表现？是否需要明星与广告的结合，预算能够允许吗？还得考虑所需要的技能和人员：是否需要造型师、摄影师、艺术总监或影片导演，或是签约时装插画师？

广告特点与优势
Blackspot鞋

*Adbusters*总部位于加拿大温哥华，是一家非盈利的杂志媒体，发行量约在120000册左右。这份激进的杂志向读者提供哲学文章和有关社会、文化以及经济全球问题的评论。它的目的是推动商业动作行为的变革，创造经济与生态间更加平衡的关系。为此，*Adbusters*决定干些实事以挑战现状，于是他们成为首家制造与销售鞋类的杂志。

*Adbusters*推出了Blackspot鞋子广告，推广经典V1款Blackspot运动鞋。随后他们推出了第二款鞋，V2 Unswoosher马靴，宣称其是"世界上最环保的鞋"，它采用了由回收汽车轮胎制作的橡胶鞋底和有机麻材料的鞋面。这款鞋是人道的，反对剥削劳工、反标识且提倡环境保护，同时*Adbusters*自称"保护基层资本主义"。每双Blackspot鞋都附有一份Blackspot股东文件。这份证书和鞋子一起放置在鞋盒中，上面有唯一的登陆账号，购买者可以登陆Adbusters/Blackspot网站的会员区，参与股东在线论坛。任何购买了一双该鞋的人，都自动成为Blackspot "反对公司化"的会员，获得对公司事务表决的权利。Blackspot运动鞋是针对匡威全明星经典帆布鞋一次深思熟虑的颠覆之作。广告指出了这款人道、反标识的运动鞋的特殊之处和优点，引起了人们的注意。

这款Blackspot帆布鞋故意颠覆了匡威"Chuck Taylor"All-Star系列帆布鞋。广告中列出了这款人道、反对标志化的帆布鞋的所有特点和优势

广告媒介或渠道

　　完成广告信息和目的之后，下一步需要考虑的是媒介。媒介，也称作渠道，是广告对外发表、让公众看到广告的载体。传统的大众媒体广告渠道有以下几种。

- 平面媒体
- 电影院
- 电视
- 户外广告
- 电台广播

　　服装服饰和奢侈品宣传时广告最为常见的渠道之一则为平面广告，主要是大量国际性和全国性公开发行的月度杂志。以*Vogue*美版2000年12月刊为例，刊登了221页的广告。虽然这一数字相比上一年度高达284页的数值已经降低了22%，但仍然接占了杂志内容相当高的比例。另一个传统大众平面媒体渠道是全国性新闻报纸。这类广告通常为黑白的，个过多数全国报纸发行的周末全彩副刊一般刊登许多奢侈服装品牌的全页或跨页广告。在影院和电视广告中，品牌能以短片形式诠释一个故事。

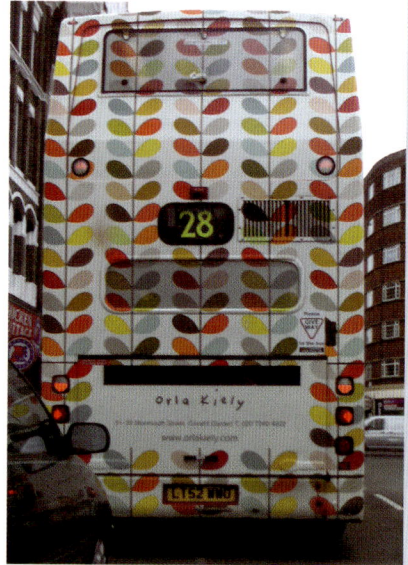

如前所述，香奈儿的No.5香水采用了这一技巧，妮可·基德曼与奥黛丽·塔图皆出演了其广告。全球运动品牌，例如耐克、阿迪达斯也制作电影或电视上播放的广告。2008年阿迪达斯经典三叶草广告采取了平面、电视、影院和网络等多个渠道。电视广告不仅在建设品牌知名度方面，也在全国或地区性观众对某个活动或销售的了解有很好的效果。户外媒体或环境广告，包括广告牌、海报、公车或出租车的车身广告等，都是时装公司常采用的方式。阿玛尼在米兰Via Cusani和Via Broletto交界处设立的310平方米（3337平方英尺）的广告牌广为人知。最后一个要提到的传统媒介是电台广播。它较不被时装业喜爱，主要是由于时装广告更适合于视觉媒体。不过，在地区性广播电台上发布销售或市场推广、店铺开张、本地时尚活动或明星出席活动的广告是较划算的方式。

新的广告渠道

传统渠道对时尚广告业具有高度重要性，但这一情况正在迅速发生改变。通过网络进行市场推广，不管是品牌网站、企业或消费者博客的直接宣传，还是通过在线视频的传播，都是现在广告、市场推广以及品牌建设的一个补充和替代性的平台。欧洲互动广告协会发布EIAA网络购物报告，提供欧洲消费者使用网络进行娱乐、交流以及商务活动等的数据信息。2008年该报告显示，59%的欧洲网络购物者将知名品牌网站作为一项重要的信息来源。

左上图

大卫·贝克汉姆和维多利亚·贝克汉姆夫妇为安普里奥·阿玛尼内衣做广告代言人。这则广告出现于米兰市中心的大型看板上，令人驻足观看，轰动一时

右上图

伦敦和香港公交车车身上出现了奥兰·凯利的广告。图中伦敦公交车被涂上了奥兰·凯利经典的"叶柄"样式图案

2009年，尼尔森媒体研究机构开展的全球网络消费者调查，共收集了来自50个国家的25000名网络消费者的意见加以比较。70%的受访者信赖品牌网站的信息。尼尔森媒体研究机构同时发现90%的受访者信赖熟人的推荐，70%的人信赖消费者在网上发布的评价。但同时，尼尔森的研究也强调了地区性差异。对消费者在网上发布的评价信任度，越南和意大利网络消费者最高，阿根廷消费者最低。品牌网络在中国、巴基斯坦、越南最被接受，而瑞典、以色列的受访者对这一渠道的信息信任度大为降低。

病毒式推广

《紫牛》（*Purple Cow*）作者赛斯·高汀在书中第二章提到，他认为营销理念必须"不同寻常"，才能脱颖而出，获得相应的消费者认知。马尔科姆·格拉德威尔在《引爆流行》（*The Tipping Point*）一书进一步说明，信息本身或推广的产品必须具备"记忆性"。格拉德威尔引入了一个新内容，他称之为"附着力因素"，即理念或营销信息的传递必须具有"附着力"。与信息相关的事物，包括它的内容、传递方式应使接收者记忆犹新——它应不同寻常，具有记忆性和讨论度。新的口号是"传递理念成功"。

病毒性视频能够覆盖数以百万计的观众，因而日益成为市场推广广告的要素。每一天每分钟里，就有长达20小时的新视频被上传到视频网站。艾比·克莱森在《广告时代》书中采访Visible Measures公司副总裁马特·卡特勒时，深入剖析了病毒式推广如何实施以及它为什么能发挥作用。Visible Measures公司开发了一套监测在线视频观众的体系。马特·卡特勒认为，病毒性视频已不再作为一个利基市场营销工具；数据显示，网络观众的实际数量在某些情况下已经可以与电视观众数量抗争。第一周的曝光度关系到病毒性视频是否能够成功传播。卡特勒说到，在推出的初期，高密度的宣传和付费媒体的曝光，对病毒性视频非常关键。

Some journeys cannot be put into words.

左图
安妮·莱博维茨拍摄的这幅广告中为凯斯·理查德和他的路易·威登吉他盒。这一广告活动的设计构想在于将品牌和那些影响深远的运动、音乐、电影、政治名人群系相系，一则病毒性视频也同时被放上视频网站，记录了苹博维茨为这位作者拍摄肖像及拍摄广告的过程。时装商业网站的一篇文章表示，这则视频在媒体和喜好的消费者中间引发不小的反响。广告获得超过8000篇媒体报导，众多博客在网络进行讨论（援引自www.businessoffashion.com 2008）

随着病毒视频获得了认同，它将通过邮件、社交网站以及群众的口耳相传不断加速传播。不能打动消费者的视频，将无法到达100万观众的这个第一站目标。如果实现，接下来需要通过400万观众这一关卡。明星级的广告则需获得1000万以上的观众认可。

博客和社交网络

博客是增长最快的消费者自生媒体（CGM）领域之一。博客作者在此分享自己的观点和品牌体验，正如大卫·米尔曼·斯科特在《市场营销与公共关系的新规则》中所说的那样。

"了解市场对自己、对公司、对产品的看法从来都没有容易的途径。"

——米尔曼·斯科特（2007）

博客圈正迅速发展，斯卡伯和伊斯列共同撰写了《透明化的交流：博客正在改变企业与顾客交流方式》（*Naked Conversations: how blogs are changing the way businesses talk with customers*）一书，在过去9个月中，博客作者数量从750万猛增至2000万左右，足足增长了近三倍。斯卡伯和伊斯列假设，如果有一天"企业没有更新博客，会让人们开始怀疑企业是不是隐瞒了什么"。品牌正在发现这一媒介的重要性，类似耐克等运动品牌作为先驱开发了nikeblog.com，而休闲品牌Fat Face也有自己的网上社群outthere.fatface.com。Apparelsearch.com网站提供了各类有用的时装行业博客目录。社交网站现已成为市场推广的重要途径。2009年秋季，博柏利开设了自己的社交网站，名为"风衣的艺术"，它的特色是由用户上传人们利用品牌著名的腰带式风衣进行娱乐的照片。博柏利认为，这一媒介为他们吸引新的年轻顾客，加强了与现有客户群的关系。

时间安排和曝光度

下一步我们要考虑的是广告的时间安排——它要发布多长时间，是电视广告还是网络视频的形式。企业必须在使用媒介的传播速度和时间规划、投放成本之间获得平衡。服装品牌一般选择一年做两次广告，广告的时间需与春、秋两季时装的推出相协调。采用密集爆发式广告播放的广告活动，适用于宣传新品牌或产品上市。广告也可用于决策性时点，宣传季中、季末特卖活动。永久性的广告播放是昂贵的，因此，持续广告活动为全球大型品牌所采用，它们拥有高额的广告预算。每则广告都需考虑它的接触人群和覆盖面，即在一定时期和投放频率下广告面向目标市场的人群规模，或指在相应时间里人们可能看到广告的次数。

"我发现，Fackbook已经成为给我的网站带来流量的第二大途径，仅次于Google。它是一个强大的工具。同时，通过它我能与我的顾客从个体层面上进行交流，向他们免费提供店内的最新动态。"

——汉娜·詹宁斯

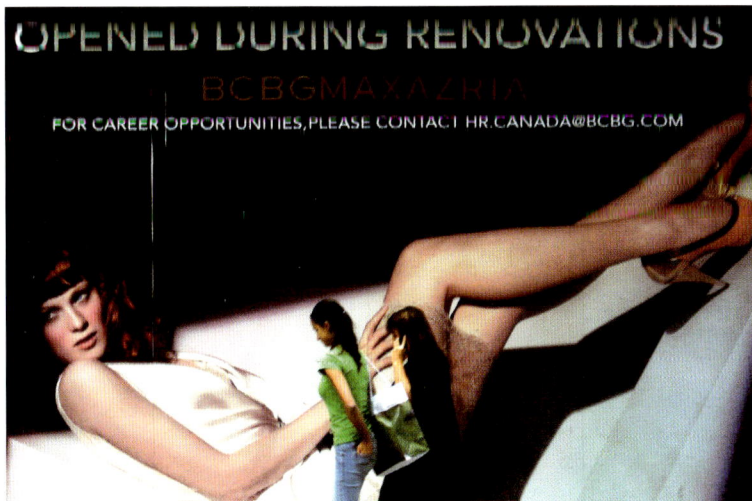

　　一般认为，对电视广告来说，观众需要重复观看5~7次，才能消化它的信息。另一个需要考虑的因素是哪类媒介对目标受众的影响力最大。在决定最适合的媒介时，主要考虑以下因素。

- 目标受众：哪类媒介最适合用于吸引所需的消费者？
- 接触面：有多少人可能接触到广告？
- 频率：目标消费者接触到广告的间隔？
- 影响力：哪种媒体或媒体组合能够制造最大的影响？
- 成本：每种媒介的相应成本是多少，如何最好地利用广告预算？

广告设计

　　和市场营销的角度一样，在开发一则广告或大型宣传活动时，透彻的研究、明确的规划以及清晰的目的是最基本的环节。设计过程的第一步是制订广告活动的目的。它的目的是介绍某个具体事物，例如特价、推广活动或产品上市？还是保持品牌认知度，使消费者记住品牌？或者它是要打动新的目标受众，让他们接受品牌。在明确了目标之后，可以进行下一步，决定适合的媒介，思考广告的确切信息，决定广告的风格与内容。同时预算也是必需的，并决定广告是由企业独立开展还是需要委托广告公司进行开展。简单的广告可以由企业内部开展，节省预算。相对复杂的广告，或是全球性广告通常需要专业的广告公司或传媒机构开展。

经典牛仔品牌的新生
李维斯501®解扣真我的整合性广告战略

2008年春、夏季，李维斯推出了"解扣真我"（Live Unbuttoned）全球广告战略，庆祝经典501®牛仔裤。这一广告战略不仅采用了众多传统广告媒介，例如平面、电视广告等，也运用了新式广告媒介，最著名的是病毒推广和数字形式。它是当时最大型的品牌整合营销项目，在世界110个国家开展。病毒式的广告活动引起了消费者和媒体的高度关注。它代表了未来市场营销的潜在方向；它的启示是病毒推广和商业手段并不互相排斥，各类创意内容可以同时采用，以吸引不同的消费群体。旧金山利维·斯特劳斯公司副总裁罗伯特·卡梅隆在《纽约时报》斯图尔特·埃利奥特的访谈中说到，"广告和营销正在发生根本性的改变，参与度代表了全部。"他补充说："我们试想五年后、十年后世界的样子，然后以那个方式来做现在的营销。"

公司利用新媒体这一难得的机遇，推广这款经典的直筒纽扣牛仔裤，作为现代服装的典型，与新一代的生活方式相贴合。为了了解为什么新的年轻消费者对该公司的未来发展如此重要，这需要回溯牛仔市场过去的一些趋势。

背景故事

1996年，利维·斯特劳斯公司在其巅峰期时收入达71亿美元。但是，2003年，这家全球性牛仔品牌收入却锐减至41亿美元，且2003~2007年间，公司的净销售额停滞不前。李维斯一直面临着激烈的竞争，在过去数年里，牛仔市场日新月异，变化最大的是商家最渴求的13~24岁年龄群体。可惜李维斯未能快速赶上人口结构转变、文化变迁以及市场发展，而这些因素都影响了他们的商业运作。李维斯存在的问题是，当时年轻消费者排斥其功能性经典501®牛仔裤，这类牛仔裤不再是时尚的。年轻群体不想要穿着其父辈或是祖父辈喜好的品牌及款式，而是转而喜爱更新潮、更有魅力和更时尚的品牌。设计师牛仔品牌在20世纪80年代开始兴起，领头的是卡尔文·克莱恩（Calvin Klein），广告中年仅15岁的女孩波姬·小丝，转身面向摄像头无所畏惧地问："你想知道我和我的Calvin Klein牛仔裤之间有什么吗？——什么也没有。"虽然李维斯的销量并未立刻受到影响，但是这则开创性的广告意味着变革已经到来。Gap、老海军（Old Navy）、汤米·希尔费格等纷纷进军牛仔市场，同时，越来越多的主流商业街服装零售品牌推出了价位适中的自有品牌牛仔裤。进入新千年后，高端品牌牛仔裤和小众设计师品牌等也纷纷兴起，例如柒牌、真实信仰（True Religion）、摇滚和平、人类居民等品牌，市场再度发生改变。真实信仰牛仔品牌创建于2003年，第一年取得了200万美元的销售额，成立三年后，净销售额猛增至1亿美元。

单个来看，这些公司的规模都远远小于利维·斯特劳斯公司，但是它们的快速发展，瓜分了原有市场，对李维斯的未来经营有不小的威胁。显然，李维斯需要制订相应战略，提升自身形象，重新夺取年轻市场份额

品牌精神

利维·斯特劳斯公司认识到，要想保证未来发展，当务之急是原有501®牛仔裤的重新定位，以全新的手段传播品牌的核心价值和深层本质。李维斯501®牛仔源起于粗犷不羁的美国西部，它是前卫独立、民主理想以及反叛精神的经典象征。该公司认识到，他们必须找到方法，诠释这些理念，使其与无拘无束的年轻消费者相贴合，发生关联。他们需要现代的方式，与目标受众自在潇洒、自我表现的人生态度相协调。这个方案，从本质上看十分简洁，它建立在牛仔裤最具象征意义的部分——纽扣。

市场营销的现代化手段

解扣真我广告战略巧妙地联结了牛仔裤经典的裤头纽扣特色和"解开自己"概念，打破禁忌和习俗，获得解放，这一理念引起了年轻市场的强烈共鸣。

"目标非常简单，而内涵则是吸引年轻男性，让他们与我们的品牌产生趣味而富有意义的互动，鼓励他们去发现，并穿着李维斯品牌。"——李维斯公关与品牌营销主管艾丽卡·阿尔尚博（2009）

李维斯希望与目标受众一同传播自己，于是它不得不打破传统

上图

伦敦潮流街区布里克巷的一幢建筑外墙打出巨型的帆布海报，向伦敦东区年轻人和艺术人士宣传李维斯501®牛仔裤

李维斯501®解扣真我广告战略运用了广告新媒体，例如病毒性视频、免费下载音乐等，同时传统广告与营销方式也被采用，例如户外大型广告看板和橱窗重点展示等。

广告方式，在广告战略中加入病毒式或数字化营销媒体。

在大规模推出之前，几则病毒性视频首先被放上视频网站。名为Jeans Jump的短片以年轻男性为针对对象，展示了一群男子从越来越高的高度以跳跃或前后空翻的方式跳进一条501®牛仔裤。这条短片获得病毒性般的蔓延，在前十天内获得了350万点击量。这个视频作为引子，或制造一个悬念，迪过传统新闻媒体的报道，它很快形成了一股风潮，被通750万人观看到。更多病毒性视频的传播以及用户自创内容的加入，支撑了这一顺利方式，娱乐大众，吸引人们的讨论，从而推动广告战略的纵伸开展。除了此项目的推出，则是通过提供免费下载最新音乐、体育、艺术以及娱乐明星的音乐和视频等方式。艾丽卡·阿尔尚博认为，在这个战略中，病毒性媒体的使用起到了很好的效果，因为"它以贴合年轻人的方式与其交流……他们能够产生共鸣。"不过，相对传统的营销手段仍被采用，以扩大广告在零售层面的覆盖范围——重点橱窗展示和店内销售材料等。

设计过程的步骤如下。

- 制订广告目的
- 确定适当的媒体平台
- 决定广告制作单位
- 制订预算和时间安排
- 确定广告内容、风格以及广告信息

评测广告效果

评测广告效果是判断广告与其战略目标的符合程度，可包括以下内容。

- 刺激销售增长
- 建设品牌认知度
- 推出新产品或新系列
- 改变消费者对品牌或产品的印象和认知
- 提高消费者忠诚度

获得预期的广告成果并不容易。销售增长可以是一系列因素共同作用的结果，例如与竞争对手的定价比较，或产品的网上销售。明星穿了某个品牌，可能让它的销售暴增，在时下火热的电视节目、电影中置入产品，也能制造需求。通过调查测试广告投放前、后的消费者认知度，才能判断某一广告是否提高了消费者认知。类似地，如果要调查广告是否成功地影响了消费者对品牌的印象，则需要具体的消费者分析。

其中一个可以衡量的角度即为广告能见概率（OTS）。它代指一则广告的播出频率。平均OTS的数值说明了目标受众中能看见、听见或阅读广告的人数。总OTS是累计数字，它是一项广告战略通过多种媒介渠道的各类广告获得的汇总成果，渠道包括电视、电影、杂志、网络和户外看板等。OTS数值的取得可以透过问卷调查、面谈采访、自我评报等，多为目标受众的会员日记。

另一方法是广告影响幅度，即目标受众在不同的场合观看或收听到电视、广播广告的总次数。如果一则广告在四个月的时间中播出了100次，每次播出时平均覆盖100万名观众，则该广告实现了1亿人的影响幅度，月均影响幅度为2500万人。

"在广告的花费上，过半的金钱是白费的；问题是我也不知道是哪一半钱。"

——约翰·沃纳梅克

广告成本可以使用广告经费效益率（CPT）法计算，该方法可以计算覆盖每个个目标受众的平均成本。根据杂志中版面位置的不同，批发杂志和期刊Vogue上的全页彩色广告成本也不同，但都高达100000美元。计算广告CPT时，先用总成本除去杂志的发行量，再乘以1000。因此，若发行量为120万，CPT就为83美元/千人。

促销

促销，也称线下营销，用以促进需求增长、提高某类产品或服务的销量。促销的目的是通过额外的消费刺激，例如降价销售、免费附赠产品、每单消费提供额外好处或服务，或提供奖品等，来提高品牌和商品对顾客的吸引力。

促销活动通常在有限的一段时间内展开，存在某类约束条件，比如最低消费。直接面向最终消费者的促销称为消费者促销；针对零售商、批发商或制造商的促销称为商业促销。服装和纺织批发商、供应商以及制造商开展商业促销，鼓励商业客户购买或下订单。

面向最终消费者的促销采用一般所称的拉动战略，创造需求，吸引顾客进店、上网站浏览，最终实现消费。推动战略针对的是贸易分销商和零售商，鼓励它们去宣传和推动品牌或产品，面向最终消费者销售。

下面将介绍消费者促销的主要类型，并说明它们的适用情况，包括每种手段的优点和消费者的收益，还有在制订促销计划时需要考虑的情况。商业促销的要点将在最后介绍。

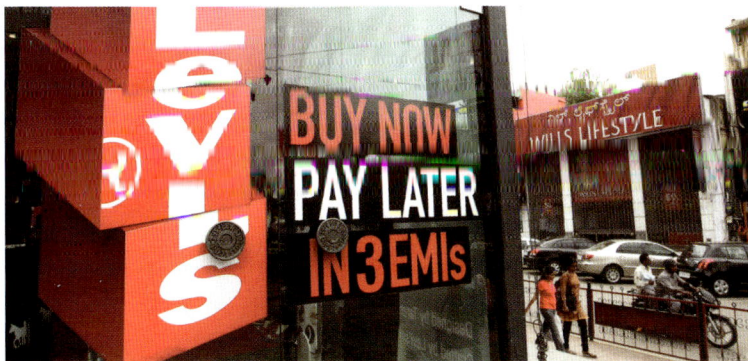

左图
位于印度班加罗尔的一家李维斯商店。作为美国牛仔品牌，李维斯让印度消费者有机会以三次分期付款方式购买到00美元的羊仔裤产品。此种方式的促销手段更常用于销售诸如大机等白色家电，但李维斯采用这个概念来吸引手头较紧的印度顾客

消费者促销

　　面向终端消费者的促销目的是在短期内提高销量，并在长远角度上对企业整体经营起到推动效果。一般来说，促销会针对消费者的一些基本冲动，例如省钱、免费物品、限量品、降价销售品以及获奖等进行激励。零售商进行促销的动机是提高商店或网站消费者浏览人次，提高转换率，即从浏览转化为购买的概率。促销活动的优势在于能够快速收益，相比大规模广告成本较低。

　　服装品牌和零售商店可以采取多种促销活动形势，一般如下。

- 降价
- 特价优惠
- 购买赠品
- 优惠券
- 竞赛

降价销售

　　降价销售是清理积压库存最常用的手段，主要目的是尽快通过降低部分商品的价格，提高销售量。它有利于出清存货、给企业带来现金流、腾出零售场所空间销售新产品。

　　降价能够提高销售，但同时会减少毛利，影响最终利润。在季末特价时开展降价活动通常是购销策略的组成部分。降价幅度通常在10%~30%，不过在销售形势较严峻时，零售商可能会被迫降价50%~70%。

特价优惠

　　特价的主要目的是提高销量，但也可作为提高品牌或产品吸引力、激励建设消费者忠诚度的手段。设计特价销售可采用多种形式；具体性质受相应的形势和所处的市场层级的制约。商业街或规模化零售品牌多采用类似"买一赠一"的特价方式，清理销量不佳的过季库存及低价商品。例如"女式背心买一赠一"，这个促销方式用以清走店里颜色过时的背心，换上新品。另外，在消费者购买某一单商品时，可以折价购买特定商品，这也作为零售商的一种选择。以男装商店为例，消费者购买一件衬衫时，可以以半价购买一些销售不佳的领带。

上图
用来宣传季末打折或特价促销的商店橱窗展示

这类推广的好处是双重的，它既能提高衬衫的销量，又能提高全价的衬衫销量。为了能够更好地提高销量，特价活动时可运用明显的标语和抢眼的摆设，提醒告知顾客促销产品、具体价格和特价限期等。促销产品可以通过人形模特展示，也可以架设展销台，或是以店内海报、横幅广告、展板或其他宣传材料突出强调。在结账台前设置销售展示，在消费者离店前，鼓励他们购买特价产品。

特价优惠也可用以宣传品牌。百货商场或精品店在新品牌引进时推出广告，在效益不佳的品牌推广时制订特价优惠活动。在此情况下，可选择零售商店和服装品牌合作开展推广活动，均摊成本。特价优惠也用以吸引顾客加入忠实顾客奖励计划、办理商店会员卡，以及回馈会员卡消费超过一定额度的忠实顾客。

限量发售

设计师、品牌或零售商店提升形象，制造商品吸引力的一条途径是向顾客提供购买限量版产品的机会。对相当一部分顾客而言，一件单品只有有限数量的人群能够拥有这件事是具有诱惑力的。实行限量概念的方法有若干，例如在某段时间内有限数量地一次性供应某一单品，也可以设计限量版系列，而非一件单品。澳大利亚冲浪休闲品牌Billabong2008~2009冬季推出了"设计师空间"（Designer's Closet）这个限量版系列，面向Billabong欧洲女装市场。

英国精品零售品牌Whistles也在2008~2009秋季特别推出了一个限量系列，这个高端系列由20种款式组成，均在伦敦本地手工制作完成，包括不少经典的收藏款，例如酒会礼服和经典的裁剪样式等，限量产品只在伦敦两家独立精品店和在塞尔弗里奇百货设立的特许专卖店进行销售。每一款式只生产100件，极为尊贵。另外，也可每隔一段时间推出一个特别限量版，作为系列推向市场。英国箱包配饰品牌莱德利（Radley）便采用了这一策略。他们每季会特别设计并生产一款包，包上的卡通图案融入莱德利经典的黑色小狗标志。这类包被不少爱好者收藏，很多顾客成为回头客，购买每季最新推出的系列作品。▣

上图

饰品设计师安雅·希德玛芝向顾客推出了一款名为"I am not a plastic bag"（我不是一个塑料袋）的特别限量版棉布购物袋。这款帆布手提袋是和"We Are What We Do"非营利机构合作开发的。他们出版了一本名为《5英镑改变世界》的书，而这个标价为5英镑的包代表着人们由此能够不再使用塑料袋。这款袋子于2007年3月推出，最初只在英国国内的安雅·希德玛芝商店、伦敦丹佛街集市商店、巴黎柯莱特时尚商店和科威特Villa Moda商店等销售。这个环保设计的手提袋采取限量获取形式，遭到人们的疯狂追求，渴望买到这款包的人们排成了长龙

当年年末，一家英国大型超市也开始销售这款手袋，这次的数量仍是有限的，每个顾客只允许购买一只，最终在一小时内它就被抢购一空

迪赛(Diesel)"Dirty Thirty"
特价优惠活动

　　时装公司将开发限量版产品作为实现差异化、向顾客提供独有产品的一种方式。2008年，意大利牛仔公司迪赛为庆祝成立三十周年、回馈支持者对品牌的热爱，开发了特惠限量版产品。迪赛"Dirty Thirty"广告战略让消费者有机会购买到一件独特的限量版的牛仔裤，包括Heeven男士低腰窄腿牛仔裤和Matic女士紧身牛仔裤两种款式。迪赛仅制作30000条供应市场，在全球160家商店销售，这类高档牛仔裤标价30英镑（约为30欧元或50美元），平价而且具有吸引力。它在设计上带有一些独特的设计特征，每条裤子具有纪念性的×××背后标识（X代表罗马数字的30）、手工补丁和侧缝线上缝制的"Dirty Thirty 1978~2008"装饰字样。所有裤子都采用了特殊的"dirty"水洗处理。迪赛的推广活动也限定了销售时间——2008年10月10日上午10点起售，仅为期一天。作为额外的奖励，每家商店前10名购买这类牛仔裤的顾客将被邀请参加其中一场迪赛×××全球盛典，活动将于当年10月11日同时在世界各地17个地点举行。

　　"Dirty Thirty"推广活动说明成功的特价优惠活动应包括以下要点。

• 特别且具有吸引力的产品

左上图

黛西·罗易为Matic女士紧身牛仔裤担任模特

右上图

这一限量版牛仔裤具有一些特别的设计，例如带有迪赛XXX标识的身后皮质标识、手工补丁和庆祝迪赛从1978~2008年30周年的缝制字样

• 限量供应

• 在一定的时间内限时供应

• 促销降价

　　在设计一个特价优惠计划时，应确保提供的产品与品牌或零售店的气质及市场等级相符。大型的特价优惠活动，例如迪赛"Dirty Thirty"推广活动应能提升品牌形象，实现短期内销售增长，而且在长期中不破坏或贬低品牌形象，造成顾客流失。

知名设计师与商业街零售品牌的合作

近年来，知名设计师与商业街零售品牌的合作作为一种推广方式，得到了快速发展，但其实它并不是一种全新的形式。20世纪90年代，英国德本汉姆百货商店在德本汉姆服装系列中运用它的设计师，率先引入了这个理念。2004年11月，瑞典快时尚巨头H&M与卡尔·拉格菲尔德合作制作了Lagerfeld for H&M系列，这类合作才真正迎来了春天。该系列包括了女装、男装、香水和配饰等，仅在H&M全球32个地区市场中的20个市场上销售。从此H&M开始了与不同设计师的合作：2005年11月，斯特拉·麦卡特尼设计的系列在400家商店销售；2006年秋，维果罗夫（Viktor & Rolf）系列在全球24个地区市场的250商店内销售；2007年与罗伯特·卡沃利合作；2008年4月由芬兰品牌玛丽麦高设计的一个系列在28家商店上市销售；2008年11月，日本设计师川久保玲将她的Comme des Garçons品牌带入合作。2009年春天，H&M这一战略继续开展，英国设计师马修·威廉姆森设计了一个女装系列，该设计师也开启了新的领域，为品牌设计了一个男装系列。

在服装零售业中，目前这类性质的合作已经很多见了。上市前，大规模的人群聚焦等候，当店门一开便冲进门抢购，产品则在数小时或数天内销售一空。美国折扣商店塔吉特百货是另一个与设计师合作的零售品牌。该品牌的承诺是"更多期待，更少付出"。塔吉特履行这一承诺的途径之一就是它的"全民化设计"产品供应。它积极与时尚设计师进行合作，先后与西 配饰设计师乔雅·希德玛以及帽子品牌帕奇森·黄甲森建立合作，从而向消费者提供半价的设计师产品。2009年春季，他们邀请到了亚历山大·麦昆与其合作，制作一个面向年轻的麦昆顾客的系列，也在品牌杰出的客座设计师名单中再增一名重量级嘉宾。

左上图
麦当娜2007年M by Madonna系列与瑞典商业街零售品牌H&M合作制作，图为麦当娜为这一系列拍摄广告并担任模特

右上图
影星佩内洛普·克鲁兹和她的姐姐，舞蹈家兼电视演员莫尼卡·克鲁兹，与西班牙服装连锁品牌Mango合作，制作了一个限量版系列，灵感来自克鲁兹姐妹自家衣柜的旧衣物

塔吉特也做过一季限量版设计师产品的促销，但他们的主要方式还是与设计师进行长期的合作，每季销售设计师的系列，供应量的决定要确保每季销售水平的维持。H&M则是每年与一位全新的设计师合作，它的计划在于提供短期鲜明的零售体验。

零售商跨界合作的另一种形式是和名人合作；2007年，H&M与麦当娜合作，推出M by Madonna服装线，英国商业街零售品牌Topshop与著名的世界级模特凯特·摩斯展开持续的合作。H&M首席设计师玛格丽塔·范丹波士与麦当娜一起，共同创作服装系列，该系列是这位流行巨星自我时装风格的体现。同样，凯特·摩斯和Topshop公司设计团队合作紧密，尽情地诠释她的独特个性和多变的时尚风格，向大众呈现了一个既时尚又极具购买性的凯特·摩斯Topshop系列。虽然没有明确说明，但一般来说，名人不会亲自设计服装，他们只提供一些款式灵感，然后允许企业借用他们的名字命名时装系列。这样的合作存在相对的风险，因为名人的形象会发生变化——某种个性很可能突然不再受宠，失去大众的支持。在和名人、明星合作时，最主要的事项是确定他的个人风貌是适合的，即选择的明星能够提高品牌的形象，目标消费者认可他的个人风格。

其他合作形式

各类服装企业继续开发着多种合作形式。合作设计和战略联盟的发展走上轨道，尤其是设计师或明星与体育品牌之间的合作。每个合作理念都采取了独一无二的首创手段，发挥自身潜力，激发新创意、开发产品、迎合目标消费人群。彪马（Puma）在运动与时尚结合上率先一步，早在2000年，它就联合模特克里斯蒂·特灵顿，制作推出了Nuala瑜伽与休闲系列。2004年，彪马与克里斯蒂·特灵顿扩大了合作范围，开发出Mahanuala系列，这是一条着重技术性能的瑜伽服饰、鞋类产品线。它通过亚马逊服装服饰网站下设精品网店的方式在线销售这个系列商品。2003年，阿迪达斯推出了Y-3系列，成为这个德国运动品牌和日籍服装设计师山本耀司之间战略合作的起点。这一合作的主要目的在于塑造属于阿迪达斯品牌鲜明的自我时尚元素，在此之上令品牌与众不同，实现差异化。2005年，阿迪达斯进一步发展了与斯特拉·麦卡特尼的合作，推出时尚性质的运动系列adidas by Stella McCartney。多种资源的跨界协同合作越来越丰富多样。

品牌O'Neill诞生于加利福尼亚海滨，是一个专业销售年轻化的冲浪服装以及运动休闲服装的知名国际品牌。该企业旨在年轻人的休闲市场上注入新的创意理念，因此，O'Neill发起了一个合作计划，称为"The Collective"。O'Neill认识到图案艺术在运动服装和年轻群体中具有重要意义，因而，他们与荷兰艺术家Boxie（原名Marco van Boxtel）合作，后者特别为该品牌设计了限量系列。他们还与英国服装设计师Luella Bartley合作，他为该品牌制作了冲浪服和冬款运动装。

下图
Boxie为O'Neill品牌所做的设计

举例来说，拉科斯特（Lacoste）邀请了多形式的服装与艺术类杂志 *Visionaire* 以及12位分别在设计、音乐、摄影和艺术上具有影响力的艺术人士共同合作。这项目采用了最先进的印花技术，制作了一本可穿着式的刊物，共12件Lacoste影像印花Polo衫，作为 *Visionaire* 第54期特刊的12页画面，特刊共分4套。

从各具特色的合作方式我们可以看出，创意合作仍然大有可图，其他富有成效的合作方式也有机会大放异彩。这类合作的发展说明，它已成为众多品牌行之有效的战略。

联合协作的优势

联合协作的一般形式是知名大型品牌或零售商与相对高端的设计型企业或独立设计师建立合作。合作各方从中都要有利可图，才能协同获益。这种联合不能令现有顾客产生距离感。高知名度的设计师和商业街零售品牌之间的合作，可令相关各方都可实现可观的收益。设计师一方获得更大范围的宣传曝光，能够吸引新受众，他们过去多因为过高的价格或设计师品牌定位过高而无法接受其产品。而对零售品牌一方，合作项目为他们提供了更多的选择、保持自身的流行性及时尚度，并且吸引具有时尚触觉的新顾客。简而言之，商业街零售品牌能提升形象，设计型企业得以面向新的市场，而消费者则能在自己熟悉且感觉舒适的商店环境内，以较合理的价格购买到设计师服装。成功的合作伙伴关系能够在每个参与方相应的能力和口碑之上，结合各方的强项，获得无法各自单独实现的特殊成就。跨界合作让品牌和设计能够获得以下优势。

- 吸引新顾客
- 在新市场上赢得信任
- 提升声望
- 开发其他创新形式
- 制造新的商业机遇
- 资源共享
- 降低个体独立经营风险
- 制造轰动效应，吸引媒体报道

限量发售和联合协作已经成为服装业内最重要的促销工具之一。其他可能的办法有随货赠品、开展竞赛或者进行优惠券促销等。

179

英国高档皮革文具品牌斯迈森 (Smythson)与贾尔斯·迪肯合作，制作了300套定制明信片（右上图），每一张都采用雅致手工镌刻的钢笔素描图案。斯迈森第二次开展合作项目时，和艾尔丹姆共同设计了限量手工皮制日记本（右下图），封皮是镌刻式彩色色块插画图，还设计了记事本（左下图），封皮和艾尔丹姆2010年度假系列的印花丝绸面料（左上图）相一致

随买赠品

　　化妆品及香水业广泛使用随购买时赠送礼品的推广方式，在顾客购买一定数量的产品时，对其发放化妆品或护肤品试用装。女性时尚杂志每期也会免费开发礼品。随买赠品促销是服装零售业一项主要工具，但必须把礼品的成本计入考虑，需要计算消费者要花多少钱才能得到赠品。回到第178页所举的滞销男士领带一例，这时零售商可以考虑赠品促销方式，消费者购买一件高价产品，如西装，或消费超过一定的金额，即可获赠免费领带。在推出新品牌，例如一款新香水时，采用随买附赠的方式，推广效果显著。这时，可以以此香水的小样品作为赠品。总之，赠品必须具有吸引力，与品牌或零售品牌的形象相符，而且这项计划必须能提高销量。

优惠券

　　通过优惠券给顾客打折是另一种促销手段。一般说来，杂志报纸和服装零售商之间会采用这类计划。消费者在参加活动的商店使用优惠券，通常能得到10%~20%的折扣。这种促销形式可令零售商店和杂志双方受益，它能同时提高杂志和零售商店的产品销量。

　　现在优惠券不再仅是纸质形式，电子商务（网络）的兴起和手机业务功能日趋成熟，也为促销折扣方案提供了更多可能的机会。消费者可以从网站上获取优惠券代码，或注册后将文字编码、电子条形码发送到手机。随着手机技术的创新，消费者还能直接通过手机进行网上购物。照相手机加上预装软件，就能扫描商店橱窗中或是纸质广告上的条形码。还可以将条形码直接发送到消费者的手机上，当他准备购买商品、获得促销时可将条形码出示给商店扫描。2008年，拉尔夫·劳伦将手机购买引入其零售业，推出了手机业务站点，它成为第一家开发此业务的奢侈品牌。同年，耐克推出了创新手机营销活动，该品牌的忠诚拥趸可以应用照相手机中的照片，为运动鞋创作专属的色彩搭配。条形码和文字编码促销对年轻群体这一目标市场更具卓效，因为手机是其主要的交流工具之一。同时，零售商店和品牌可以通过条形码和文字编码，与消费者进行直接沟通与交流，以及收集有用的数据。

竞赛与抽奖

　　零售商与服装品牌也可以考虑开展竞赛或抽奖，进行品牌推广。抽奖可以通过网络、手机进行，也可在商店、杂志报纸以及通过邮寄等方式发放纸质参与表格等形式开展。一般的竞赛可以问参赛者有关品牌或企业的简单问题，不过竞争形式也可设计得更有意思，例如，邀请消费者设计个性服装，或是进行服装再加工等。2009年，慈善组织牛津饥荒救济委员会（Oxfam）位于伦敦跳蚤市场的新旗舰店开张，作为推广活动计划的一部分，他们开展了一项竞赛活动，邀请参赛者拿自己已有的一件服装改造成新的个性服装，然后通过flickr网站上传一张结果的照片链接。获胜者可以获得一件明星设计师琼斯夫人的定制服装，并且可将获奖的个性服装照片放上Oxfam官网作为奖品。竞赛重要的一点是，要使奖品具有吸引力，使消费者认为值得加入。同时要考虑奖品数量的设置，使消费者认为自己有机会赢奖。

消费者促销设计

　　促销的主要优点之一是可以快速获得成果。它们能够提高客流、促进销量，而且相比大规模的广告，成本一般较低。促销活动也能够提高消费者的忠诚度，附带地，还能够收集有用的消费者数据。消费者促销为企业提供了相当广阔的可能，然而它的设计必须用心精选；如果企业过分依赖于折扣和特惠设计，会贬低自身形象，也就是设计存在缺陷。另一个问题，尤其是在严峻的经贸形势下，消费者会减少常态的消费和支出，等待促销再出手。它虽然能够保证企业的现金流，但也会造成企业的整体财务状况贬值。在设计促销时，重点应考虑以下几方面。

- 促销的目的
- 目标受众
- 最合适的框架结构
- 如何运作
- 时间表
- 供应范围或覆盖面
- 如何告知顾客促销活动
- 成本
- 可能的捆绑销售、附加活动和合作伙伴

上图
DIY Oxfam竞赛的获奖鞋子。帕特丽夏·斯德潘诺维奇以一双灵感来自克里斯提·鲁布托为罗达特设计的个性鞋子获奖

首先要考虑的就是它的目的：它需要为企业实现什么以及它为顾客提供什么。紧接着是第二个重要因素，活动的目标受众是什么。弄清这两点后，应确定它最适合的促销方式和它的运作方式。促销的时间划分需要精心设计。可行的时间期限必须着重设计，既要使促销活动产生效果，又不能因为时间过长，使消费者延迟消费。要明确告知消费者活动的截止日期，让其了解促销的供应是限量的，还可能形成消费者的迫切感。清销库存的降价活动要计算售价降价多少，以在对整体利润损害最小时让顾客来购买产品。针对特别设计或订做的产品开展特价优惠促销活动时，主要要判断恰当的供应量，尤其是限量版产品，例如迪赛的Dirty Thirty牛仔裤。数量和限量供应性之间要取得平衡，从而既能使顾客渴望产品，又确保有足够的库存。如果产品过快售空，会令一些忠实顾客失望。同样地，供应量过多和大量未销的库存也不能达到预期目标。还需确定供应范围或覆盖面：产品是否可在每家商店或零售渠道获得，还是选择某些渠道和地区展开销售？

企业必须提醒及告知消费者促销活动，从而需要一定形式的广告或者公关活动。不过广告和公关并不是必需的。促销活动的信息也可以通过橱窗展示或店内及销售点材料来宣传。

最后更重要的是成本和预算限额。用于清理库存的降价促销最好能在尽可能小的成本下进行，宣传材料最好是简单直接的商店或橱窗标语。特价优惠和限量计划需要相当规模的宣传活动，相关的广告和公关需要较高的费用预算。不过，可以选择与合作伙伴合作或联合促销，扩大促销的层面，且可平摊成本。

最后还需提及法律对广告及市场推广的监管。尤其是抽奖和竞赛活动，受到具体的规定制约。因此，要精心设计促销计划，使所有环节符合相关法律。包括促销研究所、英国特许市场营销协会（CIM）以及美国营销协会（AMA）等专业机构，都可在相关法律事务资料中提供帮助。

促销的优劣势

优势

- 创造需求、刺激消费
- 短期的销量增长
- 引导顾客进入
- 维护消费者忠诚度
- 提高看购率
- 指定具体目标顾客群
- 成本费用低于广告项目

劣势

- 只能得到短期的成果
- 会影响品牌形象
- 会影响全价产品销售
- 促销产品库存可能过快售空，而令顾客不满
- 必须符合政府规章

商业促销

时尚业非常重视零售和最终消费者，但是企业对企业（B2B）的商业往来和推广是行业极为重要的一个环节。企业针对企业客户的促销，诸如折扣、延期付款等，是常见的经营手段，用以刺激购买或增加订单。许多企业在交易展会上，会特别提供促销活动，以此鼓励客户来到自己的展位，在展会期间下订单。通常也可以根据购买数量的增加而提高降价幅度。制造商也可提供免费销售材料，以文字、摆设或吊牌形式说明产品信息，随成交后附送出。供应商和零售商之间还可能就合作开展广告的可靠性进行谈判，广告可以作为推广新产品、新面料或者新服装技术的特别活动。促销计划还能渗透发展客户关系，迎合客户特殊需求。促销行为有助于拿下原本犹豫不决的客户。需要重申，企业的总体目标和它出席交易展会的原因是保证促销公平合理的重要考虑因素。

直接营销

直接营销的目的是在企业和最终消费者之间建立直接的联系。它并非像广告那般需要备受瞩目，而是具有成本效益性，更便于从企业内部管控。在B2B经营下，直接营销也能发挥作用；企业可向老商业客户发放新季度的产品目录，或寄送邮件消息。直接营销包括以下推广活动。

- 纸质及电子直邮
- 产品目录邮寄
- 短信提醒
- 刊登杂志

为了开展直接营销，企业需要建立一个客户数据库（但在报刊置入时并不必需）。所以零售商很重视商店会员卡。同样，网络也很重要，客户从网上下单时将自动被添加到数据库。产品手册和目录可随商店会员卡月单附带发送，也可以寄给网上购物的客户。电子邮件和短信提醒也可被用作直接营销。

刊登杂志有助于沟通尚未进入数据库的潜在客户，它虽然不能面向特定的某个人，但能够直接面向某一报纸杂志的读者群。以优衣库为例，2009年初，它在一家英国主要报纸的周末彩色副刊上刊登了长达10页的广告。这则广告主要是推广它的男装春季系列，但也让读者知道，优衣库塞尔福里奇店将结业，列出了英国境内其他店面的信息，宣传了网上独家销售和"率先购买"机会。直接营销也用于B2B经营。企业可以在行业报纸杂志上刊登广告，或进行直接邮寄。比如，London Edge交易会就向30000个国际买家发送邮件。

左图

图为柏林Bread & Butter展上的Super Dry的展位。批发销售的服装品牌需要向众多参会的服装买家营销与推广他们的商品。向展会上签订的较大订单提供折扣是普遍的作法。它能刺激买家当场下单，而不是离开展位，最后可能向竞争品牌购买。商业折扣通常是递增性的，即折扣幅度根据订单量的增加而提高

时装公关与宣传

公关与宣传是时尚推广组合的另一重要组成部分。公关的总体目标是赢得媒体报道，建设与形成良好的机构、品牌或时尚标识形象。正确的宣传以及得当的公关使时装企业拥有巨大的优势——它不仅能提升企业或品牌的形象和声誉，而且耗费成本低于广告。虽然广告和公关通常取得的成果类似，但是企业在主要报刊、影院或电视上投放广告需要支付大额费用。而公关产生的费用通常远低于广告，主要是内部公关部分的运营成本，或者是支付给公关公司的费用——通常为月运营费用和人员工作费用。公关项目在于使国际、国内和当地媒体报导关于品牌、时装表演、产品上市和新一季系列资讯的有新闻价值的文章，以及服装服饰能够刊登在杂志的时尚版面。

根据企业的要求和自身规模，可以自主管理宣传和公关。预算较低的小型企业可以独立处理大多数日常宣传活动，再在需要开展特别项目或活动时，指定一家公关公司代理。大型企业可以聘用专业的公关公司，或自行成立专门的公关或媒体部门。其他企业一般使用独立公关公司，并且聘请公关经理监督项目运作并与公关公司沟通。

衡量公关效果

尽管公关比广告来得划算，但确定和衡量它的效果仍具有重要性。衡量方法有以下几种。

- 剪报报告
- 版面篇幅
- 广告等值（AVE）
- 民意或受众感受
- 声势份额

最传统的手段是汇总发表的新闻文章数量，即新闻剪报。剪报报告将详细介绍新闻发表的刊物、发表的文章主题以及刊物的发行量。这个数据可以进一步细化，计算版面的印刷篇幅。广告等值（AVE）测量的是公关活动对客户的收益。AVE将获得一定版面篇幅报导的成本和在相同大小的版面上刊登广告的成本进行折算。另外，也可以衡量对品牌或公关活动的民意或受众感受。

这项工作耗时耗力，需要开展典型小组调研并收集与分析综合性数据。其他需要数据分析的手段是声势份额。它将比较企业和十要点半刊千物媒体成果，分析谁的覆盖面更广。

基本的公关手段

以下文字将探讨如何选择基本的时尚公关手段，包括产品植入、明星效应、活动和产品发布会、时装表演和媒休日。

产品植入

企业通过让品牌和产品出现在电影、电视节目、音乐视频和数字游戏中，提高他们的知名度。这种推广形式称为产品植入，它能够形成相当大的产品需求。最著名的时装产品植入例子便是《欲望都市》电视与系列电影。

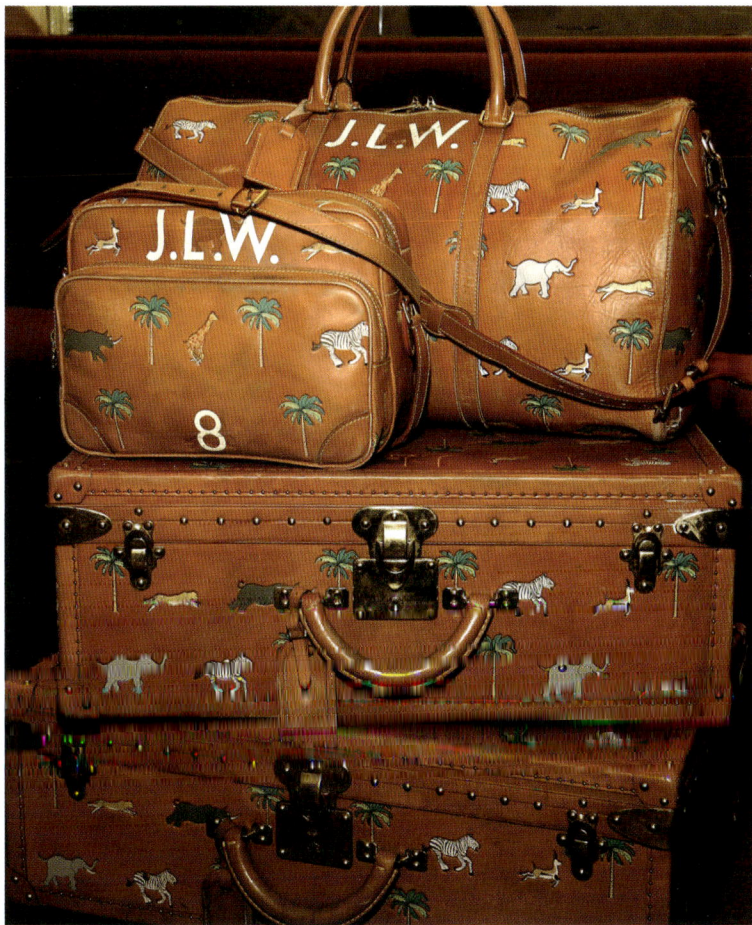

左图

图为韦斯·安德森电影《穿越大吉岭》中出现的一组路易·威登的行李箱。马克·雅可布在安德森兄弟艾瑞克的帮助下设计了这组行李箱，其中艾瑞克创造了行李箱外层特别的丛林式样。这款行李箱不仅出现在电影中，它还在纽约路易·威登店铺橱窗中进行了重点展示

2008年5月电影《欲望都市》第一部上映，电影中的服装来自维维安·韦斯特伍德、普拉达、周仰杰（Jimmy Choo）、路易·威登、克里斯汀·拉克鲁瓦和香奈儿等。鞋子设计师莫罗·伯拉尼克和周仰杰的产品在电视中出现后，他们随即变得家喻户晓。伯拉尼克和《欲望都市》品牌的联合程度完美地展示该理念，电影《欲望都市》官方网站上提供了伯拉尼克网站的链接。

产品植入可使销量长足增长，这点在2006年美国上映的电影《英女王》中可见一斑。电影在纽约上映后不久，麦迪逊大街上彼得·艾略特的巴伯尔商店人流量激增，例如海伦·米伦饰演的英女王在电影中穿着的两款经典巴伯尔上衣以及"博福特"和"李斯特戴尔"的需求大幅增加。

产品植入是电影投资时的一个重要收入来源。据路透社报道，2006年世界企业为在电影、电视上植入产品总花费约34亿美元。企业不一定需要付费让产品出镜，有些情况下可以免费获得这个特权。例如，2007年，一组路易·威登行李箱被电影导演韦斯·安德森用于《穿越大吉岭》，出人意料地成为了电影亮点。

明星扩散效应或明星代言产品

明星崇拜及其和时尚界的关系日趋成为时尚公关的重要元素。很多机构不得不增设专门的名人部门，处理"新闻炒作"事件，它主要在于机构演绎出有关品牌和明星之间关联的事迹，或是著名人士穿着服装服饰品牌时，对新闻报道速度的需求。对明星和时尚狂热效应的形成，部分来源于明星八卦周刊的散布以及高发行量，这类杂志包括Hello、OK!、Heat等。追逐明星的风潮也带来一个结果，即称之为明星效应或名人使用产品的公关活动。如前所述，名人签约成为品牌代言人，就是明星代言产品的情况。扩散效应则是设计师或品牌以租借或赠予明星的方式，使明星穿着品牌产品曝光。通常需要公关公司来负责处理。但是这一过程中品牌要选择个性和声誉符合的明星，提升品牌形象，或是经常出现有公众面前、总是被八卦杂志镜头捕捉的明星。终极目标是获得大量的媒体报道，占据大篇的版面。

媒体日

公关公司和企业内部新闻办公室主办媒体日，向时尚媒体发表下一季的系列。杂志发表要提前很长时间准备，因此媒体日必须在季前举办，编辑能够向设计师索要样品，从而提前开始构想时装拍摄的理念。

上图
图为伊丽莎白·赫莉出席纪念萨瓦托·菲拉格慕的晚宴兼时装表演活动

举办媒体日活动，可以用以推广交易会或一批设计师。例如，英国时装协会举办了媒体日以宣传时装周期间的Estethica展，展会主旨是可持续性服装的发展，在媒体日上展示了23个人性化的品牌。

特别活动

设计特别活动是为了满足不同的环境需要，可能包括下列情况。

- 产品上市
- 慈善活动
- 赞助活动
- 时尚研讨会及格调风向会
- 时装表演
- 私人购物晚会活动
- 设计师嘉宾出席

特别活动面向的对象可以是媒体、行业专家、商业伙伴或最终消费者等，由公关公司或是公司内设事务办公室和新闻办公室来组织。通常，特别活动的产品不仅是服装服饰，也可以是展会主题。比如，2008年，一场推广史上首届南亚服装会议和两场即将举办的贸易展会——服装行业供应商展（AISEX）和面料及配件供应商展（FASE）——同时举办在斯里兰卡首都科伦坡市中心著名酒店举行。面向最终消费者的特别活动有两个主要目的：一是吸引特别的购物，回馈忠实客户和会员卡持有人，另外则是推广和销售、特别设计师与品牌。主办一场特别活动需要进行媒体发布、发放邀请函。

上图
时尚杂志*Grazia*在韦斯菲尔德购物中心举办了长达一周的活动。*Grazia*杂志社在这家位于伦敦的商场里设立了临时办公室，购物的人们可以旁观工作人员制作与编辑杂志的过程。活动同时向游客提供了免费的化妆体验、时尚建议以及造型讨论会

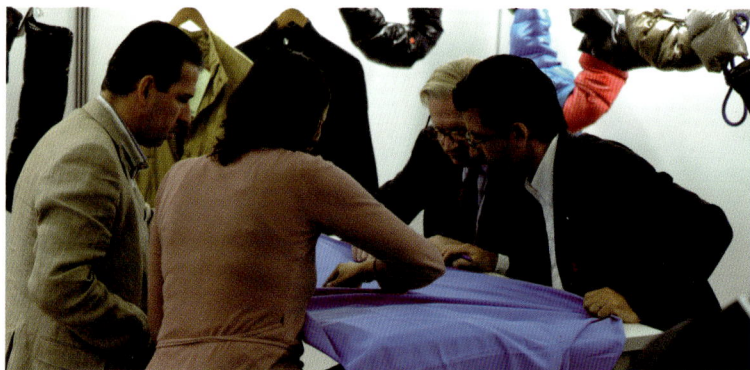

人员销售

　　人员销售是指通过面对面的个人接触展开的推广和销售活动。服装业中的人员销售有两个关键环节。首先是商店，它是销售人员和顾客直接沟通的场所。顾客的店内体验决定了顾客是否会购买产品，属于一锤定音的因素，因此人员销售的这一因素是服装业的重要一环。第二章中的营销组合中"过程"一节便探讨了这一内容（参见第47页）。"过程"涵盖从消费者的视角看待的整个购买环节，其中包括人员销售。精品店业主大多对其顾客有细致深入的了解，他们通常知道具体的顾客群体，再从设计室和服装零售商中购买商品，也会告知老顾客店里有专为他们上的新品。有消息称，一名形象设计师在哈罗兹百货一场季前内部新品展示上，订购了三套巴黎世家的酒会裙，每件价格在3000英镑左右，面向其不同的客户。

　　人员销售的另一个关键环节是商对商（B2B）活动。全球纺织服装行业中加工制造与批发销售都是主要层面，在与合适的买方发展商业关系时，需要销售代表和代理公司提供帮助。各类行业展会上都可见到人员销售行为，包括面料、辅料、服装服饰以及其他材料等的展会。纤维制造企业把产品卖给纺织加工商，纺织加工商则要激发服装设计师和零售品牌的灵感，并把面料销售给他们。所有的企业都需要把人员销售作为一项重要的推广工具。

　　人员销售的优点是它使客户获得较高的个性化体验。销售代表可以定制不同信息，满足具体客户的需求。人员销售能够建立长期经营合作、提供优质的技术咨询和产品服务的深度信息，以解决服装设计、加工、供应与零售时出现的大量问题。

第七章　时尚营销的职业类型

时尚是国际化的行业，需要很多不同学科范围的工作种类。此章将阐述从事时装设计、时尚零售管理以及时尚营销推广的职业人员所需要具备的主要能力。同时，也包括日常工作与岗位要求的某些内容，有助于读者选择深入进修，决定未来的职业方向。

市场营销是服装行业的一项基本职能，它影响着从原材料生产与销售，到面料、服装服饰的设计、开发、制造与推广，再到服装零售及最终消费者购买产品这整条产业链。市场营销是把所有过程环节串连到一起的共性因素，不管你打算投身行业的哪一角色，理解与认识市场营销正成为一项日益重要的技能。

纺织服装产业链

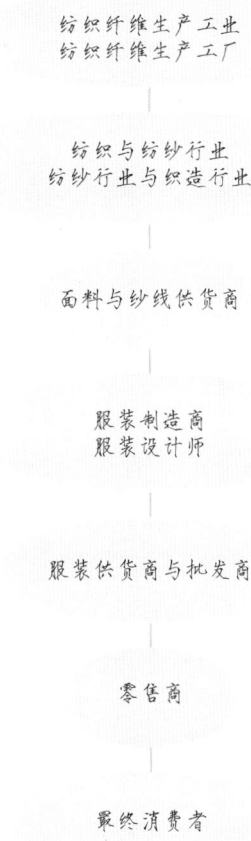

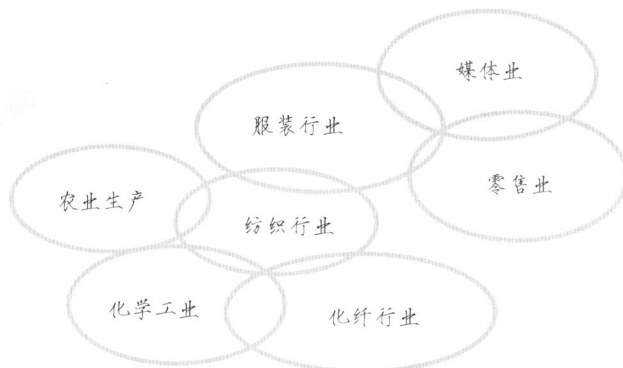

纺织纤维生产工业
纺织纤维生产工厂

纺织与纺纱行业
纺纱行业与织造行业

面料与纱线供货商

服装制造商
服装设计师

服装供货商与批发商

零售商

最终消费者

媒体业

服装行业

零售业

农业生产

纺织行业

化学工业

化纤行业

图中展示了服装行业与其他行业之间的关联，包括媒体业、零售业和纺织业，纺织业则与化学工业和农业相关联

市场营销的运作贯穿服装全产业链。在每一环节上，企业都需要满足客户的需求，或迎合最终消费者的需求，进而开发、销售与营销产品及服务

职业技能

时尚能令人迷醉而亢奋，但重要的是记住，从本质上来看，它是一项经营生产与销售服装和纺织产品的商业活动。它的产品必须满足客户的要求，创造利润，这也是企业的目的。从事时尚行业，你必须有雄心壮志、奋发上进、有创造力、精力充沛、热爱时尚，并且拥有市场营销和经营管理的从业技能。时尚产业的工作竞争激烈，你会发现，你必须比当学生时更加勤奋。如果你有幸得到一份工作，就要做好长时间加班的准备，随时准备处理接二连三的限期紧张的任务，大多时尚人都把它视为常态。你也很可能同时运作不止一个项目或一季时装，因此，做事井然有序、细心专注是非常必要的。你的上司会要求你了解市场、了解客户需求，并能在已有的财务限额下开展工作。

了解目标市场

不管你在行业中从事什么职业，他人都要求你了解与掌握自己工作的企业目标市场的特殊性。虽然你不必亲自进行详尽的消费者研究，但你必须确切了解和掌握相关的消费者和市场趋势，懂得品牌识别与品牌价值通过产品和服务传递给消费者时的表现形式。

商业经营理念

回顾第二章中市场营销的定义，我们知道"市场营销是利益性的识别、预测并迎合消费者需求的管理过程。"关键在于，独立的产品、服装系列、营销计划和推广战略，必须具有商业操作性，能够给企业带来盈利。因此，你需要更加全面地看待问题。创意理念能够商业化，带来盈利，是非常重要的。

认识企业经营目标

不管你是自立门户，还是在企业上班，都会有期望实现的成果或具体要达成的目标，企业也会建立主要绩效指标，评价你的工作。在进行设计或制订营销与推广计划时，必须时常记住经营目标和企业战略。

沟通与演讲能力

演示与会议是职业生涯中不可或缺的一项活动，因此需要良好的沟通与演讲能力，以胜任工作要求。服装行业的前期通化时间非常长，可能长达10个月时间开发产品。这意味着当下探讨的各类纺织品、服装与辅料实际上尚未成品，因此，需要优秀的沟通能力，包括图像和语言描述，在会议上准确解释设计构想，探讨产品概念以及介绍产品。

开发自有品牌系列供给商业街零售店，或是为百货商店采购服装的设计师、产品开发团队和买手都需要演示其产品系列，说明其设计背后的基本理念，表达出这个系列以及价格策略将实现企业的整体战略与经济目标。有时，人们也需向主要供应商和制造商进行演示，使其了解他们需要寻找、生产及供应的款式类型、细节风格以及制作工艺。

团队合作

与他人相处和工作是一门重要的职业学问，不管你处于行业的什么岗位，都需要团队合作和良好的沟通能力。就算是最优秀的设计师也无法一人独撑门面，他只是全局中的一个因素。即使他们的名字出现在标牌上或者他们是品牌的挂名领袖，他们仍仰赖各类专业人士的整体团队，其中包括板型裁剪、缝纫、生产管理、销售、推广、商业运作以及市场营销等。

时尚业中要求提升的技能

- 创造天赋与商业意识
- 市场与经营趋势的评估
- 战略性思维与对企业经营目标的认识
- 趋势分析的能力和对未来时尚及市场动向的直觉
- 团队合作技巧和与他人共事的能力
- 协商合作的能力
- 出色的组织才华和面对严苛限期的工作能力
- 演讲技巧和明确表达信息的能力
- 灵活积极的工作方法
- 同时处理不同任务及负责不止一个项目或一个时装季的能力
- 切实有效的过程管理和项目计划

职业选择

本节将讲述掌握市场营销原则对时尚业众多主要工作类型的不可或缺性。

时装设计

时装设计工作存在于行业的各个环节，从高级定制、设计师成衣到商业街时装、服装厂的设计师都有设计工作。通常设计师有女装、男装、配饰、童装等分工，当然他们也可以从事多于一种领域的设计。通常情况下，设计师多坚守一定的市场层级，例如定制、奢侈或街头服饰等。在大型机构中，设计师会任职于某个具体部门，包括休闲服、针织服装、户外服装、正装或单品等。根据市场类型和自我期望方向的不同，你也可以成为一名受雇设计师或时尚趋势预测员。

时装设计师

时装设计师的工作是开发适合指定目标市场的独立服装产品或产品系列。设计师必须对服装市场整体走向有清晰的认识，并掌握面对个别市场和目标消费群体的背景信息，它将帮助设计师正式推出服装系列正确的设计理念、产品细节、制作工艺和定价策略。

主要工作流程

- 评估当季与上季销售成果
- 分析趋势，并通过浏览商店获得灵感
- 开发并演示新一季的理念

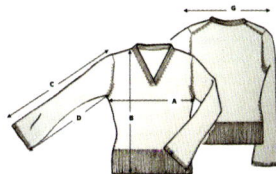

上图
团队工作的能力是另一门重要的学问。设计师需要仰赖于技术人员组成的团队帮助自己把创意理念变成现实

- 采购面料、原材料、辅料及配饰等
- 设计与开发产品系列
- 监督样板制作、制订精确的样品和生产产品规格
- 管理打样与试样过程
- 联络生产厂家和供货商进行打样与生产
- 向管理层、买家及其他相关人员敲定产品系列，并向内部员工或外部买家演示

服装设计师的主要能力

- 专业的面料与原料知识
- 准确演示与绘制技术细节的能力
- 创作天赋与商业意识
- 对比例和色彩的出众眼光
- 积极主动
- 研究与跟踪趋势的能力

与设计有关的职位和部门

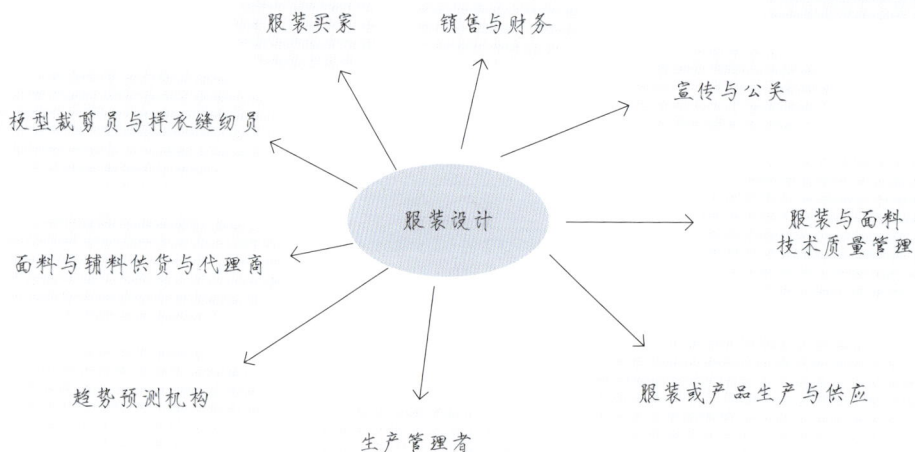

服装买家　　销售与财务

　　　　　　　　　　　宣传与公关

板型裁剪员与样衣缝纫员

服装设计　　　　服装与面料
　　　　　　　　技术质量管理

面料与辅料供货与代理商

趋势预测机构　　　　　　　服装或产品生产与供应

生产管理者

左图
街头服饰品牌Durkl的团队在其华盛顿的工作室中工作

左图
Première Vision展的现场，正展出2010的冬季面料样品。服装设计师、买家和趋势预测人员都会参加相关的面料交易会了解趋势，收集信息并下订单

时尚与趋势预测人

时尚与趋势预测人员大约提前1年半~2年开展工作，开发并汇集成趋势与市场报告，供行业购买。时尚预测机构提供当季和正兴起的消费者趋势和新兴的服装与纺织趋势，包括女装、男装与童装等。他们制作成演讲材料和印刷或电子式报告，包括色彩系列、设计示意图、印花与面料设计，还有产品技术平面图纸等，使购买了相关服务的企业可以知道所预测的趋势将如何转化为产品的设计。

主要工作活动

- 参加展会或在Première Vision之类的展会上架设机构展台，销售预测报告
- 前往各地研究趋势
- 汇编成主要趋势与时尚主旨的图像说明及色彩系列
- 研究面料、原煤料、成分、辅料与配饰等的技术开发

趋势预测人的主要能力

- 积极主动，有研究精神
- 了解文化演进，包括音乐、艺术、街头时尚与电影等方面
- 创作天赋和商业意识
- 对色彩的出众眼光
- 创作高标准的时装插画和技术平面图纸的能力
- 良好的人际交往技巧
- 分析趋势数据的能力

与趋势预测有关的职位和部门

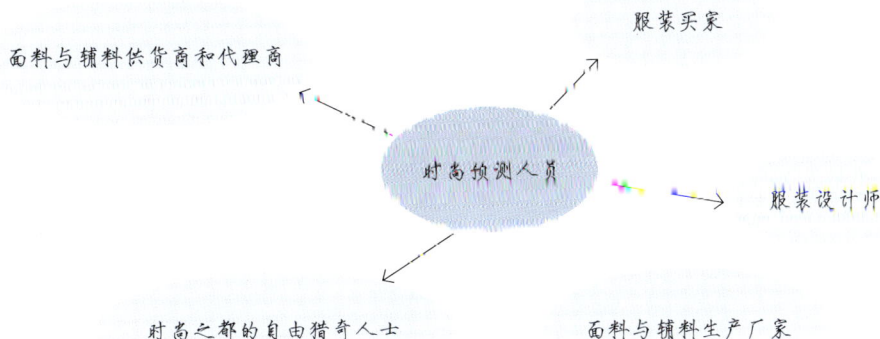

面料与辅料供货商和代理商

服装买家

时尚预测人员

服装设计师

时尚之都的自由猎奇人士

面料与辅料生产厂家

服装零售管理

零售文化里充满了高压力与严要求。商店每周营业6天或7天，几乎一年365天都要工作。如果你想在这个部门里工作，你必须有毅力和精力；零售业从来不是能够被一手遮天的，而是每天都风云变化莫测，因此，你必须能够应对突如其来的挑战。总部或幕后操作的工作包括零售采购员、跟单员和店面陈列员。

零售采购员

采购员采购、开发并决定产品系列。他们必须了解客户的喜好，预测消费者的需求，从而挑选具有商业利益、能够吸引目标市场的商品系列。服装采购员的职业机会主要为两个领域，一个是销售自有品牌系列的零售商店，另一个是销售批发产品、设计师服装品牌的个体精品店、小型连锁精品店以及百货商店。零售采购员责任很重，他要实现企业的盈利目标，完成利润，因此必须具备出色的商业头脑、认清当前的消费者趋势与变化、随时了解竞争对手的新情况，并有效应对变化。

主要工作活动

- 研究时尚趋势、分析消费者的购买模式
- 参观面料与交易展会
- 采购、开发并决定产品系列
- 和跟单员合作，制订产品系列计划
- 与供货商、生产商交涉
- 分析评估销售业绩
- 管理供货商关系，寻找新的供货商
- 视察国内、国际的生产厂家
- 视察商店，了解业绩并会见商店经理
- 撰写报告、介绍产品系列

零售采购员的主要能力

- 精准的时尚眼光
- 优秀的商业意识
- 出众的沟通与谈判技巧
- 数学计算能力
- 精确性
- 能够在严苛的期限下工作的能力
- 追踪时尚潮流的能力
- 对市场竞争对手的认识能力

左图
柏林Bread & Butter交易会期间，众多采购员在丹麦品牌nümph展位上订货

与服装采购有关的职位和部门

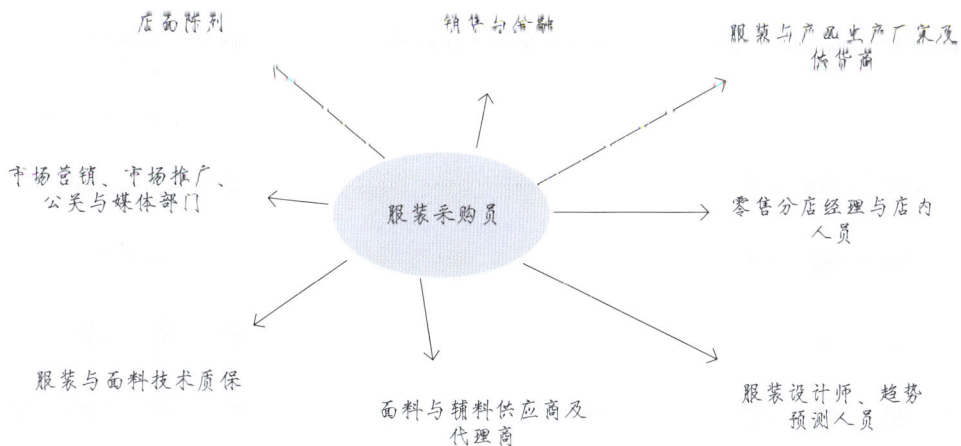

```
        店面陈列            销售与催融              服装与产品生产厂家及
                                                    供货商

市场营销、市场推广、
公关与媒体部门          ←    服装采购员    →      零售分店经理与店内
                                                    人员

  服装与面料技术质保     面料与辅料供应商及     服装设计师、趋势
                            代理商              预测人员
```

试样与成样

设计师、买家以及产品技术人员会采取团队合作试样，以确定衣服的合身度、决定产品规格。

美国户外品牌Nau相关团队对待关键细节一丝不苟，诸如服装的整体外观、合身度以及感觉等。每一个细节，上衣的合身度，到纽扣、包合、口袋、拉链以及缝合等，都需要被批准通过，并有精确的规范。Nau的服装有特别的剪裁，方便人体活动。它的衣袖比一般的服装长，在攀爬时手攀支撑物或骑自行车时手握车把，衣袖可以覆盖到手腕。上衣的后身处较长，人穿着弯腰时也能护住保暖。同时，设计师与面料供应商也有密切的合作，创造更优秀的可持续性生产技术，实现拥有再出色性能、手感与异形感的面料。

跟单员

跟单员负责预算，通过处理合适的时点上合适数量的产品供给恰当的商店，为零售商获得最大程度的盈利。跟单员和采购员之间合作无间，制订产品系列计划，并确定每种款式的购入数量。他们必须令采购员维持在预算内，同时产品系列能够实现利润目标。跟单员也需要和供货商协调联络，监督运输情况；他们和配货商及仓库部门一起工作，把库存按量送到对应的商店。跟单员要跟进每天和每周的销售数据，能够主动设计降价或促销策略。在小型企业中，可由同一个人承担采购和跟单的工作。

主要工作活动

- 制订预算
- 与采购员共同制订产品系列
- 与采购员、供货商、配货商、门店以及管理部门联络
- 分析财务数据
- 预测销量、利润与库存量
- 制订降价与促销策略，减少亏损、提高销量和利润
- 向管理层讲解财务数据、销售预测和库存信息
- 与供货商交涉运送时间和库存数量
- 与采购员一起视察生产厂家

跟单员的主要能力

- 计算及出色的分析能力
- 精确性
- 优秀的计算机能力和使用信息软件包的能力
- 对产品生产的了解
- 出色的谈判能力

与服装跟单员有关的职位和部门

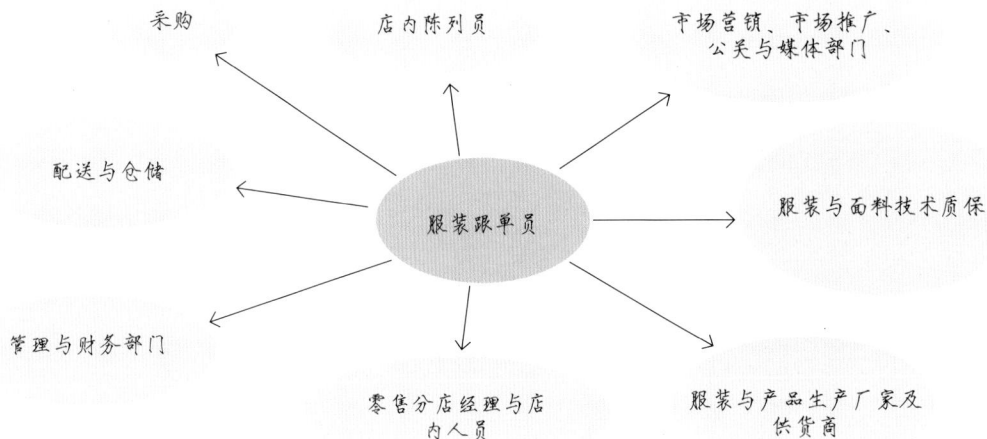

采购

店内陈列员

市场营销、市场推广、公关与媒体部门

配送与仓储

服装跟单员

服装与面料技术质保

管理与财务部门

零售分店经理与店内人员

服装与产品生产厂家及供货商

店内陈列员

　　店内陈列员负责设计和搭建橱窗摆设和店内的布置，从而吸引顾客进入店内、宣传商品、最大限度地提高潜在销量。陈列与宣传的设计需要与年度重点活动相切合，例如春夏季产品上市、圣诞节、情人节以及复活节等。大中型企业一般会组建自己的店面陈列（VM）团队，或是使用来自专业零售或店面陈列顾问的服务。而小企业只能独立完成或者使用兼职人员来完成陈列工作。如果你有意从事店面陈列工作，需要做好来回搬道具和模特、攀爬梯子、调适灯光以及涂刷背景板等的准备。你还需要出差，尤其是一家店一家店地视察，并且连夜工作替换陈列与摆设，这些只能在入夜后商店关门才能进行，以免中断营业，影响销售。

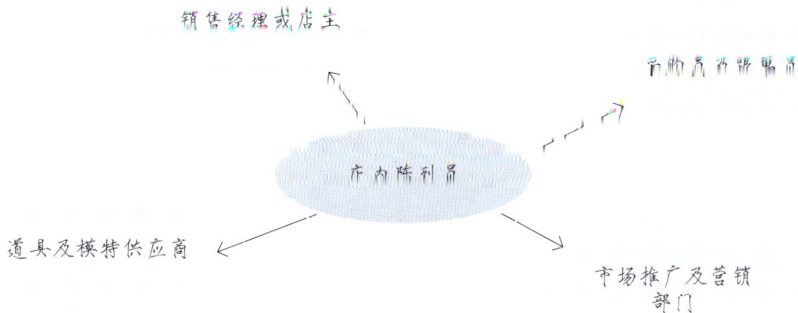

上图
美国萨克斯百货2008年的圣诞橱窗

与店内陈列员有关的职位和部门

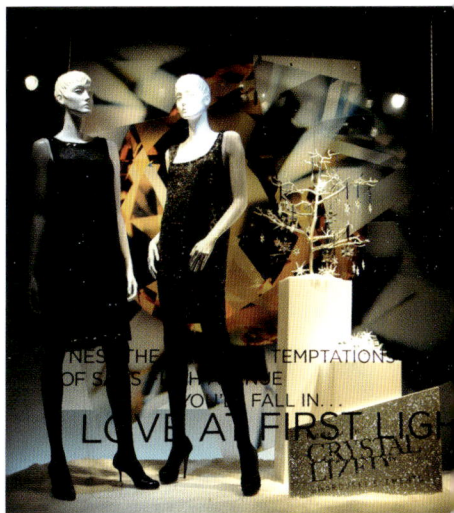

销售经理或店主

采购员及买手

店内陈列员

道具及模特供应商

市场推广及营销部门

左图
橱窗设计是店内陈列员的主要工作。伦敦哈维·尼克斯百货（Havey Nichols）充满张力的策划方案，演绎了色彩对夏日产品的推广能力

主要工作活动

- 研究与设计陈列概念及方案
- 制作概念图板并向同事演示方案
- 手制或用CAD程序制作橱窗和楼层平面陈列设计工程图纸
- 采购材料和陈列元素，包括灯光、道具以及配饰等
- 安装及拆卸陈列展品
- 给人形模特着装
- 制作店内陈列信息组合，供各门店使用
- 视察商店并培训人员

店内陈列员的主要能力

- 创作天赋和对结构、比例以及色彩的出色眼光
- 知道如何通过店内陈列表现品牌识别性
- 对时尚趋势的丰富知识
- 出众的布展技巧
- 在紧迫的限期下工作的能力

时尚市场营销与推广

　　时装市场营销领域的工作机会并不容易，因为不同企业的需求和结构设置不同。市场营销涵盖的内容相差很大，它令定义每种工作角色更加困难，因为有些人把市场营销看成和销售相关的工作，而有些人则把它视为一种管理职能，也有人认为它代表推广和公关，所以其工作机会可以包括以下几种。

- 销售与营销
- 品牌管理与产品管理
- 推广与公关

　　要从事销售、营销或推广类的工作，你必须成为一个善于交际的人，有良好的沟通能力，包括较强的口头表达及书面沟通能力。你必须乐于与人合作，主动把社交活动作为自己工作的一部分。做事时要有积极性、组织性以及灵活性。

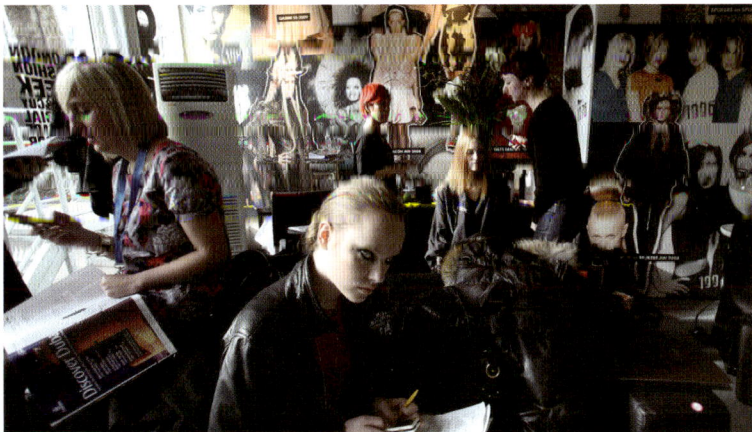

品牌管理与产品管理

　　品牌管理主要在于品牌的战略性管理和品牌识别内容的开发与维护。市场营销管理包含了各种工作内容，同样也取决于不同企业的需求。如果在招聘机构的网站搜索时装市场营销这个职位，你会发现产品管理的招聘广告也在其中。产品经理负责跟进产品开发、引入市场的全过程，他通常负责某一种或一类产品，管理生产厂家或设计师的产品从概念设计、产品设计、生产到销售与配发的全部环节。产品经理责任相当重大，所以它是一个高级职位。你需要先从助理职位做起，慢慢晋升。你还需要拥有工商管理、市场营销或服装生产等相关学位。

　　产品经理可以积累大量的生产操作经验，有机会晋升到行政管理层。

主要工作活动

- 与包括产品设计、实衣操作及生产制造的专业团队共事
- 寻找生产厂家并洽谈生产合同
- 制订生产与交货计划
- 洽谈经销权
- 撰写详细的市场营销与商业报告
- 了解销售结果并分析数据
- 跟踪时尚与市场趋势
- 预测与制订各地区月度和年度销售目标
- 研究与开发新的产品线
- 视察海外生产厂家与供销商

品牌管理的主要能力

- 高级分析能力
- 优秀的数学计算能力
- 服装制造知识
- 分析与应用销售、生产以及时尚预测数据的能力
- 做事有条不紊
- 做事细心
- 承受压力、应对紧迫限期的能力
- 向他人演示与传达详尽信息的能力
- 良好的谈判技巧

推广与公关

时尚公关的工作主要是推广品牌形象。公关的目标是通过获得媒体报道，推广与形成有利于机构、品牌或时尚标识的形象。在公关业工作，你需要广泛地结交人群，善于交际，并建立良好的关系网。公关人需要与客户以及时尚媒体人建立紧密的工作关系。

主要工作活动

- 编写新闻稿件并处理记者询问
- 制作时装展和活动所用的媒体资料袋和礼包
- 给杂志社递送服装，用于时尚摄影与时尚期刊宣传
- 制作时装画册与款式样册，供给媒体与买家
- 组织媒体日活动，让媒体参观服装系列
- 组织举办产品上市活动、特别活动和聚会等
- 敲定时装表演、活动、商店开幕、购物夜、零售活动或产品上市等活动上的嘉宾名单
- 发布交易数据的经营沟通或新情况
- 将有新闻价值的事件、赞助协议、名人代言以及设计师合作等事宜告知媒体
- 处理负面的新闻事件，并减少可能的损失

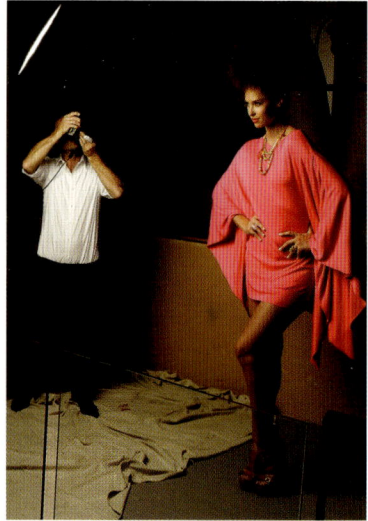

上图
公关人员负责将服装样品发至国内外时尚媒体，用在期刊的时尚大片，或是有关主流趋势或商店热品的文章中

推广与公关：主要技能
- 出众的口头与文字交流能力
- 良好的人群关系网、社交场合中的进退自如
- 积极主动、有条不紊、灵活变通

时尚公关有关的职位与部门

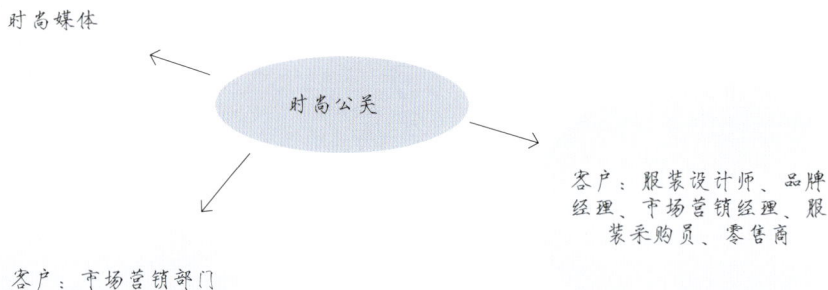

时尚媒体

时尚公关

客户：服装设计师、品牌经理、市场营销经理、服装采购员、零售商

客户：市场营销部门

申请职位

在申请职位时，你需要考虑自己希望工作的单位类型、最适合自身技能的市场级别、希望工作的领域，比如女装、男装、童装、配饰，或具体门类如运动装或针织服装等。申请职位先研究市场情况，找出做得较好的企业。处于发展阶段的企业最有可能聘用你。阅读报纸的商业版、浏览行业网站上的信息。你能够通过下述途径获得职位机会。

- 招聘机构
- 交易展会与毕业生招聘会
- 大学就业部门
- 行业刊物，例如《服装商》或《零售周刊》的招聘栏目
- 人际网络与口头消息
- 拨打人力资源部门的电话或发送个人简历和求职信，与企业直接联系

此外，你还需要研究有工作意向的企业。大多数企业的网站上都可以找到一个栏目，其中有年度报告和财务业绩等内容。你可以查看该机构的规模、员工人数、营业额和利润等情况。了解企业的使命陈述、品牌价值与目标等，再考虑你是否能融入这个企业。可以再到网站的媒体栏中看看它近期发布的新闻稿。

如果你想在企业环境中工作，并且想找到一份从事大众服装市场的工作，则可以考虑Gap、玛莎百货、H&M、Zara、Topshop、Mango以及香蕉共和国这类零售企业。如果你属于特立独行的人，则会更愿意在较小型的企业上班。这样薪水可能会偏低，福利待遇也较普通，但是，因为员工较少，你有很大的机会经手更多企业业务，积累丰富的第一手经验。另一种选择是在供应商和生产厂商工作。供应商和生产厂商聘任的设计师将与商业街零售商的采购人会面，讨论趋势变化，并确定你要开发的款式风格。你将演示自己替对方研究的一些概念、向其展示原始设计或开发的样品，如果样品得到认可则很可能接下订单。给供应商干活可以亲力亲为、充满活力，但同时也很有压力。截至2009年5月，英国服装鞋帽价格在过去12个月内下跌了8%，供应商在保证较低的成本价格上举步维艰，而如果他们做不到的话，则很可能被零售商抛弃，所以这份工作并不总能保全。

工作经历与实习经验

攻读课程是职业生涯的良好起步。虽然它可能是无偿的，但你能从中获得第一手行业知识，将令自己受益匪浅。如果你并未安排课程学习，建议你利用假期时间寻找一份实习工作或有偿的工作机会，从而锻炼自己的能力、学习专业技能并提升自信。实际的工作与你的院校课程是迥异的。凯瑟琳·麦康奈尔对雇主聘用、工作式的学习和学生经验的调查（Skillfast-UK， 2008年）介绍了学生在工作中的经验。一名学生称，在工作中很难像在学校时那样先考虑结构与设计，而不是先思考主题与色彩。这个经历帮助他们认识到，在行业里工作必须加快速度，认识到工作中没有时间让你进行艺术雕琢，甚至花几周来画草稿。一些学生觉得自己从事的实习工作很无聊，或者总在做重复性的工作，但它值得坚持，正如一名学生通过把大量面料样品裱贴到展板上学习到的心得：这一经历帮助其专注细节和展示。行业的经验是十分宝贵的，将有助于学习如何引导自身成长和进行专业化的工作。

简历与求职信制作

简历用于介绍自己的经验与技能，是一项重要的职业工具。简历应汇总至今的工作经验、介绍自己所有的技能并详细说明自己的教育经历与学术成就。这里有两种可考虑的简历类型。以时间顺序制作的简历能够按时间先后说明你过往的工作情况；如果你有行业经验的话应采取这种格式。而职能性的简历更适合应届毕业生；这种格式注重说明技能与从业资格。

简历应首先注明你的姓名、地址、联系方式及出生日期。然后是职业背景，用简洁的文字说明自己的经验、技能、能力与个人素质。在按时间顺序制作的简历里，职业背景紧接着的应该是按时间倒序的个人工作经验与教育背景。而在职能性简历里，职业背景紧接着的是个人技能列表。其他信息则跟在随后，并确定它与这个职位相关，兴趣爱好则放在最后。至于推荐信，最好是说明"如有要求，将提供推荐信"。应礼貌询问他人是否愿意做你的推荐人并同意你列出他们的详细信息。

发送简历的同时应附上求职信，说明自己想要为这家机构工作的原因。求职信应尽量简短，篇幅不超过一张A4纸。需要说明你申请的职位是什么、为什么你想要获得这份工作并指明你认为能够满足企业要求和所招聘职位的经历、技能与个人素质。

求职信需要打印的（除非该企业指明要求手写求职信）。使用白色A4稿纸打印，最好和简历用纸相同。如果是写给具体的人，则信的开头应有"尊敬的（加上正确的姓名）"，结尾处则加上"谨启"。如果没有具体的人，则以"尊敬的女士/先生"起头，并以"敬上"结尾。

如果你想求职的企业目前并没有在招聘任何职位，在这种情况下，你可以试探地发出简历，并在求职信中说明你有兴趣的工作类型。

许多企业会将简历收录在档，如果它们对你有兴趣，而且正好有合适的职位，它们会联系你。试探性的简历很重要的是有具体的递送人，因此应通过电话联系该企业，了解你应投递的具体人员，并把他们的名字拼写正确。

简历小建议

- 简历应为打印稿
- 第一印象很重要，因此应用上好的白色打印简历
- 简历篇幅应为1张（不超过2张）A4纸
- 不要正反面打印；每一页都应分别打印
- 不要使用彩纸或彩色墨水，因为简历可能会被潜在雇主传真、扫描与复印
- 简历应从简并且专业。简历需易于阅读；在不同章节间留出空白处，使用一种字体。标题应用粗体及较大字号突显
- 把简历放在A4信封内寄出，并且不要折叠简历
- 进行拼写检查，并重复检查你的简历是否存在错误。可以请他人为你校对，他们通常能够一眼看到你容易忽略的拼写和打字错误。
- 不要使用非正统用语或缩写

面试

面试形式根据职业种类和企业类型不同有着极大的差别。面试可以是非正式的交谈，也可以有一组面试官，你可能被要求做一个自我陈述，也可能招聘过程是和其他竞争者一起进行的。

非正式面试是通过在中心的酒店大堂、咖啡厅或其他场合进行的面试。通常用在企业希望私下与人会见及交流时由此来了解对方，并观察此人是否适合该机构。

预先筛选

企业可由招聘机构和人力资源部门的员工进行一次面试，预告筛选应聘人员。它可以是当面面试，也可以是电话面试；其目的是核实你的简历内容，并证实你具备岗位所需的最低要求。

甄选面试是面试过程的下一步。面试官了解到预先筛选的应聘人员具备恰当的技能，接下来他们希望找到具有适合的态度与性格，并且能够在企业中与其他员工共事的人。面试可以是单人面试、不同几个人分别——面试应聘者，也可以由面试小组面试。如果成功的话，你会获得这份工作，或被请回来进行第二轮面试。

小组面试

小组面试是几人同时进行面试。面试小组由聘用者工作相关的各部门经理组成。面试小组成员将轮流向应聘者提出问题。你应保持冷静，回答每个人问题时，眼睛要直视对方。

集体面试与评估中心

应聘人员也可能被放在一起面试；企业由此来观察应聘者之间的互动，评估他们是否具有团队合作精神，或具有领导潜力。评估中心是指在特殊的几天招聘日中，应聘人员需完成一系列任务与练习，包括分组讨论、演讲与领导训练等。

在面试结束后，你有机会向面试官进行提问。首先提问有关培训与评估的问题。你可以询问职业前景和晋升机会，理清工作规范与责任。

面试小建议

- 进行充分地准备，研究公司和收集背景资料的工作所需的技能。
- 了解最新的工业发展和趋势研究，这样你知识渊博，如果在面试时被问到也不必担心。
- 需要事先确认你是否需要携带一些以前的作品。
- 确保你知道去哪里，怎么去那里并允许足够的时间来延误。还是早比晚好，试着提前十分钟到达面试的地点，使你可以花时间呼吸和放松心情。
- 选择一身合适的衣服，确保它是干净的、漂亮的、适合的！在面试的前一天晚上检查衣服，检查是否缺失纽扣，是否褶皱。
- 带一份工作申请表和你的简历。在等待面试的过程中你可以阅读这些资料。

关于薪资及休假等问题应留到最后提问，或最好是在面试前后透过人力资源部了解详情，问问大概何时你能得到应聘结果，并在离开前记得感谢面试官提供的宝贵机会。

在职业环境中的语言使用也应认真考虑。下面是正面的词汇与行动性的词汇列表，在制作简历或参加面试时，它们可能会很有用。应使所选用的词汇与你的情况是适合的、中肯的、真实的。

正面的词汇

精准	适应性强	有进取心	善于分析	善于表达	有冲劲
敏锐	外向	沉着	能干	胜任岗位	自信
一致性	合作	创新	果断	专注	可靠
勤勉	圆通	精力充沛	博学	有效率	高效
精神饱满	热情	老练	熟练	麻利	灵活
友好	努力	诚实	有创造力	独立	开明
有创新精神	理解力强	有独创性	知识渊博	有文化修养	成熟
有积极性	对事客观	心胸开阔	有条不紊	爽直	耐心
有洞察力	坚持	风度翩翩	注重实践	一丝不苟	富有成效
专业	精通	守时	合格	思维敏捷	理性
实际	机智	负责任	自我肯定	大方	有上进心
自力更生	认真	技能熟练	聪明	有才华	坚韧
周密	值得信赖	多才多艺	毅力		

行动性的词汇

实现	执行	建议	分析	安排	协助
参加	扩大	协作	完成	交流	构思
引领	控制	协调	创造	委派	论证
设计	开发	发明	指挥	编辑	影响
建立	评估	扩展	探索	促进	制订
成立	形成	引导	处理	领导	识别
实施	改进	提高	发起	设置	指示
发明	调查	推出	指引	联系	维护
管理	培训	跟踪	激发	协商	开放
操作	组织	监督	参与	履行	贩儿
计划	演示	准备	处理	生产	规划
促进	提出	推荐	聘用	整顿	研究
决定	重组	检阅	修订	编制	确立
设立	解决	构成			

资料来源：普利茅斯艺术设计学院就业处

作品集

一份彰显自己能力与技能的作品集，可作为时装设计师求职的重要宣传手段。作品集应井然有序、简洁专业，同时展示的作品应有助于体现自身优势。应选择那些能够展现自己绘画与插画、工程制图、面料选用、产品系列构建、印花设计、色彩应用、色系创作、电脑辅助设计（CAD）、Photoshop、摄影或者时装造型等水平的作品进行展示。

在作品集的内容与版面设计方面，建议将最好的作品放在前面，并针对你应聘的企业和职位来布局。作品集中每个项目或章节应由一页灵感板或概念板说明起头，接下去是4~6页的设计作品。其中包括你设计的服装系列的插图以及专业的平面技术图纸，还有材料样品。平面设计图纸需精确简洁，令观看者能够清楚地了解设计细节、缝合以及包边等。定期更新你的作品集，加入最新的作品，删除旧的材料。两年以上的材料应该移除，或是尽量减少。

上图

时装专业毕业生比阿特丽斯·纽曼制作的作品集在招聘网站上被在线展示。纽曼设计的时装系列名为"帝国的富裕"，灵感来自俄罗斯沙皇的奢侈生活以及《一千零一夜》。这个系列融合了浓烈的色彩，如金、铜等，并使用了来自宫廷内饰及俄罗斯地毯的装饰、花式以及印花等

作品集小建议

• 选择最适宜的作品集尺寸以展示你的A3和A4大小作品。你可以选择A2尺寸，但不要太大，因为你得带着作品集到处走，而且接触的雇主会觉得过大而笨拙的图册难以查阅。

• 作品集中每个项目的风格应既专业又能反映所预期的市场及消费者类型。给每一个项目取一个标题，加上一小段文字说明和设计评注。这样不需要你做冗长的口头讲解，阅读者就能够了解你的作品了。

• 仔细重复检查所有文字内容，尤其是标题、术语以及设计师或品牌的名字，确保它们的拼写正确无误。

• 作品展示应采取同一格式，要么横向要么纵向，尽量不要混用两种格式，因为对阅读者而言，需要不停地转向来查看作品是很累人的事。

附录

延伸阅读

D. Adcock, A. Halborg, C. Ross. *Marketing Principles and Practice*, Financial Times/Prentice Hall, 2001

Teri Agins, *The End of Fashion*, HarperCollins, 2000

Michael J. Baker, *The Marketing Book*, Financial Times/Prentice Hall, 2001

J.A. Bell, *Silent Selling: Best Practices and Effective Strategies in Visual Merchandising*, Fairchild, 2006

Sandy Black, *Eco-chic: The Fashion Paradox*, Black Dog Publishing, 2008

Sandy Black, *Knitwear in Fashion*, Thames & Hudson, 2002

Sarah E. Braddock Clarke and Marie O'Mahony, *Techno Textiles 2: Revolutionary Textiles for Fashion and Design: Bk 2*, Thames & Hudson 2007

Evelyn L. Brannon, *Fashion Forecasting: Research, Analysis, and Presentation*, Fairchild Books; 2nd revised edition, 2005

Michael Braungart, William McDonough. *Cradle to Cradle: Remaking the Way We Make Things*, Vintage, 2009

Martin Butler. *People don't buy what you sell: They buy what you stand for*, Management Books 2000 Ltd, 2005

Leslie de Chernatony & Malcolm McDonald, *Creating Powerful Brands*, Butterworth-Heinemann, 3rd edition 2003

Michel Chevalier & Gerald Mazzalovo. *Luxury Brand Management*, John Wiley & Sons 2008

Pamela N. Danziger. *Let Them Eat Cake: Marketing Luxury to the Masses – as Well as the Classes*, Dearborn Trade Publishing, 2005

Scott M. Davis & Michael Dunn. *Building the Brand-driven Business*. Jossey-Bass. 2002

Kate Fletcher. *Sustainable Fashion and Textiles: Design Journeys*, Earthscan Publications Ltd, 2008

Mary Gehlhar, *The Fashion Designer Survival Guide: An Insider's Look at Starting and Running Your Own Fashion Business*, Kaplan Publishing, 2005

Malcolm Gladwell, *The Tipping Point*, Abacus, 2000

Seth Godin. *Purple Cow*, Penguin Books, 2005

Helen Goworek. *Fashion Buying*, Blackwell Science, 2001

Helen Goworek. *Careers in Fashion & Textiles*, Blackwell Publishing, 2006

Eric von Hippel. *Democratising Innovation*, MIT Press, 2005.

Jeff Howe. *Crowdsourcing: Why the Power of the Crowd is Driving the Future of Business*, Crown Business, 2008

Neil Howe and William Strauss. *Millennials Rising*, Vintage Books, 2000

Mark Hughes, *Buzzmarketing: Get People to Talk About Your Stuff*, Portfolio, 2005

Tim Jackson and David Shaw. *Mastering Fashion Buying and Merchandising Management*, Macmillan, 2001

Tim Jackson and David Shaw, *The Fashion Handbook*, Abingdon, Routledge, 2006

Sue Jenkyn Jones. *Fashion Design*, Laurence King, 2nd edition, 2005

Richard M. Jones, *The Apparel Industry*, Blackwell Publishing Ltd, 2nd edition, 2006

Jean-Noël Kapferer. *Strategic Brand Management*, The Free Press, 1992

J.N Kapferer & V. Bastien, *The Luxury Strategy: Break the Rules of Marketing to Build Luxury Brands*, Kogan Page, 2009

Philip Kotler. *Marketing Management: Analysis Planning, Implementation and Control*, Prentice Hall, 1994

Philip Kotler, *FAQs on Marketing*, Marshall Cavendish Business, 2008

P. Kotler, G. Armstrong, V. Wong, J. Saunders. *The Principles of Marketing*, Financial Times/Prentice Hall, 2008

Suzanne Lee, Warren de Preez, *Fashioning the Future: Tomorrow's Wardrobe*, Thames & Hudson, 2007

Martin Lindstrom, *Buyology: How Everything We Believe About Why We Buy Is Wrong*, Random House Business, 2008

Margaret McAlpine, *So You Want to Work in Fashion?*, Hodder Wayland, 2005

Malcolm McDonald, *On Marketing Planning: Understanding Marketing Plans and Strategy*, Kogan Page. 2007

Geoffrey Miller Spent: *Sex, Evolution and the Secrets of Consumerism*, William Heinemann Ltd, 2009

David Meerman Scott. *The New Rules of Marketing & PR*, John Wiley & Sons, 2007

Tony Morgan. *Visual Merchandising*, Laurence King, 2008

Bethan Morris, *Fashion Illustrator*, Laurence King, 2nd edition, 2010

Don Tapscott. *Grown up digital*, McGraw Hill, 2009

Wally Olins, *Wally Olins: The Brand Handbook*, Thames & Hudson, 2008

Faith Popcorn, *EVEolution: The Eight Truths of Marketing to Women*, HarperCollins Business, 2001

A. Ries, J. Trout. *Positioning: The Battle for Your Mind*, McGraw-Hill Professional, 2001

Lon Safko, David K Brake. *The Social Media Bible: Tactics, Tools and Strategies for Business Success*. John Wiley & Sons, 2009

Marian Salzman & Ira Matathia, *Next Now: Trends for the Future*, Palgrave Macmillan, 2008

Bernd H. Schmitt. *Experiential Marketing*, The Free Press, 1999

Robert Scoble & Shel Israel. *Naked Conversations: How Blogs Are Changing the Way Businesses Talk with Customers*, John Wiley & Sons, 2006

Simon Seivewright, *Basics Fashion Design: Research and Design*, AVA Publishing, 2007

Michael R. Solomon and Nancy J. Rabolt. *Consumer Behaviour in Fashion*, Prentice Hall, 2008

Mark Tungate. *Fashion Brands*, Kogan Page, 2004.

Sophie Sheikh. *The Pocket Guide to Fashion PR*, Preo Publishing, 2009

Rosemary Varley. *Retail Product Management*, Routledge, 2002

R Varley and M Rafiq. *Principles of Retail Management*, Palgrave Macmillan, 2004

Peter Vogt, *Career Opportunities in the Fashion Industry*, Checkmark Books, 2nd revised edition, 2007

Nicola White and Ian Griffiths. *The Fashion Business. Theory, Practice, Image*. Berg, 2000

Judy Zaccagnini & Irene M. Foster, *Research Methods for the Fashion Industry*, Fairchild, 2009

参考注解

1 Structure of the Fashion Marke

p12 LVMH First half results for 2009.

p14 Christian Dior 2000 Annual Report.

p15 *Value Clothing Retailers Shine Amid Recession* – Instyle.com (22.09.09).

p17 www.theuniformproject.com

p18 Mintel report on ethical clothing 2009.

p23 American Apparel and Footwear Association, *Trends: An Annual Statistical Analysis of the U.S. Apparel and Footwear Industries*, 2007 Edition.

2 The Marketing Toolkit

p26 Philip Kotler quote: *FAQs on Marketing,* Marshall Cavendish Business, 2008.

p27 Martin Butler quote: *People don't buy what you sell: They buy what you stand for,* Management Books 2000 Ltd, 2005.

p29 Seth Godin quote: *Purple Cow,* Penguin Books, 2005.

p30 Mark Hughes quote: *Buzzmarketing: Get People to Talk About Your Stuff,* Portfolio 2005.

p34 Neil H. Borden quote: The Concept of the Marketing Mix, Journal of Advertising Research, Cambridge University Press 1964.

p53 Ries & Trout quote: *Positioning: The Battle for Your Mind,* McGraw-Hill Professional 2001.

The concept of Positioning was developed by Ries & Trout and first took hold in 1972 with a series of articles entitled The Positioning Era, published in *Advertising Age*.

p57 Lisa Armstrong quote: Asos.com: *As Seen on the Screens of the Fashion Savvy, www.timesonline.com (21.01.09).*

3 Research and Planning

p62 Philip Kotler quote cited by G. Lancaster & P. Reynolds. *Management of Marketing* (2005).

p71 The North Face – Sustainable Store, JGA Press release 2009. www.jga.com

p87 Uniqlo Reigning Supreme. W. David Marx, www.thebusinessoffashion.net (25.01.09).

p88 Retail insight on Uniqlo and Japanese consumer market. www.japanconsuming.com (06.01.09).

p90 Stuart Rose quoted in *The Financial Times*, 'M&S admits Shanghai errors. Patti Waldmeir' (10.02.09).

4 Understanding the Customer

p105 John Rocha quote: *The Times Magazine* (22.09.07).

p109 Erdem Moralioglu quoted in *Elle Magazine,* 2007.

p109 Quote by Douglas posted on www.jonathanpontell.com. Jonathan Pontell is a cultural historian and writer whose website has a section devoted to information on Generation Jones.

p110 The Bosanquet & Gibbs report, Class of 2005: *The IPOD*

generation was published by the influential think-tank, Reform in 2005. www.reform.co.uk

p113 It is estimated that every year in the UK consumers purchase two million tonnes of clothes of which 1.2 million tonnes end up in landfill.

p113 The term 'conspicuous consumption' was coined by Thorstein Veblen in *The Theory of the Leisure Class* (1899)

p115 Jennings sourced information from *Drapers* article: 'Future Says Future is Bright for UK's Indies'. Khabi Mirza. (24.11.07).

p121 Information on Generation G can be found on www.trendwatching.com

5 Introduction to Branding

p128 Chartered Institute of Marketing online pamphlet, *How Brands Work.* www.cim.co.uk

p134 Quotation: *The Economic Importance of Brands – Seven Reasons Why Brands Really Matter,* Clamor Gieske of FutureBrand, The British Brands Group 2004.

p146 Harmonizing Your Touchpoints, Scott Davis & Tina Longoria. Brand Packaging 2003 www.prophet.com

p150 *Strategic Brand Management,* Kapferer 1992. Kapferer attributes this new view of USP to Ted Bates.

p151 Danziger quote: *Let Them Eat Cake: Marketing Luxury to the Masses – as Well as the Classes,* Dearborn Trade Publishing, 2005.

p152 Quotation by Sean Chiles of IPincubator, specializing in brand development and licensing.

p155 Luxury Retailers Left High and Dry During Slowdown, Ann Hynek. www.foxbusiness.com (05.03.09).

6 Fashion Promotion

p161 ZenithOptimedia sourced US advertising information from Magazine Publishers of America 2009 and UK data from Nielsen Media Research 2009.

p165 For Luxury Brands, Less Money to Spend on Ads, Stephanie Clifford, www.nytimes.com (23.11.08). Clifford cites information from the Media Industry Newsletter.

p.167 Tracking the Giants of Viral Video: New Data Insights, Abbey Klassen, *Advertising Age.* http://adage.com (07.06.09) Abbey Klassen interviews Matt Cutler VP of Visible Measures.

p170 Levi's Unbuttoned and Out of the Closet, Stuart Elliott, www.nytimes.com. (14.09.08).

p170 Financial data, Levi Strauss & Co Annual Financial Report 2007.

p170 According to research carried out by the Zandl Group, Levi's lost 30 per cent market share for males aged 13–24 and 38 per cent for girls in the same age group in the year 1997-98.

Denim Turned Every Which Way But Loose, Anne-Marie Schiro, www.nytimes.com (02.02.99).

p171 CNBC American Originals: Levi's, Sewing A Legend (2007).

p172 This famous quote is most usually attributed to John Wanamaker who opened Philadelphia's first department store, Wanamaker's, in the second half of the 19th century. Wanamaker developed the first ever copyrighted store advertisements in 1874.

行业刊物

Adbusters

Advertising Age

Adweek

Amelia's Magazine

Arena

Bloom

Brand Republic

Daily News Record (DNR)

Dansk

Dazed and Confused

Drapers: The fashion business

The Economist

Elle

Encens

Fantastic Man

GQ

Harpers Bazaar

i-D

In Style

International Textiles

L'Officiel

Marketing Week

Nylon

Plastic Rhino

Pop

Purple

Retail Week

Selvedge

Sneaker Freaker

Tank

Textile View

V

View on Colour

Viewpoint

Visionaire

Vogue

Women's Wear Daily (WWD)

Zoom on Fashion Trends

实用地址

英国UK

英国时装协会（BFC）
The British Fashion Council (BFC)
Somerset House, South Wing
Strand
London WC2R 1LA
tel +44 (0)20 7759 1999
www.britishfashioncouncil.com

英国时装协会支持英国新兴时装设计师的发展，开展的活动包括商业指导与研讨，比赛与赞助等。

协会每年组织开展各类时尚奖项，支持Estethica人道时尚展、前沿时尚（Fashion Forward）和新生代（Newgen）等活动。

时尚认知引导组织（FAD）
Fashion Awareness Direct (FAD)
10a Wellesley Terrace
London N1 7NA
tel/fax: +44 (0)20 7490 3946

该慈善机构致力于举办各类引介活动，由学生与专业人士参与，帮助年轻设计师取得事业发展。

英国纺织时装业中心（UKFT）
UKFT – Centre of the UK Fashion and Textile Industry
5 Portland Place
London W1B 1PW
tel +44 (0)20 7636 7788
fax +44 (0)20 7636 7515
www.5portlandplace.org.uk

UKFT向商业公司和服装、针织服装全球供应商会员提供咨询服务。它的分支机构，英国时装出口机构提供海外市场销售发展建议。

美国US

美国时装设计师协会（CFDA）
Council of Fashion Designers of America (CFDA)
1412 Broadway, Suite 2006
New York NY 10018
+1 212 302 1821
www.cfda.com

CFDA是一家非营利的行业协会，它牵头开展多个行业项目，举办年度CFDA时尚大奖，该奖项意在发掘时尚业的顶级创意人才。它同时开展职业发展支持计划，提供各类奖学基金，包括CFDA/Vogue时尚基金、杰弗里·比尼设计人才奖、丽诗加邦人才奖以及CFDA/Teen Vogue奖学金。

美国服装与鞋业协会（AAFA）
The American Apparel and Footwear Association (AAFA)
1601 No. Kent Street
12th floor
Arlington VA 22209
tel + 1 703 524 1864

AAFA是全国性的行业协会，代表服装与鞋类企业及供应商。

美国小企业管理局（SBA）
United States Small Business Administration
26 Federal Plaza, Suite. 3100
New York, NY 10278
tel +1 212-264-4354
fax +1 212-264-4963

美国小企业管理局（SBA）协助小企业的创业和发展。

其他资源

国际时装与纺织展会

服饰展（The Accessories Show）
纽约、拉斯维加斯
www.accessoriestheshow.com

Atelier
服装服饰展
纽约
www.atelierdesigners.com

Bread & Butter
街头与都市服装

德国柏林
www.breadandbutter.com

杜塞尔多夫国际服装展（CPD）
女装服装服饰国际性展会
德国杜塞尔多夫
www.igedo.com

哥本哈根CPH Vision展
知名与新晋潮流服装品牌展示。
丹麦哥本哈根
www.cphvision.dk

CURVExpo时尚内衣展
内衣及泳衣设计师作品展示
纽约、拉斯维加斯
www.curvexpo.com

洛杉矶GlobalTex面料辅料博览会
洛杉矶国际纺织与原料展
洛杉矶
www.globaltex.com

法国Expofil纱线展
纱线、纤维与针织展
巴黎
www.expofil.com

Futurmoda
皮具与鞋类展会
西班牙阿里坎特
www.futurmoda.es

杜塞尔多夫HMD男装展
男装服装服饰国际性展会
德国杜塞尔多夫
www.igedo.com

普士利林伯洲皮革展（Lineapelle）
皮革、配饰以及鞋、皮具配件展
意大利博洛尼亚展
www.lineapelle-fair.it

伦敦Edge展
街头与夜生活社交服装展
伦敦
www.londonedge.com

洛杉矶国际纺织展（L.A. Textile）
来自全球的前沿时尚趋势、纺织品面以及创意设计资源
洛杉矶
www.californiamarketcenter.com

西班牙国际鞋类及皮革制品博览会（Modacalzado + Iberpiel）
鞋类与皮具展
西班牙马德里
www.ifema.es

Modafabriek
女装、男装和童装展
阿姆斯特丹
www.modefabriek.nl

佛罗伦萨Pitti Immagine时装展
组织一系列时装与纺织展会，包括：
Pitti Bimbo童装展
Pitti Filati纱线展
Pitti Uomo男装展
Pitti W 女装预展
以上所有展会均在意大利佛罗伦萨举办

米兰Modaprima国际服装服饰展
www.pittimmagine.com

法国Première Vision面料展
国际面料展
巴黎
www.premierevision.fr

伦敦Pulse礼品与室内设计展
礼品、室内产品与服饰
伦敦
www.pulse-london.com

Pure Womenswear女装成衣展
女装、服饰与鞋类
伦敦
www.purewomenswear.co.uk

哥本哈根Terminal 2展
牛仔与现代都市风格品牌展
丹麦哥本哈根
www.terminal-2.dk

英国Top Drawer时尚家居与工艺品展
礼品、家居产品以及服饰展
伦敦
www.topdrawer.co.uk

国际时装周

阿姆斯特丹国际时装周
www.amsterdamfashionweek.com

南非约翰奥迪时装周
www.africanfashioninternational.com

印度班加罗尔时装周
www.bangalorefashionweek.in

南非开普敦时装周
www.africanfashioninternational.com

斯里兰卡科伦坡时装周
www.colombofashionweek.com

南非德班时装周
www.africanfashioninternational.com

香港时装周
www.hktdc.com/fair/hkfashionweekfw-en/

日本东京时装周
www.jfw.jp

印度孟买拉克美时装周
www.lakmefashionweek.co.in

伦敦时装周
www.londonfashionweek.co.uk

洛杉矶时装周
www.fashionweek.la

梅赛德斯-奔驰柏林时装周
www.mercedes-benzfashionweek.com

梅赛德斯-奔驰纽约时装周
www.mbfashionweek.com

米兰时装周
www.milanomoda.it

巴黎时装周
www.modeaparis.com

巴黎高级定制时装周
www.modeaparis.com

罗马高级定制时装周
www.altaroma.it

罗斯蒙特澳洲时装周
www.afw.com.au

斯德哥尔摩时装周
www.stockholmfashionweek.com

新德里印度时装周
www.fdci.org

营销、广告与推广类组织

广告研究基金会（ARF）
www.thearf.org

美国营销协会
www.marketingpower.com

英国特许营销协会
www.cim.co.uk

欧洲传播行业协会（EACA）
www.eaca.eu

欧洲互动广告协会（EIAA）
www.eiaa.net

直接营销研究会（IDM）
www.theidm.com

英国广告从业者协会
www.ipa.co.uk

公共关系协会（IPR）
www.instituteforpr.org

销售推广研究组织（ISP）
www.isp.co.uk

国际授权业协会（LIMA）
www.licensing.org

互联网广告局
www.iabuk.net

全球营销机构协会（MAAW）
www.maaw.org

PMA——整合营销协会
www.pmalink.org

世界广告研究中心（WARC）
www.warc.com

趋势预测与时尚信息机构

卡琳组织（The Carlin Group）
www.carlin-groupe.com

色彩与趋势（Colour & Trends）
www.colour-trends.com

行销智库公司［BrainReserve（创办人：费斯·帕帕考恩）］
www.faithpopcorn.com

未来实验室（The Future Laboratory）
www.thefuturelaboratory.com

李·埃德克特
www.trendunion.com

玛丽安·萨尔兹曼
www.mariansalzman.wordpress.com

马菲预测机构
www.mpdclick.com

娜丽罗荻设计工作室（Nelly Rodi）
www.nellyrodi.com

美国彩通公司（Pantone Inc）
www.patone.com

巴黎贝克莱尔公司（Peclers Paris）
www.peclersparis.com

法国Promostyl公司
www.promostylamericas.com

Style.com网站
www.style.com

Stylesight时尚资讯网
www.stylesight.com

趋势预测站
www.trendstop.com

潮流电子杂志
www.fashioninformation.com

趋势观察公司
www.trendwatching.com

全球时装网（WGSN）
www.wgsn.com

时尚与纺织市场信息

美国服装与鞋业协会
www.appareleandfootwear.org

面料采购网
www.clothesource.com

美国棉花公司
www.cottoninc.com

多尼戈尔集团
www.doneger.com

《服饰商》杂志
www.drapersonline.com

欧睿国际信息咨询公司
www.euromonitor.com

时尚孵化组织：行业信息
www.fashion-incubator.com

时尚信息网
www.infomat.com

时尚报道人
www.thefashionreporter.com

印度Fibre2fashion网站
www.fibre2fashion.com

第一研究室
www.firstresearch.com

Just-style新闻网
www.just-style.com

敏特报告
www.mintel.com

我的时尚生活：行业分析与新闻
www.myfashionlife.com

产业动态追踪组织（NPD Group）
www.npd.com

TNS Worldpanel时尚公司
www.tnsglobal.com

托比报告
www.tobereport.com

Verdict Research市场研究机构
www.verdict.co.uk

女装日报
www.wwd.com

市场营销、品牌建设、广告与零售等信息

《广告时代》
http://adage.com

《广告周刊》
www.adweek.com

美国营销协会
www.marketingpower.com

《品牌共和国》
www.brandrepublic.com

时尚窗口：视觉陈列
www.fashionwindows.com

盖洛普机构
www.gallup.com

Interbrand品牌顾问机构
www.brandchannel.com

朗涛品牌咨询公司
www.landor.com

市场研究协会
www.mrs.org.uk

零售公报：时尚推广
www.theretailbulletin.com

《零售周刊》
www.retail-week.com

商店布置：视觉陈列
www.visualstore.com

联合营销会
www.unitymarketingonline.com

沃利·奥林斯
www.wallyolins.com

世界奢侈品协会
www.worldluxuryassociation.org

博客、社交网站与街头时尚

Fashionising.com
时尚社交
www.fashionising.com

HypeBeast时尚博客
http://hypebeast.com

日本街头风行
www.japanesestreets.com

型录街拍网站
www.lookbook.nu

Mashable社交新闻
社交媒体新闻与网页提示
www.mashable.com

The Sartorialist街拍博客
www.thesartorialsit.blogspot.com

可持续与环保时尚组织

棉花改造研究中心
www.bettercotton.org

英国公平贸易商店协会
www.bafts.org.uk

英国环境、食品和农村事务部
www.defra.gov.uk

生态时尚界
www.ecofashionworld.com

环境正义基金会
www.ejfoundation.org

道德时尚论坛
www.ethicalfashionforum.com

道德贸易联盟（ETI）
www.ethicaltrade.org

公平服装基金会
www.fairwear.nl

道德时尚业
www.fashioninganethicalindustry.org

Futerra可持续组织
www.futerra.co.uk

全球有机纺织品标准 (GOTS)
www.global-standard.org

国际劳工组织
www.ilo.org

材料联接：可持续面料库
www.materialconnexion.com

新经济基金会
www.neweconomcis.org

Oeko-tex国际环保纺织协会：制订生产标准
www.oeko-tex.com

农药行动联盟
www.pan-uk.org

土壤协会
www.soilassociation.org

可持续棉花组织
www.sustainablecotton.org

联合国全球盟约组织
www.unglobalcompact.org

世界公平贸易组织(WFTO)
www.wfto.com

企业信息与数据

邓白氏公司
www.dnb.co.uk

第一研究机构
www.firstresearch.com

胡佛信息机构
www.hoovers.com

律商联讯
www.lexisnexis.co.uk

赞德尔集团
www.zandlgroup.com

政府人口普查与贸易数据

美国人口普查数据
www.congus.gov

英国国家统计
www.statsbase.gov.uk

时尚创业信息

设计师论坛
www.emtex.org.uk/df/designerforum

设计信托组织
www.thedesigntrust.co.uk

时尚资金网站
www.fashioncapital.co.uk

技能速成网站
www.skillfast-uk.org

英国商业、创新与技能部
www.bis.gov.uk

时尚招聘中介

Arts Thread就业网站
应届生与行业性网站
www.artsthread.com

时尚人才网
www.fashionpersonnel.co.uk

FJobs就业网
www.fashionjob.com

傅盛咨询有限公司
www.fusion-consulting.com

Indesign招聘机构
www.indesignrecruitment.co.uk

时尚就业网
www.jobsinfashion.com

营销人网
www.peoplemarketing.co.uk

零售选择网
www.retailchoice.com

史密斯与派伊公司
www.smithandpye.com

丹尼猎头公司
www.denza.co.uk

术语表

广告渠道
一则广告传播给大众所通过的媒介，例如：影院、杂志、网络或报纸。

广告曝光
观众接触到广告的时长。

广告影响度
目标受众在不同场合中观看或收听到一则电视或电台广告的总次数。

广告信息
一则广告所要释放的信息。

广告接受人数
目标市场上接触一则广告时间超过一定时长的人数。

广告等值（AVE）
测量公关活动与广告相比的成本效用。

受众情绪
受众对品牌、广告或公关活动的意见。

品牌
将产品或品牌公司与市场其他产品与公司区别开来的商标名称。

品牌架构
企业组织与命名其品牌的方式。

品牌知名度
知道品牌的顾客或潜在顾客数量。

品牌资产
品牌是企业的重要资产。品牌名称的效用与品牌日积月累的良好信誉令其拥有更大的价值，即品牌资产。

品牌本质
品牌的基本性质。品牌最明确的核心。

品牌延伸
通过开发并在相对相同的市场上销售新产品实现品牌的延伸。当品牌在不同的市场或完全不相关市场上使用品牌名称时，则为"品牌扩张"。

品牌识别
品牌的构成元素将形成品牌的识别性，例如，统一化的颜色运用、标识设计、产品特征、橱窗展示或广告方式。品牌识别是消费者认知的最根本手段，也是品牌与竞争者实现差别化的标志。

品牌形象
消费者对品牌以及品牌识别的观感。对品牌的使用者来说，品牌形象将建立在实际体验上。对于非使用者，它将建立在媒介手段获得的感受和他人看法上。

品牌许可
品牌将品牌名称与标识的使用权租用给其他企业。使用该品牌需支付许可费用或专利费。

品牌忠诚度
特指消费者对一个品牌的忠诚性。在时尚市场中，消费者可以同时对几个品牌具有忠诚性。

品牌管理
品牌的战略性管理。品牌管理者将确保品牌识别与价值的延续。

品牌信息
是指品牌机构希望透过品牌与其产品传递出去的质量与理念。品牌信息可以通过品牌标识、标语、口号、广告以及媒体等进行传播。

品牌个性
品牌个性的概念是，品牌具有独特的个性，能够给品牌赋予人性化的特征。

品牌定位
它既包括品牌在市场中相对竞争对手定位的战略管理，又包括品牌在消费者心目中的定位形象。定位战略是市场营销与品牌发展战略的重要组成部分。

品牌陈述
品牌陈述概况了品牌向消费者提供的所有内容。它明确了品牌的优势和独特性。

品牌重新定位
在市场中重新确立品牌识别与定位的过程。

品牌战略
是指为达到经营目标所做的品牌开发的战略计划。品牌战略将影响企业的总体经营，它源于品牌愿景和价值。

品牌接触点
品牌接触点是品牌与消费者、员工或相关人发生交集的场所。

品牌价值
品牌价值构成了品牌运营的准则。品牌价值作为内部衡量品牌运作与效果的基准，它们必须相互关联与互通，可用于品牌对消费者的营销与推广。

实体零售
与网上销售相反，实体零售是在实体商店中发生的。

副线(品牌)
处于设计师时装品牌与商业街时装品牌之间的时装系列。

B2B（企业对企业电子商务）
企业与其他企业之间发生的商业行为。

B2C（企业对消费者电子商务）
企业与消费者之间发生的商业行为。

名人代言
名人通过合同签约担任品牌大使，在公开场合穿着品牌产品和为品牌做代言人。

名人传播
品牌将产品免费借出或赠予名人穿着。

剪报报告
报告公关活动的实施效果，说明报刊对宣传信息的报道程度，以及各杂志的发行数量。

联合品牌或合作品牌
由两个品牌共同创造的一个品牌，例如山本耀司和阿迪达斯合作的Y3品牌。

共同创造
企业与消费者合作，或由消费者参与设计与创造产品。

版面篇幅
公关活动效果的反馈。计算媒体上所占的版面大小。

比较购物
设计师与时尚买手的市场研究行为，比较竞争对手的产品与价格。

竞争优势
企业或品牌在市场上相对竞争对手独有的优势。

租地营业
商店或百货租出店内场地，供另一品牌使用。

考虑组合
消费者可能选择购买的品牌或产品集合。

消费者自媒体（CGM）
消费者通过博客或社交网站分享在网上发表信息。

消费者形象描绘
描述典型消费者或目标消费者。消费者形象描绘来自于市场研究数据的分析。

广告成本效益率（CPT）
计算确定一则广告获得每个千个目标受众所花费的平均成本。

成本加成定价法
产品要收回原始成本所需的最低售卖价格的计算公式。

原产国效应（COOE）
对某些国家产品具有质量保证的观念，例如法国香水以及意大利皮制品。

众包
企业将设计或其他行为外包给大众的行为，通常是通过网络开展。

消费者特写
用文字特写来描述典型消费者或核心消费者。

消费者细分
分析消费者，将其根据相近的特征划分为不同群组。

半定制
定位在定制服装与成衣之间的奢侈时装。

人口统计分析
通过性别、年龄、职业与社会地位来分析人群。

差异化
令品牌和其产品与竞争对手区分开来的战略。

副线（品牌）
设计师或品牌开发的低于主品牌系列价格销售的品牌线，从而让更多的消费者有能力购买品牌产品。

直接营销
企业通过信件、电邮、短信或杂志广告等方式直接对最终消费者进行营销。

分销渠道
产品分销与通往市场的途径。

电子商务
通过网络开展商业活动与销售。

最终消费者
产品的最终使用者或穿戴者。最终消费者不一定是顾客：婴儿是最终消费者，但其母亲才是顾客。

背书品牌
母品牌为其子品牌提供背书支持：例如Calvin Klein的子品牌Obsession。

体验营销
主要以体验方式来创造品牌与其受众之间的联系。

风潮
短时性的时尚潮流，它存在时间不足以形成潮流趋势。

招牌
显示品牌标识与名称的店铺门面与标牌。

时髦性
形容服装或品牌的时髦程度。

焦点小组
将产品或系列交给一组受测人，获取他们的意见、感受与观点。

特许经营权
母公司准许独立公司以母公司品牌名称开展经营活动。独立营销。特许公司向母公司支付相应费用以及利润分成。

区域人口统计分析
结合地区分析和人口分析对消费者类型进行区分。

高级定制
"Haute couture"是一个法语词，意为"高级缝制"，它是指由专门的高定工作室制作的最高品质的定做服装。只有通过巴黎高级时装公会认可的设计室才能被称为高级定制。

色样
讯息或检测时期间所用样册，陈列或认可服装系列的色彩。

前导时间
是指从向供应商或工厂订购面料、配料或服装的订单发出，到订单交货的时间过程。

许可
指企业购买品牌名称的使用权。

许可授权
品牌企业凭借许可协议，将产品制作与品牌产品营销的权利售出给另一公司。多数情况发生在时尚品牌意图发展香水、化妆品或袜类产品时。

许可方
指将品牌名称使用权售出的企业。

同类（LFL）产品
竞争性品牌之间相近产品的直接比较。可以比较产品的价格、质量、制作工艺与设计。

李克特量表
采用五等计量法设计问卷问题的体系，从而得出的答案可以用计分分析。

制造商品牌
制造商产品品牌化行为，通常是纱线或面料品牌化，例如杜邦公司（DuPont™）的莱卡（LYCRA®）纤维。

盈余
最终售价中实现的利润比例。一件成本10英镑的产品以20英镑销售，它的盈余将达到50%。

市场研究
研究某个具体市场，包括调查消费者。

市场细分
将市场划分成几个较小的分支。企业通过市场细分能够更有针对性地开展营销。

市场占有率
一个企业或国家在特定市场所占的份额。市场占有率值以百分比表示。

市场营销环境
指影响机构及其营销活动的那些因素。

营销组合
指机构的营销活动开展时，应该协调的主要部分。营销组合有两种观点：4P（产品、地点、价格和促销）和扩充的7P（加上人员、有形展示和过程）。

营销计划
是概括机构营销战略的正式计划。

市场营销调研
为了制订营销战略而进行的全方位的研究工作。

增高标价
在成本价上提高价格形成售价，增高标价通常以百分比表示，一件成本10英镑、售价20英镑的产品，其增高标价为100%。

增高标价系数
计算售价时使用的乘数。一件成本10英镑、售价20英镑的产品，它的增高标价系数为2。

秘密购物
调研人员秘密到商店中获取所供应服务，检验产品质量的过程。

广告能见率（OTS）
广告的曝光程度，它关系到看到、听到或读取这则广告的人数。

自有品牌、个人品牌
百货或零售店创造属于自己的品牌，例如玛莎公司的Autograph和梅西百货的I.N.C。

合作品牌
参见"联合品牌"。

同伴影响营销
消费者之间对产品的推介。

感知图
展示消费者对某个品牌相对于竞争品牌感受的图表。

PEST分析
调查与分析影响企业及其市场营销的政治、经济、社会以及科技等因素。

销售点（POS）
产品售给顾客的实际场所。一般用于指销售点营销、店内材料运用。

短时销售商店
经营一段有限时间的临时性商店。短时销售商店通常会举办一些特别活动，以吸引人气。

定位
定位品牌或产品相对于竞争者在市场上占据的地位。

感知定位图
是一种品牌管理工具，它用来说明品牌当前或未来在市场上相对于其他竞争对手的定位情况。

成衣
Prêt-à-porter是法语用词，意为"成衣"。

价格体系
企业根据考虑低、中、高档产品的分配，为产品系列制订的定价方式。

价格点
根据产品类型、质量以及专有性，将服装系列中的产品价格定在不同的价格点上。

个人品牌
参见自有品牌。

产品属性
指产品的特点、功能与用途。

产品利益
产品拥有的属性对消费者的好处。

产品植入
企业通过在电影与电视节目中让自己的产品出镜，从而提高产品的认知度。

促销组合
指主要的推广方式（广告、促销、公关和人员推销），在开展机构推广战略时，需要均衡考虑不同的方式。

心理细分
根据消费者的生活方式、性格、动机与行业进行分析。

拉动策略
直接针对最终消费者的促销行为，它将创造需求，引导顾客到店或访问网站。

推动策略
针对分销商或零售商的促销行为，目的是促进其向顾客推广品牌。

成衣
不属于定制服装的服装，参见成衣（Prêt-à-porter）。

关系营销
关注发展品牌或企业与顾客关系，从而达到建立长期联系与忠诚度的目的。

销售渠道
产品上市并供给消费者采用的渠道。

促销
设计推广优惠活动，鼓励消费者购买。也可称为线下营销。

细分
市场和消费者群体划分与分类的过程。

细分变量
市场和消费者群体分析与分类采用的标准。

声音份额
比较企业相比主要竞争者的媒体成果，发现覆盖面最广的方式。

标志性风格
属于某位设计师、品牌或时尚品牌特有的可一眼识别的风格。

形势分析
对企业内部环境的核查以及外部市场形势的分析。

采购
在所需价格和交货时间限定下寻找面料、配料与生产供给的行为及过程。

规格表
带尺寸的技术设计图纸，详细传达产品的设计与制作过程。

STP营销战略
一种采用市场细分、目标市场和市场定位的战略。

风格族群
穿衣具有相同风格的一种类人群。

供应链
由供应商、制造商、经销商和批发商共同构成的服装生产全过程。

SWOT分析
分析组织的优势和劣势，并研究市场的机遇与挑战。SWTO分析作为营销计划开发过程中的组成部分。

目标市场
以某个消费者群体为目标来开发产品或服务的战略。

信息代码
以信息发送至消费者手机上的代码，凭此消费者可以享受优惠。

临界点
一股潮流或理念经过一个重大的临界点时刻，随后它将爆发性地流行开来。

产品整体概念
由西奥多·莱维特创造的一个说明产品有形与无形元素的模型。

商标
受到法律保护的注册商标，它可以是一个标识、符号、品牌名称、标语甚至设计细节。

趋势跟踪人
也称作潮流走向发现人。是寻找与报道时装、街头服装、音乐、设计以及文化新兴趋势的专业人士。

三重底线
在经济、社会与环境方面评价企业成就的道德衡量体系。

内部新装表演会
以设计师或销售代表巡演方式向买家、受邀嘉宾和顾客展示或提前展示新品系列。内部时装表演通常在精品店或酒店等场所举行。

独特销售主张（USP）
也称作独特卖点。它是品牌与其他品牌显著不同的元素。

平价时装或平价部门
大批量生产、并以低廉价格出售的服装，销售此类产品的零售品牌有Primark、H&M、New Look、Takko和Kiabi等。

垂直化供应链
是指企业或集团拥有所有供应链中生产资源的情况。

病毒性营销
信息通过消费者在网络上传播的一种营销活动。

视觉陈列
通过橱窗展示、店面布置和店内产品展示进行的时尚推广方式。

优惠代码
可通过网络获取的代码，凭此顾客可以享受优惠。

图片来源

鸣谢

特别感谢为本书的创作提供了各种帮助
的人们，向大家致敬。感谢尼休拉·哈德逊
多年的友谊并鼓励我出书，感谢LAURENCE
KING出版社团队的指导和持续的鼓励，其中
海伦·埃文斯负责本书的出版，安妮·汤利
在我写作过程中指导我文字修饰和用词，彼
得·琼斯和海伦·特纳将我的手稿变成一本
完整的书籍，安娜劳拉·帕尔马则做了很多
照片搜索工作。

我希望感谢彼得·刘易斯-克朗、简·
巴兰、凡妮莎、丹泽、卡琳、科佩尔和卡洛
琳·摩根，谢谢他们在我的时尚职业形成道
路上起的重要作用。在此特别要感谢雪莉·
梅萨姆，为了帮助我兼顾教学与写作她给予
了许多包容与善意。同时感谢克莱尔·斯
威夫特、卡梅尔·凯利、希瑟·皮卡德、
温迪·曼里姆与克里斯汀·斯科特，感谢你
们继续聘用我从教。

感谢已经毕业的和在读的所有热爱时尚
的同学们；你们让我学会当一名老师，看到
大家的事业生根发展我由衷地高兴。特别感谢
埃德姆、莫拉里奥格鲁、汉娜·詹宁斯、汉
娜·马卡姆、詹姆斯·海耶斯、乔伊普·瑞
特尔、劳拉·摩尔、贾斯明、伯克斯顿、玛
丽亚·卡斯特罗、吉提卡、库马尔、琳·韦
斯特德、杰西卡·吴、茱莉亚·克鲁、尼米
斯、肖和瑞塔·纳萨雷诺等，谢谢你们对本
书的支持与帮助。

感谢所有大方接受访问、贡献材料或帮
我联系他人帮忙的企业与个人。特别要向以
下人致谢：艾丽卡·阿尔尚博、海尔格/
应、莲恩·道尼·奥兰·凯利、贝莎·斯库
特尼卡、梅·阿里、尤金妮娅、福雷利查
斯、肖恩·莱恩汉、杰瑞、斯莫、简楚、
汉森、瑞那·汉森、马尔西·戈德斯坦、
查理·博尔纳、杰拉尔丁与约翰、桑格利
尔、瑞秋·桑德斯、艾玛·伍利、莉兹·利
夫曼、莎莉·贝恩、杰姬·那顿、肖恩·蔡
斯、K.M.王以及克里斯·蒂埃里。

感谢我所有的朋友与家人，他们关心我
的心声，坚定地支持我前行，宽容地在需要
时给我拥抱。谢谢你们：艾玛·甘德顿、盖
尔·兰德、贝琳·达希尔、茱菲与尼克·勒
纳、唐尔·身拉·米想·维申、安娜雨诺与
布莱曼·补地、萨利、威尔森、莱斯利与托
尼·泰勒、凯茜·罗兰德森、波林·布尔
曼、利蒂希娜·布莱芙·皮林·立罗里、佩
里斯·杰伊、杰瑞与托比·莱文、乔纳森与
西伦娜·泊斯纳、布莉克·邓肯，还有我的
兄弟杰布里·波斯纳。

最后，不能不特别提到梅尔，向他的包
容、指引与爱表示衷心的感谢。谢谢你在出
书期间所有悲喜时刻都陪伴在我的身边。